KB217847

발행일 2021. 11. 25. **1쇄 인쇄일** 2021. 11. 18.
신고번호 제2017-000193호 **펴낸곳** 한국교육방송공사 경기도 고양시 일산동구 한류월드로 281
기획 및 개발 송아롬 김나진 윤영란 이상호 이원구 이재우 최영호
표지디자인 ㈜무닉 **편집** 더 모스트 **인쇄** 팩컴코리아㈜
인쇄 과정 중 잘못된 교재는 구입하신 곳에서 교환하여 드립니다.

수학 마스터
교재의 난이도 및 활용 안내

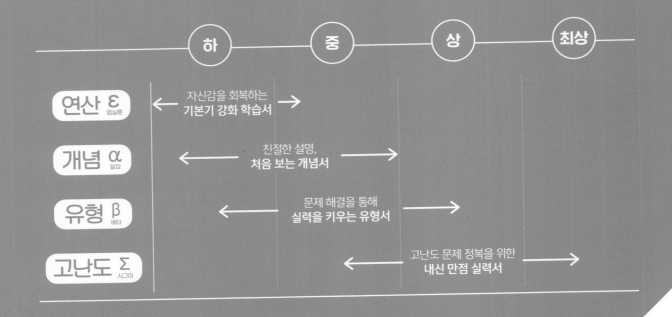

	하	중	상	최상
연산 ε 엡실론	← 자신감을 회복하는 기본기 강화 학습서 →			
개념 α 알파		← 친절한 설명, 처음 보는 개념서 →		
유형 β 베타			← 문제 해결을 통해 실력을 키우는 유형서 →	
고난도 Σ 시그마				← 고난도 문제 정복을 위한 내신 만점 실력서 →

수학 마스터

중학 수학 만점 실력서

고난도 Σ 시그마

중학 수학 3·1

교재 내용 문의 | 교재 내용 문의는 EBS 중학사이트 (mid.ebs.co.kr)의 교재 Q&A 서비스를 활용하시기 바랍니다.

교재 정오표 공지 | 발행 이후 발견된 정오 사항을 EBS 중학사이트 정오표 코너에서 알려 드립니다. 교재학습자료 → 교재 → 교재 정오표

교재 정정 신청 | 공지된 정오 내용 외에 발견된 정오 사항이 있다면 EBS 중학사이트를 통해 알려 주세요. 교재학습자료 → 교재 → 교재 선택 → 교재 Q&A

수학 마스터

중학 수학 만점 실력서

고난도 Σ 시그마

중학 수학 3·1

고난도 문제를 통한 내신 만점 실력서!
상위권 도약을 위한 필수 교재!

1 개념 Review

- 반드시 알고 넘어가야 할 핵심 개념
- **NOTE**: 발전 개념 또는 좀 더 쉽게 문제 해결에 접근할 수 있는 꿀팁 제시

2 필수 확인 문제

- 고난도 문제를 접하기 전에 반드시 알고 넘어가야 하는 엄선된 개념별 필수 문제
- 시험 대비 실전 문제와 서술형 학습

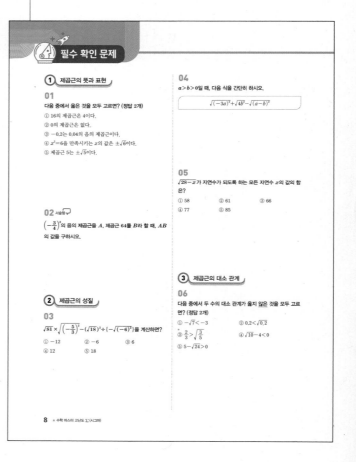

고난도 문제의 쉬운 접근성으로
처음 푸는 고난도 학습서

3 고난도 대표 유형

- 시험에 자주 출제되는 고난도 대표 유형 문제
- **∑ 포인트** : 스스로 풀 수 있도록 풀이 전략 또는 해결 포인트 제시
- 고난도 실전 문제로 가는 브리지 문제

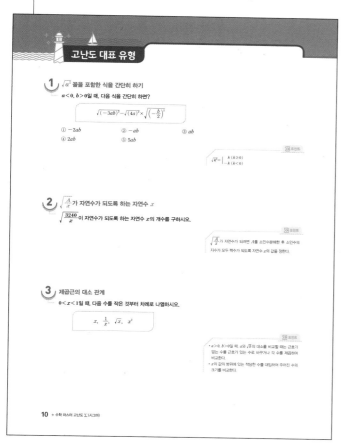

4 고난도 실전 문제

- 개념별 실전 고난도 연습 문제
- **대표 유형 ❶** : 고난도 대표 유형의 유사 문제를 통한 완전 학습
- 고난도 서술형 학습

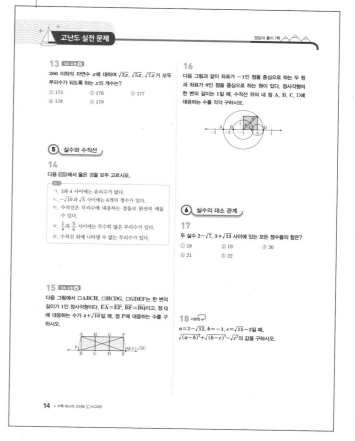

Contents **이 책의 차례**

01

제곱근과 실수

1 제곱근의 뜻과 표현

(1) 제곱근: 어떤 수 x를 제곱하여 a가 될 때, 즉 $x^2=a$일 때 x를 a의 제곱근이라 한다.

(2) 제곱근의 개수

① 양수의 제곱근은 양수와 음수 2개가 있고, 그 절댓값은 서로 같다.

② 0의 제곱근은 0의 1개이다.

③ 제곱하여 음수가 되는 수는 없으므로 음수의 제곱근은 없다.

예 $3^2=9$, $(-3)^2=9$이므로 9의 제곱근은 3, -3의 2개가 있고, $|3|=|-3|$이다.

(3) 제곱근의 표현

① 제곱근은 기호 $\sqrt{}$를 사용하여 나타낸다. 이때 기호 $\sqrt{}$를 근호라 하고, $\sqrt{a}$를 '제곱근 a' 또는 '루트 a'라 읽는다.

② 양수 a의 제곱근 중에서 양수인 것을 양의 제곱근, 음수인 것을 음의 제곱근이라 하고, 양의 제곱근은 $\sqrt{a}$, 음의 제곱근은 $-\sqrt{a}$와 같이 나타낸다.

(4) a의 제곱근과 제곱근 a: $a>0$일 때

① a의 제곱근 ➡ 제곱하여 a가 되는 수 ➡ $\pm\sqrt{a}$

② 제곱근 a ➡ a의 양의 제곱근 ➡ $\sqrt{a}$

예 2의 제곱근은 $\pm\sqrt{2}$이고, 제곱근 2는 $\sqrt{2}$이다.

2 제곱근의 성질

(1) 제곱근의 성질: $a>0$일 때

① $(\sqrt{a})^2=a$, $(-\sqrt{a})^2=a$ ② $\sqrt{a^2}=a$, $\sqrt{(-a)^2}=a$

(2) $\sqrt{A^2}$의 성질

$$\sqrt{A^2}=|A|=\begin{cases} A\geq0\text{일 때, } A \\ A<0\text{일 때, } -A \end{cases}$$

예 $\sqrt{(a-1)^2}=|a-1|=\begin{cases} a\geq1\text{일 때, } a-1 \\ a<1\text{일 때, } -(a-1)=-a+1 \end{cases}$

3 제곱근의 대소 관계

(1) 제곱근의 대소 관계: $a>0$, $b>0$일 때

① $a<b$이면 $\sqrt{a}<\sqrt{b}$ ② $\sqrt{a}<\sqrt{b}$이면 $a<b$ ③ $\sqrt{a}<\sqrt{b}$이면 $-\sqrt{b}<-\sqrt{a}$

(2) 제곱근을 포함한 부등식

$a>0$, $b>0$일 때, $a<\sqrt{x}<b$를 만족시키는 x의 값의 범위 구하기

방법 1 $a<\sqrt{x}<b$의 각 변을 제곱하면 $a^2<x<b^2$

방법 2 $a=\sqrt{a^2}$, $b=\sqrt{b^2}$이므로 $\sqrt{a^2}<\sqrt{x}<\sqrt{b^2}$에서 $a^2<x<b^2$

Σ NOTE

● 제곱하여 0이 되는 수는 0뿐이므로 0의 제곱근은 0이다. 또 양수나 음수를 제곱하면 항상 양수가 되므로 음수의 제곱근은 생각하지 않는다.

● 양수 a의 제곱근 $\sqrt{a}$와 $-\sqrt{a}$를 한꺼번에 $\pm\sqrt{a}$로 나타내기도 한다.

● $a>0$일 때
(a의 제곱근)$\neq$(제곱근 a)

● 근호 안의 수가 어떤 수의 제곱이면 근호를 사용하지 않고 나타낼 수 있다.

● 근호를 사용하여 나타낸 수가 자연수가 되려면 근호 안이 제곱인 수, 즉 소인수분해하였을 때 소인수의 지수가 모두 짝수이어야 한다.

● $a>0$, $b>0$일 때, a와 $\sqrt{b}$의 대소 비교

방법 1 $a=\sqrt{a^2}$이므로 $\sqrt{a^2}$과 $\sqrt{b}$를 비교한다.

방법 2 a^2과 $(\sqrt{b})^2=b$를 비교한다.

4 무리수와 실수

(1) **무리수**: 유리수가 아닌 수, 즉 순환소수가 아닌 무한소수로 나타내어지는 수

　예 $\sqrt{2}$, $-\sqrt{3}$, π, $\sqrt{6}+1$, $0.12352894\cdots$

(2) **실수**: 유리수와 무리수를 통틀어 실수라 한다.

(3) **실수의 분류**

$$실수\begin{cases} 유리수\begin{cases} 정수\begin{cases} 양의 \ 정수(자연수): 1, 2, 3, \cdots \\ 0 \\ 음의 \ 정수: -1, -2, -3, \cdots \end{cases} \\ 정수가 \ 아닌 \ 유리수: -2.1, \dfrac{1}{2}, 0.8, 1.\dot{2}, \cdots \end{cases} \\ 무리수(순환소수가 \ 아닌 \ 무한소수): -\sqrt{2}, \sqrt{5}, \pi, \cdots \end{cases}$$

참고 제곱근으로 나타낸 수 중에서

① 근호 안의 수가 어떤 유리수의 제곱이다. ➡ 유리수

② 근호 안의 수가 어떤 유리수의 제곱이 아니다. ➡ 무리수

5 실수와 수직선

(1) **실수와 수직선**

① 모든 실수는 각각 수직선 위의 한 점에 대응한다.

② 수직선은 유리수와 무리수, 즉 실수에 대응하는 점들로 완전히 메울 수 있다.

③ 수직선 위에서 원점의 오른쪽에 있는 점에는 양의 실수가 대응하고, 왼쪽에 있는 점에는 음의 실수가 대응한다.

④ 서로 다른 두 실수 사이에는 무수히 많은 실수가 있다.

(2) **무리수를 수직선 위에 나타내기**

직각삼각형에서 피타고라스 정리를 이용하여 빗변의 길이를 구하면 무리수를 수직선 위에 나타낼 수 있다.

　예 밑변의 길이가 2, 높이가 1인 직각삼각형의 빗변의 길이가 $\sqrt{2^2+1^2}=\sqrt{5}$임을 이용하여 무리수 $\sqrt{5}$, $-\sqrt{5}$를 수직선 위에 나타내면 오른쪽 그림과 같다.

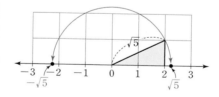

6 실수의 대소 관계

(1) **실수의 대소 관계**

① 양수는 0보다 크고, 음수는 0보다 작다.

② 양수는 음수보다 크다.

③ 양수끼리는 절댓값이 큰 수가 크다.

④ 음수끼리는 절댓값이 큰 수가 작다.

(2) **뺄셈을 이용한 실수의 대소 관계**

두 실수 a, b의 대소 관계는 $a-b$의 값의 부호에 따라 다음과 같이 정해진다.

① $a-b>0$이면 $a>b$　② $a-b=0$이면 $a=b$　③ $a-b<0$이면 $a<b$

Σ NOTE

● **유리수**

분수 $\dfrac{b}{a}$ (a, b는 정수, $a\neq0$) 꼴로 나타낼 수 있는 수

● (무리수)+(유리수)=(무리수),
(무리수)−(유리수)=(무리수)

● 특별한 말이 없을 때 수라 하면 실수를 뜻한다.

● **피타고라스 정리**

직각삼각형에서 직각을 낀 두 변의 길이를 a, b, 빗변의 길이를 c라 하면

➡ $a^2+b^2=c^2$

●

● 두 실수의 대소 관계는 부등식의 성질을 이용하거나 제곱근의 값을 이용하여 비교할 수도 있다.

① 제곱근의 뜻과 표현

01

다음 중에서 옳은 것을 모두 고르면? (정답 2개)

① 16의 제곱근은 4이다.

② 0의 제곱근은 없다.

③ -0.2는 0.04의 음의 제곱근이다.

④ $x^2=6$을 만족시키는 x의 값은 $\pm\sqrt{6}$이다.

⑤ 제곱근 5는 $\pm\sqrt{5}$이다.

02 서술형

$\left(-\dfrac{3}{4}\right)^2$의 음의 제곱근을 A, 제곱근 64를 B라 할 때, AB의 값을 구하시오.

② 제곱근의 성질

03

$\sqrt{81}\times\sqrt{\left(-\dfrac{5}{3}\right)^2}-(\sqrt{18})^2\div\{-\sqrt{(-6)^2}\}$을 계산하면?

① -12 ② -6 ③ 6

④ 12   ⑤ 18

04

$a>b>0$일 때, 다음 식을 간단히 하시오.

$$\sqrt{(-3a)^2}+\sqrt{4b^2}-\sqrt{(a-b)^2}$$

05

$\sqrt{28-x}$가 자연수가 되도록 하는 모든 자연수 x의 값의 합은?

① 58   ② 61   ③ 66

④ 77   ⑤ 85

③ 제곱근의 대소 관계

06

다음 중에서 두 수의 대소 관계가 옳지 <u>않은</u> 것을 모두 고르면? (정답 2개)

① $-\sqrt{7}<-3$ ② $0.2<\sqrt{0.2}$

③ $\dfrac{2}{3}>\sqrt{\dfrac{3}{5}}$ ④ $\sqrt{10}-4<0$

⑤ $5-\sqrt{24}>0$

07

$\sqrt{5}<x<\sqrt{43}$을 만족시키는 자연수 x의 값 중 가장 큰 수를 M, 가장 작은 수를 m이라 할 때, $M-m$의 값을 구하시오.

---

4 무리수와 실수

08

다음 보기에서 옳은 것을 모두 고르시오.

> **보기**
>
> ㄱ. 무한소수로 나타내어지는 수는 모두 무리수이다.
> ㄴ. 순환소수가 아닌 무한소수는 무리수이다.
> ㄷ. 근호가 있는 수는 모두 무리수이다.
> ㄹ. 실수에서 유리수가 아닌 수는 모두 무리수이다.

---

5 실수와 수직선

09

다음 중에서 옳은 것을 모두 고르면? (정답 2개)

① 수직선은 유리수에 대응하는 점들로 완전히 메울 수 있다.
② 유리수와 무리수를 통틀어 실수라 한다.
③ 1에 가장 가까운 무리수는 $\sqrt{2}$이다.
④ $\pi-1$에 대응하는 점이 수직선 위에 있다.
⑤ $\sqrt{6}$과 $\sqrt{7}$ 사이에는 유리수가 없다.

10

다음 그림에서 수직선 위에 있는 세 사각형은 모두 한 변의 길이가 1인 정사각형이다. 각 정사각형의 대각선을 반지름으로 하는 원을 그려 수직선과 만나는 점을 각각 A, B, C, D, E라 할 때, $-2+\sqrt{2}$에 대응하는 점을 구하시오.

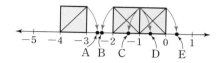

---

6 실수의 대소 관계

11

다음 수직선에서 $-\sqrt{12}$, $-\sqrt{5}+2$, $1+\sqrt{3}$에 대응하는 점이 있는 구간을 차례로 구하시오.

---

12 서술형

세 수 $\sqrt{7}+\sqrt{11}$, $4+\sqrt{7}$, 7의 대소 관계를 부등호를 사용하여 나타내시오.

1 $\sqrt{a^2}$ 꼴을 포함한 식을 간단히 하기

$a < 0$, $b > 0$일 때, 다음 식을 간단히 하면?

$$\sqrt{(-3ab)^2} - \sqrt{(4a)^2} \times \sqrt{\left(-\dfrac{b}{2}\right)^2}$$

① $-2ab$ ② $-ab$ ③ ab

④ $2ab$ ⑤ $5ab$

 포인트

$$\sqrt{k^2} = \begin{cases} k & (k \geq 0) \\ -k & (k < 0) \end{cases}$$

2 $\sqrt{\dfrac{A}{x}}$ 가 자연수가 되도록 하는 자연수 x

$\sqrt{\dfrac{3240}{x}}$ 이 자연수가 되도록 하는 자연수 x의 개수를 구하시오.

포인트

$\sqrt{\dfrac{A}{x}}$ (A는 자연수)가 자연수가 되려면 A를 소인수분해한 후 소인수의 지수가 모두 짝수가 되도록 자연수 x의 값을 정한다.

3 제곱근의 대소 관계

$0 < x < 1$일 때, 다음 수를 작은 것부터 차례로 나열하시오.

$$x, \quad \dfrac{1}{x}, \quad \sqrt{x}, \quad x^2$$

포인트

• $a > 0$, $b > 0$일 때, a와 $\sqrt{b}$의 대소를 비교할 때는 근호가 없는 수를 근호가 있는 수로 바꾸거나 각 수를 제곱하여 비교한다.
• x의 값의 범위에 있는 적당한 수를 대입하여 주어진 수의 크기를 비교한다.

4 $\sqrt{x}$ 이하의 자연수의 개수

자연수 x에 대하여 $\sqrt{x}$ 이하의 자연수의 개수를 $N(x)$라 할 때,
$N(1)+N(2)+N(3)+\cdots+N(k)=54$를 만족시키는 자연수 k의 값은?

① 16   ② 18   ③ 20
④ 22   ⑤ 24

포인트

$\sqrt{x}$ 이하의 자연수의 개수를 구할 때는 x와 가장 가까운 $(자연수)^2$ 꼴인 두 수를 찾아 x의 값의 범위를 나타낸다.

 5 $\sqrt{a}$가 무리수가 되도록 하는 자연수 a

80 이하의 자연수 x에 대하여 $\sqrt{x}$가 무리수가 되도록 하는 x의 개수는?

① 69   ② 70   ③ 71
④ 72   ⑤ 73

포인트

• x가 자연수일 때, $\sqrt{x}$가 무리수이면 $x=(자연수)^2$ 꼴이 아니어야 한다.
• ($\sqrt{x}$가 무리수가 되도록 하는 자연수 x의 개수)
  = (전체 x의 개수)
  − ($\sqrt{x}$가 유리수가 되도록 하는 자연수 x의 개수)

 6 무리수를 수직선 위에 나타내기

오른쪽 그림과 같은 수직선에서 직사각형 ABCD
가 반원 O와 두 점 C, D에서 접한다. $\overline{BC}=2$일 때,
두 점 P, Q에 대응하는 수를 각각 구하시오.

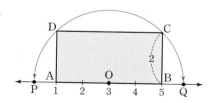

포인트

• $\overline{OC}=\overline{OD}=\overline{OP}=\overline{OQ}=$ (반원 O의 반지름)
• 보조선 OC, OD를 그은 후 직각삼각형에서 피타고라스 정리를 이용하여 $\overline{OC}$, $\overline{OD}$의 길이를 구한다.

1 제곱근의 뜻과 표현

01

다음 보기 에서 옳은 것을 모두 고른 것은?

> 보기
> ㄱ. -10의 제곱근은 1개이다.
> ㄴ. $\sqrt{256}$의 제곱근은 ±4이다.
> ㄷ. $\sqrt{4}$를 3배 하면 $\sqrt{12}$이다.
> ㄹ. 제곱근 $2.\dot{7}$은 $\dfrac{5}{3}$이다.

① ㄱ, ㄴ   ② ㄱ, ㄹ   ③ ㄴ, ㄷ

④ ㄴ, ㄹ   ⑤ ㄷ, ㄹ

02 서술형

289의 두 제곱근을 a, b라 할 때, $\sqrt{4a-b-4}$의 음의 제곱근을 구하시오. (단, $a>b$)

2 제곱근의 성질

03 대표 유형 ❶

$a-b>0$, $ab<0$일 때,
$$\sqrt{a^2}-\sqrt{(-b)^2}+\sqrt{(-5a)^2}-\sqrt{(3b-a)^2}$$
을 간단히 하시오.

04

$0<x<1$일 때, $\sqrt{\left(x+\dfrac{1}{x}\right)^2}-\sqrt{\left(x-\dfrac{1}{x}\right)^2}=\dfrac{1}{2}$을 만족시키는 x의 값을 구하시오.

05

다음 그림에서 삼각형과 정사각형의 넓이가 같을 때, 정사각형의 한 변의 길이가 자연수가 되도록 하는 가장 작은 자연수 x의 값은?

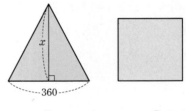

① 2   ② 3   ③ 5

④ 6   ⑤ 10

06 대표 유형 ❷

$\sqrt{\dfrac{224}{x}}=y$를 만족시키는 두 자연수 x, y의 순서쌍 (x, y)를 모두 구하시오.

07

$\sqrt{(x+3)^2}+\sqrt{(x-3)^2}=6$을 만족시키는 x의 값의 범위는?

① $x<-3$ 　　　② $-3\leq x<3$

③ $-3<x\leq 3$ 　　④ $-3\leq x\leq 3$

⑤ $x>3$

08 서술형

$\sqrt{x+41}-\sqrt{93-y}$가 가장 작은 정수가 되도록 하는 자연수 x, y에 대하여 xy의 값을 구하시오.

③ 제곱근의 대소 관계

09 대표 유형 ③

$0<x<1$일 때, 다음 중 옳지 <u>않은</u> 것을 모두 고르면?

(정답 2개)

① $\sqrt{x}<\dfrac{1}{\sqrt{x}}$ 　　　② $\dfrac{1}{x^2}>x$

③ $1-\sqrt{x}>0$ 　　　④ $x>\dfrac{1}{\sqrt{x}}$

⑤ $\sqrt{x^2}-\sqrt{(x-1)^2}=1-2x$

10 대표 유형 ④

$\sqrt{75}$ 이하의 자연수의 개수를 a, $\sqrt{x}$ 이하의 자연수의 개수가 5인 자연수 x의 개수를 b라 할 때, $b-a$의 값은?

① 3 　　　② 4 　　　③ 5

④ 6 　　　⑤ 7

11

자연수 n에 대하여 $3<\sqrt{nx}<4$를 만족시키는 모든 x의 값의 합은 25이다. 이때 n의 값을 구하시오.

(단, nx는 자연수)

④ 무리수와 실수

12

다음 수 중에서 정수가 아닌 유리수의 개수를 a, 유리수가 아닌 수의 개수를 b라 할 때, $a-b$의 값은?

$$1+\sqrt{7}, \quad -\sqrt{5.\dot{4}}, \quad \sqrt{12.1},$$
$$\sqrt{100}, \quad \pi+0.3, \quad -\sqrt{\dfrac{64}{169}}$$

① -2 　　　② -1 　　　③ 0

④ 1 　　　⑤ 2

고난도 실전 문제

13 [대표 유형 ⑤]

200 이하의 자연수 x에 대하여 $\sqrt{2x}$, $\sqrt{5x}$, $\sqrt{7x}$가 모두 무리수가 되도록 하는 x의 개수는?

① 175   ② 176   ③ 177

④ 178   ⑤ 179

⑤ 실수와 수직선

14

다음 [보기]에서 옳은 것을 모두 고르시오.

[보기]
ㄱ. 3과 4 사이에는 유리수가 없다.
ㄴ. $-\sqrt{10}$과 $\sqrt{5}$ 사이에는 6개의 정수가 있다.
ㄷ. 수직선은 무리수에 대응하는 점들로 완전히 메울 수 있다.
ㄹ. $\dfrac{1}{4}$과 $\dfrac{5}{6}$ 사이에는 무수히 많은 무리수가 있다.
ㅁ. 수직선 위에 나타낼 수 없는 무리수가 있다.

15 [대표 유형 ⑥]

다음 그림에서 □ABCH, □HCDG, □GDEF는 한 변의 길이가 1인 정사각형이다. $\overline{EA}=\overline{EP}$, $\overline{BF}=\overline{BQ}$이고, 점 Q에 대응하는 수가 $4+\sqrt{10}$일 때, 점 P에 대응하는 수를 구하시오.

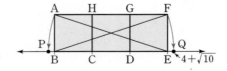

16

다음 그림과 같이 좌표가 -1인 점을 중심으로 하는 두 원과 좌표가 0인 점을 중심으로 하는 원이 있다. 정사각형의 한 변의 길이는 1일 때, 수직선 위의 네 점 A, B, C, D에 대응하는 수를 각각 구하시오.

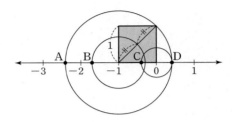

⑥ 실수의 대소 관계

17

두 실수 $2-\sqrt{7}$, $3+\sqrt{13}$ 사이에 있는 모든 정수들의 합은?

① 18   ② 19   ③ 20

④ 21   ⑤ 22

18 서술형

$a=2-\sqrt{12}$, $b=-1$, $c=\sqrt{15}-3$일 때, $\sqrt{(a-b)^2}+\sqrt{(b-c)^2}-\sqrt{c^2}$의 값을 구하시오.

02

근호를 포함한
식의 계산

개념 Review **02 근호를 포함한 식의 계산**

1 제곱근의 곱셈과 나눗셈

(1) 제곱근의 곱셈: $a>0$, $b>0$이고, m, n이 유리수일 때

① $\sqrt{a} \times \sqrt{b} = \sqrt{a}\sqrt{b} = \sqrt{ab}$

② $m\sqrt{a} \times n\sqrt{b} = mn\sqrt{ab}$

(예) ① $\sqrt{2} \times \sqrt{3} = \sqrt{2 \times 3} = \sqrt{6}$

② $2\sqrt{3} \times 5\sqrt{2} = 2 \times 5\sqrt{3 \times 2} = 10\sqrt{6}$

(2) 제곱근의 나눗셈: $a>0$, $b>0$이고, m, $n(n \neq 0)$이 유리수일 때

① $\sqrt{a} \div \sqrt{b} = \dfrac{\sqrt{a}}{\sqrt{b}} = \sqrt{\dfrac{a}{b}}$

② $m\sqrt{a} \div n\sqrt{b} = \dfrac{m}{n}\sqrt{\dfrac{a}{b}}$

(예) ① $\sqrt{6} \div \sqrt{2} = \dfrac{\sqrt{6}}{\sqrt{2}} = \sqrt{\dfrac{6}{2}} = \sqrt{3}$

② $4\sqrt{2} \div 2\sqrt{3} = \dfrac{4}{2}\sqrt{\dfrac{2}{3}} = 2\sqrt{\dfrac{2}{3}}$

(3) 근호가 있는 식의 변형: $a>0$, $b>0$일 때

① $\sqrt{a^2 b} = \sqrt{a^2}\sqrt{b} = a\sqrt{b}$, $\sqrt{\dfrac{b}{a^2}} = \dfrac{\sqrt{b}}{\sqrt{a^2}} = \dfrac{\sqrt{b}}{a}$

② $a\sqrt{b} = \sqrt{a^2}\sqrt{b} = \sqrt{a^2 b}$, $\dfrac{\sqrt{b}}{a} = \dfrac{\sqrt{b}}{\sqrt{a^2}} = \sqrt{\dfrac{b}{a^2}}$

(예) ① $\sqrt{18} = \sqrt{3^2 \times 2} = 3\sqrt{2}$, $\sqrt{\dfrac{3}{4}} = \sqrt{\dfrac{3}{2^2}} = \dfrac{\sqrt{3}}{2}$

② $2\sqrt{2} = \sqrt{2^2 \times 2} = \sqrt{8}$, $\dfrac{\sqrt{2}}{3} = \sqrt{\dfrac{2}{3^2}} = \sqrt{\dfrac{2}{9}}$

2 분모의 유리화

(1) 분모의 유리화: 분수의 분모가 근호가 있는 무리식일 때, 분모와 분자에 0이 아닌 같은 수를 곱하여 분모를 유리수로 고치는 것

(2) 분모를 유리화하는 방법: a, b, c가 유리수일 때

① $\dfrac{a}{\sqrt{b}} = \dfrac{a \times \sqrt{b}}{\sqrt{b} \times \sqrt{b}} = \dfrac{a\sqrt{b}}{b}$ (단, $b>0$)

② $\dfrac{\sqrt{a}}{\sqrt{b}} = \dfrac{\sqrt{a} \times \sqrt{b}}{\sqrt{b} \times \sqrt{b}} = \dfrac{\sqrt{ab}}{b}$ (단, $a>0$, $b>0$)

③ $\dfrac{a}{c\sqrt{b}} = \dfrac{a \times \sqrt{b}}{c\sqrt{b} \times \sqrt{b}} = \dfrac{a\sqrt{b}}{bc}$ (단, $b>0$, $c \neq 0$)

3 제곱근의 곱셈과 나눗셈의 혼합 계산

① 나눗셈은 역수의 곱셈으로 고친다.

② 앞에서부터 차례로 계산한다.

③ 제곱근의 성질과 분모의 유리화를 이용하여 계산한다.

Σ NOTE

$a>0$, $b>0$, $c>0$일 때
$\sqrt{a} \times \sqrt{b} \times \sqrt{c} = \sqrt{abc}$

$a>0$, $b>0$, $c>0$일 때
$\sqrt{\dfrac{b^2 c}{a^2}} = \dfrac{\sqrt{b^2 c}}{\sqrt{a^2}} = \dfrac{b\sqrt{c}}{a}$

근호 밖의 음수는 근호 안으로 넣을 수 없다.

(예) $-3\sqrt{2} \neq \sqrt{(-3)^2 \times 2}$
$-3\sqrt{2} = -\sqrt{3^2 \times 2}$

분모의 근호 안의 수를 소인수분해했을 때, 제곱인 인수가 있으면 $\sqrt{a^2 b} = a\sqrt{b}$를 이용하여 제곱인 인수를 근호 밖으로 꺼낸 후 분모를 유리화하는 것이 간단하다.

(예) $\dfrac{1}{\sqrt{12}} = \dfrac{1}{\sqrt{2^2 \times 3}} = \dfrac{1}{2\sqrt{3}}$
$= \dfrac{\sqrt{3}}{2\sqrt{3} \times \sqrt{3}} = \dfrac{\sqrt{3}}{6}$

4 제곱근의 값

(1) **제곱근표**: 1.00부터 99.9까지의 수의 양의 제곱근의 값을 반올림하여 소수점 아래 셋째 자리까지 나타낸 표

수	0	1	2
1.1	1.049	1.054	1.058
1.2	~~1.095~~	→1.100	1.105
1.3	1.140	1.145	1.149

(2) **제곱근표를 읽는 방법**: 처음 두 자리 수의 가로줄과 끝자리 수의 세로줄이 만나는 곳에 있는 수를 읽는다.

　예 제곱근표에서 $\sqrt{1.21}$의 값은 1.2의 가로줄과 1의 세로줄이 만나는 곳에 적힌 수인 1.100이다. 즉, $\sqrt{1.21}=1.100$

(3) **제곱근표에 없는 제곱근의 값**

$\sqrt{a^2 b}=a\sqrt{b}$를 이용하여 근호 안의 수를 제곱근표에 있는 수로 바꾸어 구한다.

① 100 이상인 수: $\sqrt{100a}=10\sqrt{a}$, $\sqrt{10000a}=100\sqrt{a}$, … 꼴로 고친 후 구한다.

② 0 이상 1 미만인 수: $\sqrt{\dfrac{a}{100}}=\dfrac{\sqrt{a}}{10}$, $\sqrt{\dfrac{a}{10000}}=\dfrac{\sqrt{a}}{100}$, … 꼴로 고친 후 구한다.

∑ NOTE

● 제곱근표에 있는 제곱근의 값은 대부분 반올림한 값이지만 '='를 사용하여 나타낸다.

5 제곱근의 덧셈과 뺄셈

근호를 포함한 식의 덧셈과 뺄셈은 다항식의 덧셈과 뺄셈에서 동류항끼리 모아서 계산하는 것과 같이 **근호 안의 수가 같은 것끼리 모아서 계산**한다.

l, m, n은 유리수이고, $\sqrt{a}$는 무리수일 때

(1) $m\sqrt{a}+n\sqrt{a}=(m+n)\sqrt{a}$

(2) $m\sqrt{a}-n\sqrt{a}=(m-n)\sqrt{a}$

(3) $m\sqrt{a}+n\sqrt{a}-l\sqrt{a}=(m+n-l)\sqrt{a}$

● 제곱근의 덧셈과 뺄셈에서 근호 안의 수가 다른 무리수끼리는 더 이상 계산할 수 없다.

➡ $\sqrt{a}+\sqrt{b}\neq\sqrt{a+b}$

$\sqrt{a}-\sqrt{b}\neq\sqrt{a-b}$

6 근호를 포함한 복잡한 식의 계산

(1) **분배법칙을 이용한 식의 계산**: $a>0$, $b>0$, $c>0$일 때

① $\sqrt{a}(\sqrt{b}+\sqrt{c})=\sqrt{a}\sqrt{b}+\sqrt{a}\sqrt{c}=\sqrt{ab}+\sqrt{ac}$

　$\sqrt{a}(\sqrt{b}-\sqrt{c})=\sqrt{a}\sqrt{b}-\sqrt{a}\sqrt{c}=\sqrt{ab}-\sqrt{ac}$

② $(\sqrt{a}+\sqrt{b})\sqrt{c}=\sqrt{a}\sqrt{c}+\sqrt{b}\sqrt{c}=\sqrt{ac}+\sqrt{bc}$

　$(\sqrt{a}-\sqrt{b})\sqrt{c}=\sqrt{a}\sqrt{c}-\sqrt{b}\sqrt{c}=\sqrt{ac}-\sqrt{bc}$

(2) **근호를 포함한 복잡한 식의 계산**

① 괄호가 있으면 분배법칙을 이용하여 괄호를 푼다.

② 근호 안에 제곱인 인수가 있으면 근호 밖으로 꺼낸다.

③ 분모에 근호를 포함한 무리수가 있으면 분모를 유리화한다.

④ 곱셈, 나눗셈을 먼저 계산한 후 덧셈, 뺄셈을 계산한다.

(3) **무리수의 정수 부분과 소수 부분**

① 무리수는 정수 부분과 소수 부분으로 나타낼 수 있다. (단, 0<(소수 부분)<1)

② $\sqrt{a}$가 무리수이고 n이 정수일 때, $n\leq\sqrt{a}<n+1$이면

➡ $\sqrt{a}$의 정수 부분: n, 소수 부분: $\sqrt{a}-n$

　예 $1<\sqrt{3}<2$이므로 $\sqrt{3}$의 정수 부분은 1, 소수 부분은 $\sqrt{3}-1$이다.

● $\dfrac{\sqrt{a}+\sqrt{b}}{\sqrt{c}}$ 꼴의 분모의 유리화

$a>0$, $b>0$, $c>0$일 때

$\dfrac{\sqrt{a}+\sqrt{b}}{\sqrt{c}}=\dfrac{(\sqrt{a}+\sqrt{b})\sqrt{c}}{\sqrt{c}\sqrt{c}}$

$=\dfrac{\sqrt{ac}+\sqrt{bc}}{c}$

● **유리수가 되는 조건**

a, b가 유리수이고 $\sqrt{m}$이 무리수일 때, $a+b\sqrt{m}$이 유리수가 될 조건 ➡ $b=0$

● (무리수)=(정수 부분)+(소수 부분) 이므로

(소수 부분)=(무리수)-(정수 부분)

① 제곱근의 곱셈과 나눗셈

01

다음 중에서 옳지 <u>않은</u> 것은?

① $4\sqrt{3} \times \sqrt{5} = 4\sqrt{15}$

② $2\sqrt{12} \div \sqrt{6} = 2\sqrt{2}$

③ $5\sqrt{\dfrac{3}{4}} \times 2\sqrt{\dfrac{2}{9}} \times \sqrt{6} = 10$

④ $\dfrac{8}{\sqrt{10}} \div \dfrac{4}{\sqrt{2}} \div \sqrt{3} = \dfrac{1}{\sqrt{15}}$

⑤ $\sqrt{24} \div \left(-\dfrac{\sqrt{2}}{\sqrt{3}}\right) \div \dfrac{\sqrt{6}}{\sqrt{5}} = -\sqrt{30}$

02

$2\sqrt{7} = \sqrt{a}$, $\sqrt{180} = 6\sqrt{b}$일 때, 유리수 a, b에 대하여 $a+b$ 의 값을 구하시오.

03

$\sqrt{3x+26} = 5\sqrt{2}$를 만족시키는 자연수 x의 값은?

① 4   ② 5   ③ 6

④ 7   ⑤ 8

04

다음 □ 안에 들어갈 유리수 중에서 가장 작은 것은?

① $2\sqrt{7} = \sqrt{□}$ ② $-\sqrt{175} = -5\sqrt{□}$

③ $\sqrt{600} = □\sqrt{6}$ ④ $\sqrt{576} = □$

⑤ $-4\sqrt{\dfrac{9}{8}} = -\sqrt{□}$

05 서술형

$\dfrac{3\sqrt{2}}{\sqrt{6}} = \sqrt{a}$, $\dfrac{5}{2\sqrt{5}} = \sqrt{b}$일 때, 유리수 a, b에 대하여 $4ab$의 값을 구하시오.

06

$\sqrt{2} = x$, $\sqrt{5} = y$일 때, $\sqrt{72} - \sqrt{125}$를 x, y를 사용하여 나타내면?

① $-6x+5y$ ② $-5x+6y$ ③ $5x-6y$

④ $6x-5y$ ⑤ $6x-6y$

07

$\sqrt{3} \times 2\sqrt{3} \times \sqrt{a} \times \sqrt{10} = \sqrt{720}$일 때, 자연수 a의 값은?

① 1   ② 2   ③ 3

④ 5   ⑤ 6

08

다음을 만족시키는 유리수 a, b에 대하여 $\sqrt{a} \div \sqrt{b}$의 값을 구하시오.

$$\frac{\sqrt{90}}{\sqrt{5}} = \sqrt{a}, \qquad \sqrt{\frac{40}{7}} \div \sqrt{\frac{20}{21}} = \sqrt{b}$$

09 서술형

$\sqrt{\dfrac{147}{25}}$은 $\sqrt{3}$의 a배이고, $\sqrt{0.002}$는 $\sqrt{5}$의 b배일 때, $a \div b$의 값을 구하시오.

---

② 분모의 유리화

10

$\dfrac{\sqrt{2}}{2\sqrt{5}} = a\sqrt{10}$, $\dfrac{2}{\sqrt{3}} = b\sqrt{3}$일 때, 유리수 a, b에 대하여 ab의 값은?

① $\dfrac{1}{20}$ ② $\dfrac{1}{15}$ ③ $\dfrac{2}{15}$

④ $\dfrac{1}{5}$ ⑤ $\dfrac{2}{5}$

11

다음 수를 크기가 큰 것부터 차례로 나열할 때, 네 번째에 오는 수를 구하시오.

$$\frac{5}{7}, \quad \frac{5}{\sqrt{7}}, \quad \sqrt{7}, \quad \frac{\sqrt{5}}{\sqrt{7}}, \quad \frac{\sqrt{5}}{7}$$

12

오른쪽 그림은 크기가 같은 정사각형 2개를 이어 붙여 놓은 것이다. $\overline{AC} = 3\sqrt{2}$ cm일 때, 정사각형의 한 변의 길이는?

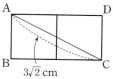

① $\dfrac{2\sqrt{2}}{5}$ cm   ② $\dfrac{\sqrt{10}}{5}$ cm   ③ $\dfrac{3\sqrt{3}}{5}$ cm

④ $\dfrac{2\sqrt{10}}{5}$ cm   ⑤ $\dfrac{3\sqrt{10}}{5}$ cm

③ 제곱근의 곱셈과 나눗셈의 혼합 계산

13

$\dfrac{\sqrt{33}}{\sqrt{27}} \times \dfrac{10}{\sqrt{5}} \div \sqrt{\dfrac{11}{3}}$ 을 계산하면?

① $\dfrac{\sqrt{15}}{6}$ ② $\dfrac{\sqrt{15}}{3}$ ③ $\dfrac{2\sqrt{15}}{3}$

④ $\dfrac{5\sqrt{15}}{6}$ ⑤ $2\sqrt{15}$

14

$\sqrt{108} \div \sqrt{24} \times \sqrt{48} = a\sqrt{6}$을 만족시키는 유리수 a의 값을 구하시오.

15

다음 중에서 옳지 <u>않은</u> 것을 모두 고르면? (정답 2개)

① $4\sqrt{2} \div \sqrt{10} \times \sqrt{5} = 4$

② $\sqrt{27} \div \sqrt{6} \times 3\sqrt{2} = 9$

③ $\dfrac{6}{\sqrt{3}} \times \dfrac{\sqrt{15}}{\sqrt{8}} \div \dfrac{\sqrt{5}}{\sqrt{6}} = 2\sqrt{3}$

④ $\dfrac{\sqrt{14}}{\sqrt{40}} \times \dfrac{\sqrt{8}}{\sqrt{7}} \div \dfrac{\sqrt{10}}{4} = \dfrac{4}{5}$

⑤ $\dfrac{\sqrt{18}}{2} \times \sqrt{\dfrac{5}{32}} \div \dfrac{\sqrt{5}}{6} = \dfrac{4}{9}$

16

$\dfrac{\sqrt{18}}{2} \div (-4\sqrt{3}) \times A = -\dfrac{\sqrt{2}}{6}$일 때, A의 값은?

① $\dfrac{\sqrt{3}}{9}$ ② $\dfrac{2\sqrt{3}}{9}$ ③ $\dfrac{\sqrt{3}}{3}$

④ $\dfrac{4\sqrt{3}}{9}$ ⑤ $\dfrac{2\sqrt{3}}{3}$

17 서술형💬

두 수 A, B가 다음과 같을 때, AB의 값을 구하시오.

$$A = \sqrt{108} \div 4\sqrt{3} \times \sqrt{24}$$
$$B = \dfrac{1}{\sqrt{2}} \times \sqrt{\dfrac{2}{3}} \div \sqrt{12}$$

18

다음 그림과 같은 삼각형과 직사각형의 넓이가 서로 같을 때, x의 값을 구하시오.

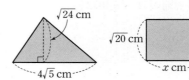

$\sqrt{24}$ cm $\sqrt{20}$ cm

$4\sqrt{5}$ cm x cm

19

오른쪽 그림은 A, B, C 세 종류의 천을 빈틈없이 이어 붙여서 만든 조각보의 일부이다. 정사각형 A의 넓이는 15, 직사각형 B의 넓이는 $3\sqrt{5}$일 때, 정사각형 C의 넓이를 구하시오.

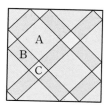

20

오른쪽 그림과 같은 직사각형 ABCD에서 대각선 BD의 길이가 $2\sqrt{6}$ cm이고 $\overline{BC}=3\sqrt{2}$ cm일 때, 직사각형 ABCD의 넓이를 구하시오.

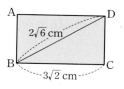

21

오른쪽 그림과 같이 한 변의 길이가 $4\sqrt{2}$ cm인 정삼각형 ABC의 넓이를 구하시오.

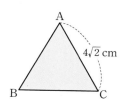

④ 제곱근의 값

22

$\sqrt{a}=9.033$, $\sqrt{b}=9.154$를 만족시키는 a, b에 대하여 $\sqrt{\dfrac{a+b}{2}}$의 값을 다음 제곱근표를 이용하여 구하면?

수	4	5	6	7	8
81	9.022	9.028	9.033	9.039	9.044
82	9.077	9.083	9.088	9.094	9.099
83	9.132	9.138	9.143	9.149	9.154

① 9.028　　② 9.039　　③ 9.083

④ 9.094　　⑤ 9.143

23

다음 중에서 주어진 제곱근표를 이용하여 그 값을 구할 수 없는 것을 모두 고르면? (정답 2개)

수	0	1	2	3
7.4	2.720	2.722	2.724	2.726
7.5	2.739	2.740	2.742	2.744
7.6	2.757	2.759	2.760	2.762

① $\sqrt{741}$　　　　　　② $\sqrt{7520}$

③ $\sqrt{0.00742}$　　　　④ $\sqrt{0.000763}$

⑤ $\sqrt{76100}-\sqrt{0.0753}$

24

$\sqrt{4.8}=2.191$, $\sqrt{48}=6.928$일 때, 다음 중에서 옳지 않은 것은?

① $\sqrt{480}=21.91$　　　　② $\sqrt{480000}=692.8$

③ $\sqrt{0.048}=0.2191$　　　④ $\sqrt{0.0048}=0.06928$

⑤ $\sqrt{0.0000048}=0.006928$

5 제곱근의 덧셈과 뺄셈

25

$\sqrt{48}+\sqrt{8}-\sqrt{75}-\sqrt{32}$ 를 계산하면?

① $-2\sqrt{2}-\sqrt{3}$ ② $-\sqrt{2}-2\sqrt{3}$

③ $\sqrt{2}-2\sqrt{3}$ ④ $2\sqrt{2}-\sqrt{3}$

⑤ $2\sqrt{2}+\sqrt{3}$

26

$\sqrt{63}-\sqrt{a}+\sqrt{112}=\sqrt{175}$ 일 때, 유리수 a의 값은?

① 12   ② 18   ③ 20

④ 28   ⑤ 32

27

다음 보기 에서 옳지 <u>않은</u> 것을 모두 고른 것은?

보기
ㄱ. $2\sqrt{6}-6\sqrt{3}-11\sqrt{6}=-9\sqrt{6}-6\sqrt{3}$

ㄴ. $\sqrt{72}-2\sqrt{8}+3\sqrt{2}=4\sqrt{2}$

ㄷ. $\dfrac{\sqrt{5}}{4}+\dfrac{2\sqrt{5}}{3}-\dfrac{3\sqrt{5}}{2}=-\dfrac{7\sqrt{5}}{12}$

ㄹ. $\dfrac{\sqrt{54}}{6}-\dfrac{\sqrt{150}}{3}=-\dfrac{5\sqrt{6}}{6}$

① ㄱ, ㄴ   ② ㄱ, ㄷ   ③ ㄴ, ㄷ

④ ㄴ, ㄹ   ⑤ ㄷ, ㄹ

28

다음 세 실수 a, b, c의 대소를 비교하여 부등호를 사용하여 나타내시오.

$$a=\sqrt{3}+\sqrt{5},\ b=2\sqrt{3}-\sqrt{5},\ c=2\sqrt{5}$$

6 근호를 포함한 복잡한 식의 계산

29

$A=-\sqrt{10}+2\sqrt{2}$, $B=3\sqrt{5}-6$일 때, $\sqrt{5}A-\sqrt{2}B$의 값은?

① $-\sqrt{2}-\sqrt{10}$ ② $\sqrt{2}-\sqrt{10}$

③ $-\sqrt{2}+\sqrt{10}$ ④ $\sqrt{2}+\sqrt{10}$

⑤ $2\sqrt{2}+\sqrt{10}$

30

$\sqrt{2}=a$, $\sqrt{3}=b$일 때,
$$\sqrt{2}(4\sqrt{3}-3\sqrt{2})+(5\sqrt{2}+2\sqrt{3})\sqrt{3}$$
을 a, b를 사용하여 나타내면?

① $9ab$ ② $8ab$ ③ $7ab$

④ $6ab$ ⑤ $5ab$

31

$\sqrt{2}(2a-\sqrt{2})-3\sqrt{2}(1+2\sqrt{2})$가 유리수가 되도록 하는 유리수 a의 값은?

① -2 　　② $-\dfrac{3}{2}$ 　　③ $-\dfrac{1}{2}$

④ $\dfrac{1}{2}$ 　　⑤ $\dfrac{3}{2}$

32

$\dfrac{2}{\sqrt{2}}(\sqrt{3}-\sqrt{2})+\dfrac{\sqrt{12}-\sqrt{27}}{\sqrt{3}}=a+b\sqrt{6}$일 때, 유리수 a, b에 대하여 $b-a$의 값은?

① -4 　　② -2 　　③ 2

④ 4 　　⑤ 6

33 서술형

$5\sqrt{2}-2$의 소수 부분을 a, $\sqrt{98}$의 소수 부분을 b라 할 때, $a-b$의 값을 구하시오.

34

오른쪽 그림과 같이 직사각형 모양의 꽃밭에 장미, 백합, 튤립을 심었다. 장미와 백합을 심은 밭은 모두 정사각형 모양이고, 그 넓이가 각각 $432\ \mathrm{m}^2$, $48\ \mathrm{m}^2$일 때, 튤립을 심은 밭의 넓이를 구하시오.

35 서술형

다음 그림에서 두 정사각형의 넓이는 각각 $18\ \mathrm{cm}^2$, $32\ \mathrm{cm}^2$일 때, 직각삼각형 ABC의 둘레의 길이를 구하시오.

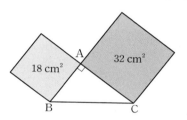

36

다음 그림과 같이 한 눈금의 길이가 1인 모눈종이 위에 수직선과 정사각형 ABCD를 그리고, $\overline{\mathrm{BA}}=\overline{\mathrm{BP}}$, $\overline{\mathrm{BC}}=\overline{\mathrm{BQ}}$가 되도록 수직선 위에 두 점 P, Q를 정하였다. 두 점 P, Q에 대응하는 수를 각각 a, b라 할 때, $a-\sqrt{2}b$의 값을 구하시오.

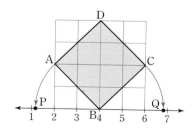

1 제곱근의 곱셈

$\sqrt{3} \times \sqrt{5} \times \sqrt{a} \times \sqrt{45} \times \sqrt{3a} = 135$일 때, 자연수 a의 값을 구하시오.

> **∑ 포인트**
> • $a > 0$, $b > 0$일 때, $\sqrt{a} \times \sqrt{b} = \sqrt{ab}$
> • $a > 0$일 때, $\sqrt{a^2} = a$

2 근호가 있는 식을 변형하여 식을 간단히 하기

$6\sqrt{7} \times \sqrt{\dfrac{75}{7}}$ 를 계산하여 근호 안의 수가 가장 작은 자연수가 되도록 $a\sqrt{b}$ 꼴로 나타내었

을 때, 유리수 a, b에 대하여 $\dfrac{a}{b}$의 값은?

① 2 ② 4 ③ 5
④ 8 ⑤ 10

> **∑ 포인트**
> 제곱근의 곱셈을 한 후 근호 안의 제곱인 인수를 근호 밖으로 꺼낸다.
> ➡ $a > 0$, $b > 0$일 때, $\sqrt{a} \times \sqrt{b} = \sqrt{ab}$, $\sqrt{a^2 b} = a\sqrt{b}$

3 근호가 있는 식을 변형하여 식의 값 구하기

$a > 0$, $b > 0$, $ab = 9$일 때, $a\sqrt{\dfrac{16b}{a}} + b\sqrt{\dfrac{25a}{b}}$의 값을 구하시오.

> **∑ 포인트**
> 근호 밖의 양수를 제곱하여 근호 안으로 넣은 후 계산한다.
> ➡ $a > 0$, $b > 0$일 때, $a\sqrt{b} = \sqrt{a^2 b}$

문자를 이용한 제곱근의 표현

$\sqrt{2}=a$, $\sqrt{3}=b$일 때, $\sqrt{0.18}$을 a, b를 사용하여 나타내면?

① $\dfrac{ab^2}{100}$ ② $\dfrac{a^2b}{100}$ ③ $\dfrac{ab}{10}$

④ $\dfrac{ab^2}{10}$ ⑤ $\dfrac{a^2b^2}{10}$

> **⑁ 포인트**
>
> 근호 안의 소수를 분수로 나타내어 소인수분해한 후 근호를 분리하여 주어진 문자로 나타낸다.
> ➡ $a>0$, $b>0$일 때, $\sqrt{ab}=\sqrt{a}\times\sqrt{b}$

 분모의 유리화

$\sqrt{\dfrac{63}{125}}=\dfrac{b\sqrt{7}}{a\sqrt{5}}=c\sqrt{35}$일 때, 자연수 a, b와 유리수 c에 대하여 abc의 값을 구하시오.

(단, a, b는 서로소인 자연수)

> **⑁ 포인트**
>
> $x>0$, $y>0$일 때, $\sqrt{\dfrac{y}{x}}=\dfrac{\sqrt{y}}{\sqrt{x}}$로 나타낸 후 근호 안에 제곱인 인수가 있으면 근호 밖으로 꺼낸다.
> ➡ $a>0$, $b>0$일 때, $\sqrt{a^2b}=a\sqrt{b}$

 제곱근의 곱셈과 나눗셈의 혼합 계산 – 어떤 수 구하기

다음과 같이 화살표 방향으로 계산한 결과가 $2\sqrt{3}$일 때, A에 알맞은 수를 구하시오.

$$\boxed{A} \xrightarrow{\times\sqrt{20}} \boxed{} \xrightarrow{\div 3\sqrt{2}} 2\sqrt{3}$$

> **⑁ 포인트**
>
> 계산 순서를 거꾸로 하여 계산한다.
> ➡ $x\times\blacksquare\div\bullet=\blacktriangle \Rightarrow x=\blacktriangle\times\bullet\div\blacksquare$

고난도 대표 유형

7 제곱근의 곱셈과 나눗셈의 도형에의 활용

오른쪽 그림과 같은 사각형 ABCD의 넓이는?

① $2\sqrt{3}+4$ ② $2\sqrt{6}+4$

③ $4\sqrt{2}+2$ ④ $4\sqrt{2}+4$

⑤ $4\sqrt{6}+4$

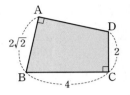

> **∑ 포인트**
> • 보조선 BD를 그어 직각삼각형 두 개로 나눈 후 피타고라스 정리를 이용하여 변의 길이를 구한다.
> • (삼각형의 넓이)=$\frac{1}{2}$×(밑변의 길이)×(높이)

8 제곱근의 곱셈과 나눗셈의 활용 – 대각선의 길이

오른쪽 그림과 같이 밑면의 가로, 세로의 길이가 각각 $4\sqrt{3}$ cm, 6 cm인 직육면체에서 $\overline{AG}=10$ cm일 때, $\overline{AE}$의 길이를 구하시오.

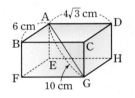

> **∑ 포인트**
> 보조선 EG를 긋고 피타고라스 정리를 이용하여 $\overline{EG}$의 길이를 구한 후 $\overline{AE}$의 길이를 구한다.

9 제곱근의 곱셈과 나눗셈의 활용 – 정삼각형의 높이와 넓이

높이가 $6\sqrt{3}$ cm인 정삼각형의 넓이는?

① $30\sqrt{3}$ cm^2 ② $30\sqrt{6}$ cm^2 ③ $32\sqrt{3}$ cm^2

④ $32\sqrt{6}$ cm^2 ⑤ $36\sqrt{3}$ cm^2

> **∑ 포인트**
> • 정삼각형의 높이를 이용하여 정삼각형의 한 변의 길이를 구한다.
> • 정삼각형의 꼭짓점에서 대변에 그은 수선은 대변을 수직이등분한다.

26 ★ 수학 마스터 고난도 ∑ (시그마)

10 제곱근표에 없는 제곱근의 값 구하기

$\sqrt{4.15}=a$, $\sqrt{41.5}=b$일 때, 다음 중에서 옳지 <u>않은</u> 것을 모두 고르면? (정답 2개)

① $\sqrt{166}=2b$　　　　② $\sqrt{4150}=10a$　　　　③ $\sqrt{41500}=100a$

④ $\sqrt{0.0415}=\dfrac{a}{10}$　　　⑤ $\sqrt{0.000415}=\dfrac{b}{100}$

> **Σ 포인트**
> • 근호 안의 수를 4.15와 제곱수의 곱 또는 41.5와 제곱수의 곱으로 나타낸다.
> • $a>0$, $b>0$일 때, $\sqrt{a^2b}=a\sqrt{b}$, $\sqrt{\dfrac{b}{a^2}}=\dfrac{\sqrt{b}}{a}$

11 제곱근의 덧셈과 뺄셈

$\sqrt{(3\sqrt{2}-2\sqrt{5})^2}-\sqrt{(4\sqrt{5}-6\sqrt{2})^2}=a\sqrt{2}+b\sqrt{5}$일 때, 유리수 a, b에 대하여 $a+b$의 값은?

① -3　　　　　② -2　　　　　③ -1

④ 1　　　　　⑤ 2

> **Σ 포인트**
> $\sqrt{A^2}=\begin{cases} A\geq0일 \ 때, \ A \\ A<0일 \ 때, \ -A \end{cases}$

12 분배법칙을 이용한 제곱근의 덧셈과 뺄셈

$\sqrt{2}(\sqrt{48}+3)-\sqrt{32}+\sqrt{54}=a\sqrt{2}+b\sqrt{6}$일 때, 유리수 a, b에 대하여 ab의 값을 구하시오.

> **Σ 포인트**
> 분배법칙을 이용하여 괄호를 푼 후 근호 안의 수가 같은 수끼리 계산한다.
> ➡ $a(b+c)=ab+ac$

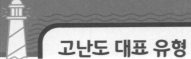

13 분배법칙을 이용한 분모의 유리화

$x = \dfrac{6+\sqrt{6}}{\sqrt{3}},\ y = \dfrac{2-\sqrt{6}}{\sqrt{2}}$일 때, $\sqrt{3}(x-y)$의 값을 구하시오.

> **∑ 포인트**
>
> $b>0,\ c>0$일 때,
>
> $\dfrac{a+\sqrt{b}}{\sqrt{c}} = \dfrac{(a+\sqrt{b})\times\sqrt{c}}{\sqrt{c}\times\sqrt{c}} = \dfrac{a\sqrt{c}+\sqrt{bc}}{c}$

14 근호를 포함한 복잡한 식의 계산

$\dfrac{3\sqrt{2}}{4}(2-2\sqrt{6}) - \dfrac{6\sqrt{2}-3\sqrt{3}}{\sqrt{6}} = a\sqrt{2}+b\sqrt{3}$일 때, 유리수 a, b에 대하여 $\sqrt{-ab}$의 값

을 구하시오.

> **∑ 포인트**
>
> 분배법칙을 이용하여 괄호를 풀고, 분모에 무리수가 있으면 분모를 유리화한 후 계산한다.
>
> ➡ $a(b+c) = ab+ac$

15 제곱근의 계산 결과가 유리수가 될 조건

$A = 7-4(a-\sqrt{3})+2\sqrt{3}-3a\sqrt{3}$일 때, 유리수 A의 값은? (단, a는 유리수)

① -2 ② -1 ③ 0

④ 1 ⑤ 2

> **∑ 포인트**
>
> m, n이 유리수이고 $\sqrt{k}$가 무리수일 때,
>
> $m+n\sqrt{k}$가 유리수가 될 조건 ➡ $n=0$

16 무리수의 정수 부분과 소수 부분

자연수 n에 대하여 $\sqrt{n}$의 소수 부분을 $f(n)$이라 할 때, $f(27)-f(3)$의 값을 구하시오.

포인트

$\sqrt{x}$가 무리수이고 n이 정수일 때, $n \le \sqrt{x} < n+1$이면 $\sqrt{x}$의 정수 부분은 n, 소수 부분은 $\sqrt{x}-n$이다.

17 제곱근의 덧셈과 뺄셈의 도형에의 활용

오른쪽 그림과 같이 넓이가 각각 7 cm^2, 28 cm^2, 63 cm^2, 112 cm^2인 정사각형 모양의 색종이를 서로 이어 붙였다. 이 색종이로 이루어진 도형의 둘레의 길이는?

① $24\sqrt{7} \text{ cm}$ ② $26\sqrt{7} \text{ cm}$

③ $28\sqrt{7} \text{ cm}$ ④ $30\sqrt{7} \text{ cm}$

⑤ $32\sqrt{7} \text{ cm}$

포인트

넓이가 a인 정사각형의 한 변의 길이는 $\sqrt{a}$임을 이용하여 네 정사각형의 한 변의 길이를 각각 구한다.

18 수직선에 나타낸 무리수의 계산

오른쪽 그림은 수직선 위에 정사각형 ABCD를 그린 것이다. 점 A를 중심으로 하고 $\overline{\text{AC}}$를 반지름으로 하는 원과 점 B를 중심으로 하고 $\overline{\text{BD}}$를 반지름으로 하는 원을 그려 수직선과 만나는 점을 각각 P, Q라 할 때, $\overline{\text{PQ}}$의 길이를 구하시오.

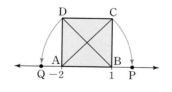

포인트

직각삼각형에서 피타고라스 정리를 이용하여 $\overline{\text{AC}}$, $\overline{\text{BD}}$의 길이를 구한 후 두 점 P, Q의 좌표를 구한다.

1 제곱근의 곱셈과 나눗셈

01

$2\sqrt{34+a}=4\sqrt{3}$, $\sqrt{50-b}=3\sqrt{6}$을 만족시키는 유리수 a, b에 대하여 $a-b$의 값을 구하시오.

02

$a>0$, $b>0$일 때, 다음 보기 에서 옳지 않은 것을 모두 고른 것은?

> 보기
>
> ㄱ. $\sqrt{a^2b}=a\sqrt{b}$ ㄴ. $-a\sqrt{b}=\sqrt{a^2b}$
>
> ㄷ. $-\dfrac{\sqrt{b}}{ab}=-\sqrt{\dfrac{1}{ab}}$ ㄹ. $\sqrt{\dfrac{a^2}{ab}}=\dfrac{a}{\sqrt{ab}}$

① ㄱ, ㄴ   ② ㄱ, ㄷ   ③ ㄴ, ㄷ

④ ㄴ, ㄹ   ⑤ ㄷ, ㄹ

03 대표 유형 ❶

자연수 x에 대하여 $f(x)=\sqrt{x}$라 할 때,
$$f(2)\times f(7)\times f(2a^3)\times f(28)\times f(a)=112$$
를 만족시키는 자연수 a의 값을 구하시오.

04 대표 유형 ❷

$\sqrt{\dfrac{12}{11}}\times\sqrt{\dfrac{242}{3}}$를 계산하여 근호 안의 수가 가장 작은 자연수가 되도록 $a\sqrt{b}$ 꼴로 나타내었을 때, 유리수 a, b에 대하여 $a+b$의 값을 구하시오.

05 대표 유형 ❸

$a>0$, $b>0$, $ab=3$일 때,
$$a\sqrt{\dfrac{12b}{a}}+\dfrac{1}{b}\sqrt{\dfrac{27b}{a}}-\dfrac{1}{a}\sqrt{\dfrac{48a}{b}}$$
의 값을 구하시오.

06 대표 유형 ❹

$\sqrt{2}=a$, $\sqrt{3}=b$일 때, $\sqrt{0.24}$를 a, b를 사용하여 나타낸 것을 보기 에서 모두 고르시오.

> 보기
>
> ㄱ. $\dfrac{ab^3}{10}$ ㄴ. $\dfrac{a^3b}{10}$ ㄷ. $\dfrac{ab}{5}$ ㄹ. $\dfrac{a^2b}{5}$

07

$\sqrt{3}=a$, $\sqrt{10}=b$일 때, $\sqrt{0.025}+\sqrt{1200}$을 a, b를 사용하여 나타내면?

① $20a+b$ 　　② $20a+\dfrac{b}{20}$ 　　③ $\dfrac{a}{20}+\dfrac{b}{20}$

④ $\dfrac{a}{20}+b$ 　　⑤ $\dfrac{a}{20}+20b$

08

$\sqrt{7000}$은 $\sqrt{70}$의 a배이고, $\dfrac{\sqrt{0.7}}{\sqrt{70}}=b$일 때, ab의 값을 구하시오.

09

$\sqrt{12}<x<\sqrt{78}$일 때, x^2, $\sqrt{3}x$가 모두 자연수가 되도록 하는 모든 x의 값의 곱은?

① $60\sqrt{3}$ 　　② $90\sqrt{3}$ 　　③ $120\sqrt{3}$

④ $150\sqrt{3}$ 　　⑤ $180\sqrt{3}$

② 분모의 유리화

10

$x=\sqrt{7}$, $y=\sqrt{2}$에 대하여 $\dfrac{2y^3}{x}=\dfrac{b\sqrt{14}}{a}$일 때, $a-b$의 값은? (단, a, b는 서로소인 자연수)

① -3 　　② -2 　　③ 1

④ 2 　　⑤ 3

11 　대표 유형 ⑤

$\dfrac{\sqrt{200}}{2\sqrt{a}}=\dfrac{5\sqrt{6}}{3}$을 만족시키는 자연수 a의 값을 구하시오.

12 　서술형

$\dfrac{6}{\sqrt{48}}=a\sqrt{3}$, $\dfrac{10}{\sqrt{6}}=b\sqrt{6}$일 때, 유리수 a, b에 대하여 $a-b$의 값을 구하시오.

13 서술형

$a>0$, $b>0$, $\sqrt{ab}=11$일 때, $\dfrac{5a\sqrt{b}}{\sqrt{a}}-\dfrac{2b\sqrt{a}}{\sqrt{b}}$의 값을 구하시오.

3 제곱근의 곱셈과 나눗셈의 혼합 계산

14

$\sqrt{396}\times(-2\sqrt{7})\div(-8\sqrt{21})$을 계산하면?

① $\dfrac{\sqrt{11}}{6}$ ② $\dfrac{\sqrt{33}}{6}$ ③ $\dfrac{\sqrt{11}}{3}$

④ $\dfrac{\sqrt{33}}{3}$ ⑤ $\dfrac{\sqrt{33}}{2}$

15

다음을 만족시키는 유리수 a의 값은?

$$\frac{12}{\sqrt{15}}\times\sqrt{\frac{3}{4}}\div\frac{2\sqrt{6}}{\sqrt{5}}=\frac{\sqrt{a}}{2}$$

① 2 ② 3 ③ 5

④ 6 ⑤ 7

16 대표 유형 **6**

어떤 수를 $\sqrt{5}$로 나눈 후 $\dfrac{\sqrt{40}}{3}$을 곱했더니 8이 되었다. 어떤 수를 $2\sqrt{6}$으로 나눈 몫을 구하시오.

17 대표 유형 **7**

다음 그림은 원기둥의 전개도이다. 이 전개도로 만들어지는 원기둥의 부피는?

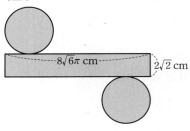

① $96\sqrt{3}\pi$ cm^3 ② $96\sqrt{6}\pi$ cm^3

③ $192\sqrt{2}\pi$ cm^3 ④ $192\sqrt{6}\pi$ cm^3

⑤ $384\sqrt{2}\pi$ cm^3

18

윗변의 길이와 아랫변의 길이의 비가 $5:7$인 사다리꼴에 대하여 사다리꼴의 높이를 한 변으로 하는 정사각형의 넓이가 300이다. 사다리꼴과 정사각형의 넓이가 서로 같을 때, 사다리꼴의 윗변의 길이와 아랫변의 길이를 각각 구하시오.

19 대표 유형 8

겉넓이가 $108 \, \text{cm}^2$인 정육면체의 대각선의 길이를 구하시오.

20 대표 유형 9

오른쪽 그림과 같이 한 변의 길이가 $2\sqrt{2}$이고, $\angle B = 120°$인 마름모 ABCD의 넓이를 구하시오.

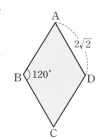

21

다음 그림은 가로의 길이가 $4\sqrt{10}$, 세로의 길이가 $4\sqrt{3}$인 직사각형을 밑면으로 하고, 높이가 $3\sqrt{2}$인 사각뿔이다. 이 사각뿔을 밑면에 평행한 단면으로 잘라 높이가 처음 사각뿔의 높이의 $\frac{1}{2}$인 사각뿔을 잘라 내었을 때, 남은 입체도형의 부피를 구하시오.

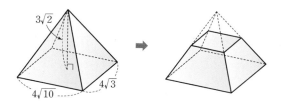

④ 제곱근의 값

22

$\sqrt{2.7} = 1.643$, $\sqrt{27} = 5.196$일 때, $\sqrt{1080}$과 가장 가까운 정수는?

① 29   ② 30   ③ 31
④ 32   ⑤ 33

23 대표 유형 10

$\sqrt{2.25} = a$, $\sqrt{22.5} = b$일 때, $\sqrt{90} + \sqrt{0.000225}$를 a, b를 사용하여 나타내면?

① $\dfrac{a}{100} + 2b$ ② $\dfrac{a}{10} + 2b$ ③ $2a + 2b$
④ $2a + \dfrac{b}{10}$ ⑤ $2a + \dfrac{b}{100}$

24

다음 제곱근의 값 중에서 $\sqrt{52.32}$의 값을 구하기 위하여 이용해야 하는 것은?

① $\sqrt{3.21}$ ② $\sqrt{3.23}$ ③ $\sqrt{3.27}$
④ $\sqrt{3.31}$ ⑤ $\sqrt{3.37}$

5 제곱근의 덧셈과 뺄셈

25

$\dfrac{\sqrt{28}}{7}+\dfrac{\sqrt{80}}{4}-\dfrac{\sqrt{63}}{3}-\dfrac{\sqrt{45}}{10}=a\sqrt{5}+b\sqrt{7}$일 때, 유리수 a, b에 대하여 ab의 값을 구하시오.

26

다음 표에서 가로, 세로, 대각선에 있는 세 수의 합이 모두 같을 때, x의 값을 구하시오.

	$\sqrt{128}+6$	$\sqrt{2}-1$
	$\sqrt{32}+2$	
$\sqrt{98}+5$		x

27 대표 유형 ⑪

$a=3\sqrt{11}-2\sqrt{2}$, $b=4\sqrt{2}-\sqrt{11}$일 때, $\sqrt{(a+b)^2}-\sqrt{(b-a)^2}$의 값은?

① $-8\sqrt{2}-3\sqrt{11}$ ② $-8\sqrt{2}-2\sqrt{11}$

③ $8\sqrt{2}-2\sqrt{11}$ ④ $8\sqrt{2}-\sqrt{11}$

⑤ $8\sqrt{2}+2\sqrt{11}$

6 근호를 포함한 복잡한 식의 계산

28 대표 유형 ⑫

두 실수 a, b에 대하여 $a◎b=\sqrt{2}a+ab$라 할 때, $(3\sqrt{5}-4)◎\sqrt{10}$의 값은?

① $11\sqrt{2}-2\sqrt{10}$ ② $11\sqrt{2}-\sqrt{30}$

③ $11\sqrt{2}-2\sqrt{5}$ ④ $11\sqrt{2}-\sqrt{10}$

⑤ $11\sqrt{2}+\sqrt{10}$

29 대표 유형 ⑬

$x=\dfrac{\sqrt{2}+\sqrt{10}}{\sqrt{2}}$, $y=\dfrac{\sqrt{2}-\sqrt{10}}{\sqrt{2}}$일 때, $\dfrac{x+y}{x-y}$의 값은?

① $-\sqrt{5}$ ② $-\dfrac{\sqrt{5}}{5}$ ③ $\dfrac{\sqrt{5}}{5}$

④ $\sqrt{5}$ ⑤ 5

30 서술형 대표 유형 ⑭

두 수 A, B가 다음과 같을 때, $A-B$의 값을 구하시오.

$$A=\sqrt{2}(1-\sqrt{20})-\sqrt{5}(3-\sqrt{8})$$
$$B=\dfrac{1}{\sqrt{2}}(\sqrt{10}-4)+\dfrac{2}{\sqrt{10}}(\sqrt{45}-\sqrt{18})$$

31

$\sqrt{\left\{\sqrt{12}-\sqrt{2}\left(\sqrt{24}-\dfrac{3}{\sqrt{6}}\right)\right\}^2+\left(\sqrt{5}-\dfrac{\sqrt{10-4\sqrt{3}}}{\sqrt{2}}\right)^2}$ 의 값을 구하시오.

32 대표 유형 ⑮

두 실수 x, y에 대하여 $x \star y = x - \sqrt{5}y$라 할 때, $(-2 \star a) - (a \star 3) = b$를 만족시키는 유리수 a, b에 대하여 $a\sqrt{5} \star b$의 값은?

① $-4\sqrt{5}$ ② $-\sqrt{5}$ ③ $\sqrt{5}$

④ $4\sqrt{5}$ ⑤ $8\sqrt{5}$

33 서술형

$\sqrt{96a}$가 자연수가 되도록 하는 가장 작은 자연수 a와 $\sqrt{(4-\sqrt{a})^2}+2b\sqrt{a}$가 유리수가 되도록 하는 유리수 b에 대하여 ab의 값을 구하시오.

34 대표 유형 ⑯

자연수 x에 대하여 $\sqrt{x}+3$의 소수 부분을 $f(x)$, $\sqrt{x}-2$의 소수 부분을 $g(x)$라 할 때, $f(18)-g(32)$의 값은?

① $1-\sqrt{2}$ ② $\sqrt{2}-1$ ③ $1-\sqrt{3}$

④ $\sqrt{3}-1$ ⑤ $\sqrt{3}-2$

35

$\sqrt{13}$의 소수 부분을 a라 할 때, $\sqrt{117}$의 소수 부분을 a를 사용하여 나타내시오.

36 서술형

$2\sqrt{10}-1$의 소수 부분을 a, $4+\sqrt{10}$의 소수 부분을 b라 할 때, $\sqrt{(a-3)^2}-\sqrt{(b-2)^2}$의 값을 구하시오.

37

다음 그림은 넓이가 각각 27 cm^2, 12 cm^2, 3 cm^2인 직각이등변삼각형 3개를 빗변이 일직선 위에 놓이도록 붙인 것이다. 이때 $\overline{AD} + \overline{DG}$의 길이는?

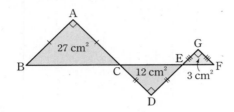

① $4\sqrt{3}$ cm
② $4\sqrt{6}$ cm
③ $8\sqrt{3}$ cm
④ $8\sqrt{6}$ cm
⑤ $10\sqrt{6}$ cm

38 서술형

오른쪽 그림과 같이 가로의 길이가 $3\sqrt{2}$ cm, 세로의 길이가 $\sqrt{8}$ cm인 직육면체의 부피가 $60\sqrt{2} \text{ cm}^3$일 때, 이 직육면체의 모든 모서리의 길이의 합을 구하시오.

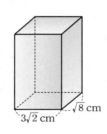

39 대표 유형 ⑰

오른쪽 그림과 같이 세 정사각형 A, B, C를 겹치는 부분 없이 이어 붙였다. A의 넓이는 B의 넓이의 2배, B의 넓이는 C의 넓이의 2배이다. C의 넓이가 12일 때, 이 도형의 둘레의 길이를 구하시오.

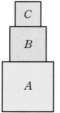

40

오른쪽 그림과 같이 한 변의 길이가 k인 정사각형과 그 대각선으로 이루어진 도로망이 있다. P 지점에서 Q 지점까지 가는 길의 최단 거리를 k에 대한 식으로 나타내시오.

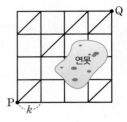

41

오른쪽 그림과 같은 모양의 꽃밭이 있다. 이 꽃밭과 넓이가 같은 정사각형 모양 땅의 한 변의 길이를 구하시오.

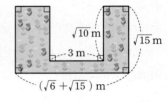

42 대표 유형 ⑱

다음 그림과 같이 한 눈금의 길이가 1인 모눈종이 위에 수직선과 직각삼각형 ABC를 그리고, 점 B를 중심으로 하고 $\overline{AB}$를 반지름으로 하는 원을 그려 수직선과 만나는 점을 각각 P, Q라 하자. 두 점 P, Q에 대응하는 수를 각각 a, b라 할 때, $\dfrac{2a-b}{\sqrt{2}}$의 값을 구하시오.

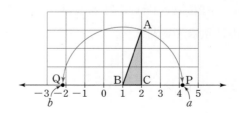

03

다항식의 곱셈

1 다항식과 다항식의 곱셈

(다항식)×(다항식)은 다음과 같은 순서로 계산한다.

① 분배법칙을 이용하여 전개한다.

② 동류항이 있으면 동류항끼리 모아서 계산한다.

$$(a+b)(c+d) = \underset{①}{ac} + \underset{②}{ad} + \underset{③}{bc} + \underset{④}{bd}$$

예) $(a+b)(a-3b)$

$= a^2 - 3ab + ab - 3b^2$ 〉 분배법칙을 이용하여 전개한다.

$= a^2 - 2ab - 3b^2$ 〉 동류항끼리 모아서 계산한다.

> **NOTE**
>
> ● **동류항**
> 문자와 차수가 각각 같은 항

2 곱셈 공식

(1) 합, 차의 제곱

　① $(a+b)^2 = a^2 + 2ab + b^2$ ➡ 합의 제곱

　② $(a-b)^2 = a^2 - 2ab + b^2$ ➡ 차의 제곱

　예) ① $(x+1)^2 = x^2 + 2 \times x \times 1 + 1^2 = x^2 + 2x + 1$

　　　② $(x-1)^2 = x^2 - 2 \times x \times 1 + 1^2 = x^2 - 2x + 1$

(2) 합과 차의 곱

$(a+b)(a-b) = a^2 - b^2$

　예) $(x+1)(x-1) = x^2 - 1^2 = x^2 - 1$

(3) x의 계수가 1인 두 일차식의 곱

$(x+a)(x+b) = x^2 + (a+b)x + ab$

　예) $(x+1)(x+2) = x^2 + (1+2)x + 1 \times 2 = x^2 + 3x + 2$

(4) x의 계수가 1이 아닌 두 일차식의 곱

$(ax+b)(cx+d) = acx^2 + (ad+bc)x + bd$

　예) $(2x+1)(3x+2) = (2 \times 3)x^2 + (2 \times 2 + 1 \times 3)x + 1 \times 2 = 6x^2 + 7x + 2$

[참고] ( )( )( )( ) 꼴의 전개: 네 개의 일차식의 곱은 다음과 같은 순서로 구한다.

① 일차식의 상수항의 합이 같아지도록 두 개씩 짝 지어 전개한다.

② 공통부분을 치환하여 식을 전개한다.

> ● **전개식이 같은 다항식**
> ① $(-a-b)^2 = \{-(a+b)\}^2$
> $ = (a+b)^2$
> ② $(-a+b)^2 = \{-(a-b)\}^2$
> $ = (a-b)^2$
> ③ $(-a-b)(-a+b)$
> $ = \{-(a+b)\} \times \{-(a-b)\}$
> $ = (a+b)(a-b)$
>
> ● **공통부분이 있는 식의 전개**
> ❶ 공통부분을 한 문자로 치환한다.
> ❷ 곱셈 공식을 이용하여 전개한다.
> ❸ ❷의 식의 문자에 원래의 식을 대입하여 정리한다.

3 곱셈 공식을 이용한 수의 계산

(1) 수의 제곱의 계산: 곱셈 공식 $(a+b)^2 = a^2 + 2ab + b^2$ 또는 $(a-b)^2 = a^2 - 2ab + b^2$을 이용하여 전개한 후 계산한다.

　예) ① $101^2 = (100+1)^2 = 100^2 + 2 \times 100 \times 1 + 1^2 = 10201$

　　　② $99^2 = (100-1)^2 = 100^2 - 2 \times 100 \times 1 + 1^2 = 9801$

(2) 두 수의 곱의 계산: 곱셈 공식 $(a+b)(a-b) = a^2 - b^2$ 또는 $(x+a)(x+b) = x^2 + (a+b)x + ab$를 이용하여 전개한 후 계산한다.

　예) ① $51 \times 49 = (50+1)(50-1) = 50^2 - 1^2 = 2499$

　　　② $101 \times 103 = (100+1)(100+3) = 100^2 + (1+3) \times 100 + 1 \times 3 = 10403$

(3) 제곱근을 포함한 수의 계산: 제곱근을 문자로 생각하고 곱셈 공식을 이용하여 전개한 후 계산한다.

예 $(\sqrt{2}+\sqrt{3})^2=(\sqrt{2})^2+2\times\sqrt{2}\times\sqrt{3}+(\sqrt{3})^2=2+2\sqrt{6}+3=5+2\sqrt{6}$

Σ **NOTE**

4 곱셈 공식을 이용한 분모의 유리화

분모가 $\sqrt{a}\pm\sqrt{b}$ 또는 $a\pm\sqrt{b}$ 꼴인 분수는 곱셈 공식 $(a+b)(a-b)=a^2-b^2$을 이용하여 분모를 유리화한다.

$b>0$이고 a, b는 유리수, c가 실수일 때

(1) $\dfrac{c}{\sqrt{a}+\sqrt{b}}=\dfrac{c(\sqrt{a}-\sqrt{b})}{(\sqrt{a}+\sqrt{b})(\sqrt{a}-\sqrt{b})}=\dfrac{c\sqrt{a}-c\sqrt{b}}{a-b}$ (단, $a>0$, $a\neq b$)

예 $\dfrac{1}{\sqrt{3}+\sqrt{2}}=\dfrac{\sqrt{3}-\sqrt{2}}{(\sqrt{3}+\sqrt{2})(\sqrt{3}-\sqrt{2})}=\sqrt{3}-\sqrt{2}$

(2) $\dfrac{c}{a+\sqrt{b}}=\dfrac{c(a-\sqrt{b})}{(a+\sqrt{b})(a-\sqrt{b})}=\dfrac{ac-c\sqrt{b}}{a^2-b}$

예 $\dfrac{2}{2+\sqrt{3}}=\dfrac{2(2-\sqrt{3})}{(2+\sqrt{3})(2-\sqrt{3})}=4-2\sqrt{3}$

> **분모의 유리화**
> 분수의 분모에 근호가 있을 때, 분모와 분자에 0이 아닌 같은 수를 곱하여 분모를 유리수로 고치는 것

5 곱셈 공식의 변형

곱셈 공식의 좌변과 우변의 항을 적당히 이항한다.

(1) $a^2+b^2=(a+b)^2-2ab$ (2) $a^2+b^2=(a-b)^2+2ab$

(3) $(a+b)^2=(a-b)^2+4ab$ (4) $(a-b)^2=(a+b)^2-4ab$

예 $x+y=2$, $xy=-1$일 때

① $x^2+y^2=(x+y)^2-2xy=2^2-2\times(-1)=6$

② $(x-y)^2=(x+y)^2-4xy=2^2-4\times(-1)=8$

> 곱셈 공식의 변형에서 b 대신 $\dfrac{1}{a}$을 대입하면 다음과 같다.
> ① $a^2+\dfrac{1}{a^2}=\left(a+\dfrac{1}{a}\right)^2-2$
> ② $a^2+\dfrac{1}{a^2}=\left(a-\dfrac{1}{a}\right)^2+2$
> ③ $\left(a+\dfrac{1}{a}\right)^2=\left(a-\dfrac{1}{a}\right)^2+4$
> ④ $\left(a-\dfrac{1}{a}\right)^2=\left(a+\dfrac{1}{a}\right)^2-4$

6 식의 값 구하기

(1) **식의 값**: 문자를 사용한 식에서 문자에 어떤 수를 대입하여 계산한 값

(2) **식의 값 구하기**

방법 1 주어진 조건을 식에 직접 대입하여 식의 값을 구한다.

방법 2 주어진 조건을 변형하여 식의 값을 구한다.

예 $x=\sqrt{2}-1$일 때, x^2+2x의 값 구하기

방법 1 $x=\sqrt{2}-1$을 x^2+2x에 대입하면

$x^2+2x=(\sqrt{2}-1)^2+2(\sqrt{2}-1)=2-2\sqrt{2}+1+2\sqrt{2}-2=1$

방법 2 $x=\sqrt{2}-1$에서 $x+1=\sqrt{2}$의 양변을 제곱하면 $(x+1)^2=(\sqrt{2})^2$

즉, $x^2+2x+1=2$이므로 $x^2+2x=1$

> 방법 1
> ❶ 주어진 조건을 식에 대입한다.
> ❷ 곱셈 공식을 이용하여 계산한다.
> 방법 2
> ❶ $x=a+\sqrt{b}$를 $x-a=\sqrt{b}$로 변형한다.
> ❷ 양변을 제곱한 후 정리한 식을 이용하여 주어진 식의 값을 구한다.

① 다항식과 다항식의 곱셈

01

$(x-Ay)(4x+7y)=4x^2+Bxy-21y^2$일 때, 상수 A, B에 대하여 $A+B$의 값을 구하시오.

02

$(x+6y)(3y-5x+4)$를 전개한 식에서 xy의 계수는?

① -27 ② -18 ③ -9

④ 18 ⑤ 27

03

$(5x+ay)(-2x+by+2)$를 전개한 식에서 xy의 계수가 17이고 y의 계수가 -2일 때, 상수 a, b에 대하여 $b-a$의 값을 구하시오.

② 곱셈 공식

04

$(3x+a)^2=9x^2+bx+\dfrac{1}{25}$일 때, 양수 a, b에 대하여 $5(a+b)$의 값은?

① 5 ② 6 ③ 7

④ 8 ⑤ 9

05 서술형

$(x+3)(6x-a)$를 전개한 식에서 x의 계수가 상수항보다 4만큼 클 때, 상수 a의 값을 구하시오.

06

다음을 계산하시오.

$$(x-2)(x-5)+(-2x+7)(3x-1)$$

07

$(x-y)(-x+y)-(2x+y)(2x-y)=ax^2+bxy+cy^2$
일 때, $a+b+c$의 값은? (단, a, b, c는 상수)

① -5 ② -3 ③ -1

④ 3 ⑤ 5

08

다음 중에서 전개하였을 때, x의 계수가 나머지 넷과 다른 하나는?

① $(x-1)^2$ ② $(x+2)(x-4)$

③ $(x+1)(3x-5)$ ④ $(3x-4)(5x+6)$

⑤ $(9x-1)(7x+1)$

09

다음 표의 가로 방향과 세로 방향은 모두 두 다항식의 곱셈을 전개하여 나타낸 것이다. 두 식 A, B에 대하여 $A+B$를 계산하면?

⊗ →		
$2x+1$	$3x-1$	$6x^2+x-1$
$-4x-3$	$2x+5$	A
$-8x^2-10x-3$	B	

① $-2x^2-13x-20$ ② $-2x^2-11x-20$

③ $-2x^2-13x+20$ ④ $2x^2-13x-20$

⑤ $2x^2-11x+20$

10 서술형 💬

$(2x-a)^2+(3x-7)(-x+6)$을 전개한 식에서 x의 계수가 1일 때, 상수항을 구하시오. (단, a는 상수)

11

오른쪽 그림과 같은 직사각형에서 색칠한 부분의 넓이를 나타내는 식이 $ax^2+bxy-y^2$일 때, 상수 a, b에 대하여 $b-a$의 값을 구하시오.

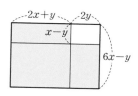

12

오른쪽 그림과 같이 밑면의 가로의 길이가 $2a+3b$, 세로의 길이가 $a+b$, 높이가 $a+6b$인 직육면체 모양 상자의 겉넓이를 구하시오.

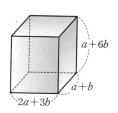

3 곱셈 공식을 이용한 수의 계산

13

다음 수의 계산 중에서 곱셈 공식 $(a+b)^2=a^2+2ab+b^2$
을 이용하면 편리한 것은? (단, $a>0$, $b>0$)

① 97×103 ② 699^2

③ 10.4×10.5 ④ 5.07×4.93

⑤ 1002^2

14

곱셈 공식을 이용하여 $10.1^2+9.9^2$을 계산하시오.

15

두 수 A, B가 다음과 같을 때, $A+B$의 값을 구하시오.

$$A=(3-\sqrt{6})^2, \quad B=(3\sqrt{6}+1)^2$$

4 곱셈 공식을 이용한 분모의 유리화

16

$\dfrac{1}{2-\sqrt{3}}-\dfrac{2}{\sqrt{2}-1}$의 값을 구하시오.

17

$\dfrac{3-2\sqrt{2}}{3+2\sqrt{2}}-\dfrac{3+2\sqrt{2}}{3-2\sqrt{2}}$의 값은?

① $-24\sqrt{2}$ ② -34 ③ 17

④ $24\sqrt{2}$ ⑤ 34

18 서술형

$\dfrac{8}{\sqrt{6}+\sqrt{2}}-\dfrac{4}{\sqrt{6}-\sqrt{2}}=a\sqrt{2}+b\sqrt{6}$일 때, 유리수 a, b에 대하여 $b-a$의 값을 구하시오.

⑤ 곱셈 공식의 변형

19

$x-y=-3$, $xy=4$일 때, x^2+y^2의 값은?

① 15   ② 17   ③ 19

④ 21   ⑤ 23

20

$x+\dfrac{1}{x}=6$일 때, $\left(x-\dfrac{1}{x}\right)^2$의 값은?

① 26   ② 28   ③ 30

④ 32   ⑤ 34

21 서술형

$x^2-5x+1=0$일 때, $x^2-7+\dfrac{1}{x^2}$의 값을 구하시오.

⑥ 식의 값 구하기

22

$x=\dfrac{1}{4+\sqrt{15}}$, $y=\dfrac{1}{\sqrt{15}-4}$일 때, $(x+y)^2$의 값은?

① 15   ② 30   ③ 45

④ 60   ⑤ 75

23

$x=3+\sqrt{10}$, $y=\sqrt{2}+\sqrt{5}$일 때, $(x+y)(x-y)$의 값을 구하시오.

24

$x=\sqrt{5}-4$일 때, $x^2+8x+10$의 값은?

① -2 ② -1 ③ 1

④ 2   ⑤ 3

 1 **(다항식)×(다항식)에서 계수 구하기**

$(4x+2y)(ax-5y)$를 전개한 식에서 x^2의 계수와 xy의 계수가 같을 때, 상수 a에

대하여 $\frac{1}{2}a+1$의 값을 구하시오.

Σ 포인트

• 분배법칙을 이용하여 전개한 후 x^2의 계수와 xy의 계수
를 비교한다.
• x^2항과 xy항이 나오는 부분만 전개한 후 주어진 조건을
만족시키는 a의 값을 구한다.

 2 **합, 차의 제곱**

$(ax-3b)^2$을 전개한 식에서 x^2의 계수가 $\frac{1}{81}$, 상수항이 4일 때, x의 계수는?

(단, a, b는 양수)

① $-\frac{9}{4}$ ② $-\frac{4}{9}$ ③ $-\frac{2}{9}$

④ $\frac{2}{9}$ ⑤ $\frac{4}{9}$

Σ 포인트

$(mx-n)^2=m^2x^2-2mnx+n^2$

3 **연속한 합과 차의 곱**

$(x-1)(x+1)(x^2+1)(x^4+1)(x^8+1)=x^a+b$일 때, 상수 a, b에 대하여 $a+b$의

값을 구하시오.

Σ 포인트

$(m-n)(m+n)(m^2+n^2)=\overline{(m^2-n^2)}(m^2+n^2)$
$=(m^2)^2-(n^2)^2$
$=m^4-n^4$

4 **x의 계수가 1인 두 일차식의 곱**

$(x-3a)\left(x+\dfrac{2}{5}\right)$를 전개한 식에서 x의 계수가 상수항의 3배일 때, 상수 a의 값은?

① -1 ② $-\dfrac{2}{3}$ ③ $-\dfrac{1}{3}$

④ $\dfrac{1}{3}$ ⑤ $\dfrac{2}{3}$

> **∑ 포인트**
> $(x+m)(x+n)=x^2+(m+n)x+mn$을 이용하여 주어진 식을 전개한 후 x의 계수와 상수항을 알아본다.

 5 **x의 계수가 1이 아닌 두 일차식의 곱**

$-2x+a$에 $4x+3$을 곱해야 할 것을 잘못하여 $3x+4$를 곱했더니 $-6x^2-2x+8$이 되었다. 바르게 계산한 답을 구하시오. (단, a는 상수)

> **∑ 포인트**
> 잘못 계산한 식을 세워 a의 값을 구한 후 바르게 계산한 답을 구한다.

 6 **곱셈 공식과 도형의 넓이**

오른쪽 그림과 같이 가로의 길이가 $(6x+5)$ m, 세로의 길이가 $(3x-1)$ m인 직사각형 모양의 공원 안에 폭이 2 m로 일정한 길을 만들었다. 길을 제외한 공원의 넓이를 구하시오.

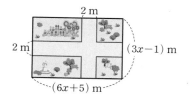

> **∑ 포인트**
> 길을 제외한 공원을 이동시켜 겹치지 않게 붙이면 직사각형 모양이 된다.

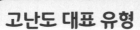
 공통부분이 있는 식의 전개

$(x+y-3)(x-y-3)+(2x-y)^2$을 전개하면?

① $5x^2-8x-4xy-9$ ② $5x^2-6x-4xy-9$ ③ $5x^2-6x-2xy-9$

④ $5x^2-6x-4xy+9$ ⑤ $5x^2+6x+4xy+9$

∑ 포인트

공통부분이 있으면 공통부분을 한 문자로 치환한 후 곱셈 공식을 이용하여 전개한 다음 원래의 식을 대입하여 정리한다.

 ( )( )( )( ) 꼴의 전개

$(x+1)(x+2)(x+3)(x+4)$를 전개하시오.

∑ 포인트

일차식의 상수항의 합이 같아지도록 두 개씩 짝 지어 전개한 후 공통부분을 치환하여 전개한다.

9 치환하여 곱셈 공식을 이용한 수의 계산

곱셈 공식을 이용하여 $\dfrac{511\times509+1}{510}$을 계산하시오.

∑ 포인트

• 주어진 수 중 적당한 수를 찾아 한 문자로 치환한 후 식을 간단히 나타낸다.
• 곱셈 공식 $(a+b)(a-b)=a^2-b^2$을 이용하여 계산한다.

10 분모를 유리화한 후 수를 계산하기

다음 식을 계산하시오.

$$\frac{1}{\sqrt{2}+\sqrt{3}} + \frac{1}{\sqrt{3}+\sqrt{4}} + \frac{1}{\sqrt{4}+\sqrt{5}} + \cdots + \frac{1}{\sqrt{35}+\sqrt{36}}$$

포인트

$(a+b)(a-b)=a^2-b^2$임을 이용하여 분모를 유리화한 후 계산한다.

➡ $x>0$, $y>0$, $x \neq y$일 때,

$$\frac{1}{\sqrt{x}+\sqrt{y}} = \frac{\sqrt{x}-\sqrt{y}}{(\sqrt{x}+\sqrt{y})(\sqrt{x}-\sqrt{y})} = \frac{\sqrt{x}-\sqrt{y}}{x-y}$$

11 두 수의 차와 곱이 주어진 경우 식의 값 구하기

$(x-4)(y+4)=10$, $xy=6$일 때, x^2-xy+y^2의 값을 구하시오.

포인트

곱셈 공식을 변형하여 식의 값을 구한다.

➡ $a-b$, ab의 값이 주어질 때, $a^2+b^2=(a-b)^2+2ab$

12 주어진 조건을 변형하여 식의 값 구하기

$x=\dfrac{\sqrt{2}-1}{\sqrt{2}+1}$일 때, $x^2-6x+11$의 값은?

① -20 ② -10 ③ 0

④ 10 ⑤ 20

포인트

x의 분모를 유리화하여 간단히 한 후 주어진 식에 직접 대입하거나 변형하여 식의 값을 구한다.

1 다항식과 다항식의 곱셈

01

$x(5x^2-2x-1)(x^2+x+2)$를 전개한 식에서 x^4의 계수를 a, x^2의 계수를 b라 할 때, $a+b$의 값은?

① -4 ② -2 ③ 1

④ 2 ⑤ 4

02 대표 유형 ❶

$(ax+4)(-3x+b)$를 전개한 식에서 x의 계수가 18일 때, 한 자리 자연수 a, b에 대하여 a^2+b^2의 값을 구하시오.

03 서술형

$(x-3)(2x^2+ax+a)-(2x^2-1)(ax+4)$를 전개한 식에서 x^3의 계수가 4일 때, 상수항을 구하시오.

(단, a는 상수)

2 곱셈 공식

04 대표 유형 ❷

$《a,\ b》=(a-b)^2$일 때,
$$《3x,\ 2y》+2×《x,\ -4y》$$
를 간단히 하면?

① $11x^2-4xy-36y^2$ ② $11x^2-4xy-32y^2$

③ $11x^2+4xy+32y^2$ ④ $11x^2+4xy+36y^2$

⑤ $11x^2+4xy+38y^2$

05

$$(x-2y)(-x-2y)+\left(\frac{x}{4}+\frac{y}{2}\right)\left(\frac{x}{4}-\frac{y}{2}\right)=ax^2+by^2$$

일 때, 상수 a, b에 대하여 $\dfrac{b}{a}$의 값을 구하시오.

06 대표 유형 ❸

다음 □ 안에 알맞은 수들의 합은?

$$(2a-b)(2a+b)(4a^2+b^2)(16a^4+b^4)=\square a^8-b^{\square}$$

① 48 ② 88 ③ 126

④ 212 ⑤ 264

07 대표 유형 ④

$\left(x+\dfrac{1}{6}\right)\left(x-\dfrac{3}{4}a\right)$를 전개한 식에서 x의 계수가 상수항보다 1만큼 클 때, 상수 a에 대하여 $3a+4$의 값을 구하시오.

08 대표 유형 ⑤

민호는 $(x+2)(x-7)$을 전개하는데 상수항 -7을 a로 잘못 보아서 x^2+6x+b로 전개하였고, 지아는 $(3x-4)(x+5)$를 전개하는데 x의 계수 3을 c로 잘못 보아서 $cx^2+6x-20$으로 전개하였다. 이때 상수 a, b, c에 대하여 $a+b+c$의 값을 구하시오.

09

$2(x+a)^2-(5x+2)(x-b)$를 전개한 식에서 x의 계수는 21일 때, 상수항은? (단, a, b는 자연수)

① 10   ② 12   ③ 14

④ 16   ⑤ 18

10

오른쪽 그림과 같이 세 원의 중심이 한 직선 위에 있을 때, 색칠한 부분의 넓이를 구하시오.

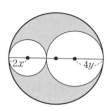

11

$(x+2)(x-a)$를 전개하면 $x^2+bx-12$일 때, 오른쪽 그림과 같은 직각삼각형 ABC의 넓이는? (단, a, b는 상수)

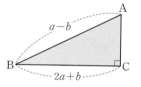

① 16   ② 18   ③ 20

④ 24   ⑤ 26

12 대표 유형 ⑥

오른쪽 그림과 같은 직사각형 ABCD에서 두 사각형 EBFI, HJGD가 모두 정사각형일 때, 색칠한 부분의 넓이를 구하시오.

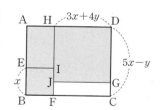

13

오른쪽 그림과 같이 가로의 길이가 $2a$, 세로의 길이가 b인 직사각형 모양의 종이 ABCD를 접었다. 이 때 사각형 HFIJ의 넓이를 구하시오. $\left(\text{단, } \dfrac{3b}{4} < a < b\right)$

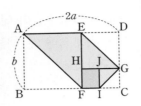

14 대표 유형 **7**

$(x^2+x-2)(x^2-x-2)(x^4+5x^2+4)$를 전개하시오.

15 대표 유형 **8**

$(x-3)(x-4)(x+5)(x+6)$을 전개한 식에서 x^2의 계수를 a, x의 계수를 b라 할 때, $a-b$의 값은?

① 41   ② 42   ③ 43

④ 44   ⑤ 45

3 곱셈 공식을 이용한 수의 계산

16

곱셈 공식을 이용하여 $49.2 \times 50.8 - 49.6^2$을 계산하시오.

17 서술형 대표 유형 **9**

곱셈 공식을 이용하여 $999^2 - \dfrac{997^2 - 9}{1000}$를 계산하시오.

18

$(3+1)(3^2+1)(3^4+1)(3^8+1)(3^{16}+1) = a(3^b-1)$일 때, 상수 a, b에 대하여 ab의 값은?

① 8   ② 12   ③ 16

④ 20   ⑤ 24

19

$(3\sqrt{7}-8)^{2021}(3\sqrt{7}+8)^{2022}$을 계산하면?

① $-3\sqrt{7}-8$ ② $-3\sqrt{7}+8$ ③ -1

④ $3\sqrt{7}-8$ ⑤ $3\sqrt{7}+8$

④ 곱셈 공식을 이용한 분모의 유리화

20

$x=8-2\sqrt{15}$일 때, $\dfrac{4}{x}$의 소수 부분을 구하시오.

21

$\dfrac{a\sqrt{6}+b}{\sqrt{6}+2}$가 유리수가 되도록 하는 한 자리 자연수 a, b에 대하여 순서쌍 (a, b)의 개수는?

① 1   ② 2   ③ 3

④ 4   ⑤ 5

22 대표 유형 ⑩

$f(x)=\sqrt{x}+\sqrt{x+2}$일 때,

$$\dfrac{2}{f(1)}+\dfrac{2}{f(3)}+\dfrac{2}{f(5)}+\cdots+\dfrac{2}{f(79)}$$

의 값은?

① -8 ② -5 ③ -3

④ 5   ⑤ 8

⑤ 곱셈 공식의 변형

23 서술형 ✎ 대표 유형 ⑪

$x-y=3$, $xy=-2$일 때, x^4+y^4의 값을 구하시오.

24

$x+\dfrac{1}{x}=3$일 때, $x^4+\dfrac{1}{x^4}$의 값을 구하시오.

25

$x^2+3x-1=0$일 때, $x^2-x+\dfrac{1}{x}+\dfrac{1}{x^2}$의 값은?

① 11   ② 12   ③ 13

④ 14   ⑤ 15

26 서술형

다음 그림과 같이 한 변의 길이가 각각 a, b인 두 정사각형이 있다. 두 정사각형의 둘레의 길이의 합이 44이고, 넓이의 합은 65일 때, 두 정사각형의 둘레의 길이의 곱을 구하시오.

27

$x^2+\dfrac{1}{x^2}=14$일 때, $x-\dfrac{1}{x}$의 값을 구하시오.

(단, $0<x<1$)

6 식의 값 구하기

28

$a=2+\sqrt{5}$, $b=2-\sqrt{5}$일 때, $\dfrac{b}{a}+\dfrac{a}{b}$의 값은?

① -20 ② -18 ③ -16

④ -14 ⑤ -12

29

$x=\dfrac{1}{\sqrt{2}}$일 때, $\dfrac{\sqrt{1+x}}{\sqrt{1-x}}-\dfrac{\sqrt{1-x}}{\sqrt{1+x}}$의 값을 구하시오.

30 대표 유형 ⑫

$\dfrac{2}{3+\sqrt{7}}$의 소수 부분을 x라 할 때, x^2-6x+8의 값을 구하시오.

04

인수분해

1 인수분해

(1) **인수**: 하나의 다항식을 두 개 이상의 다항식의 곱으로 나타낼 때, 각각의 식을 처음 다항식의 인수라 한다.

(2) **인수분해**: 하나의 다항식을 두 개 이상의 인수의 곱으로 나타내는 것

예) x^2+5x+6 $\underset{\text{전개}}{\overset{\text{인수분해}}{\rightleftarrows}}$ $(x+2)(x+3)$

(3) **공통인 인수를 이용한 인수분해**: 다항식의 각 항에 공통으로 들어 있는 인수가 있을 때는 분배법칙을 이용하여 공통인 인수를 묶어 내어 인수분해한다.

➡ $ma+mb=m(a+b)$

예) $3x^2+6xy+3x=3x\times x+3x\times 2y+3x\times 1=3x(x+2y+1)$

> **NOTE**
>
> 모든 다항식에서 1과 자기 자신도 그 다항식의 인수이다.
> 예) $x(x^2+3)$의 인수는 1, x, x^2+3, $x(x^2+3)$이다.
>
> 인수분해할 때는 공통인 인수가 남지 않도록 모두 묶어 낸다.

2 인수분해 공식 (1)

(1) $a^2\pm2ab+b^2$의 인수분해

① $a^2+2ab+b^2=(a+b)^2$　　　② $a^2-2ab+b^2=(a-b)^2$

(2) 완전제곱식이 될 조건

① x^2+ax+b가 완전제곱식이 되기 위한 b의 조건 ➡ $b=\left(\dfrac{a}{2}\right)^2$

② $x^2+ax+b\,(b>0)$가 완전제곱식이 되기 위한 a의 조건 ➡ $a=\pm2\sqrt{b}$

예) ① $x^2-10x+b$가 완전제곱식이 되려면 $b=\left(\dfrac{-10}{2}\right)^2=25$

② $x^2+ax+36$이 완전제곱식이 되려면 $a=\pm2\sqrt{36}=\pm12$

(3) a^2-b^2의 인수분해: $a^2-b^2=(a+b)(a-b)$

예) $4x^2-9y^2=(2x)^2-(3y)^2=(2x+3y)(2x-3y)$

> **완전제곱식**
> 다항식의 제곱으로 된 식 또는 이 식에 상수를 곱한 식
> 예) $(x+2)^2$, $3(a-2b)^2$, $-2(3x+1)^2$
>
> 특별한 조건이 없으면 다항식의 인수분해는 유리수의 범위에서 더 이상 인수분해할 수 없을 때까지 계속한다.

3 인수분해 공식 (2)

(1) $x^2+(a+b)x+ab$의 인수분해: $x^2+(a+b)x+ab=(x+a)(x+b)$

예) x^2-4x+3을 인수분해하여 보자.

① 곱이 상수항 3이 되는 두 정수는 -1, -3 또는 1, 3이다.

② ①의 두 정수 중에서 합이 x의 계수 -4가 되는 것은 -1, -3이다.

③ $x^2-4x+3=(x-1)(x-3)$

(2) $acx^2+(ad+bc)x+bd$의 인수분해: $acx^2+(ad+bc)x+bd=(ax+b)(cx+d)$

예) $2x^2+5x-3$을 인수분해하여 보자.

① $ac=2$인 두 양의 정수 a, c와 $bd=-3$인 두 정수 b, d를 구하여 $ad+bc=5$가 되는 a, b, c, d를 찾으면 $a=1$, $b=3$, $c=2$, $d=-1$이다.

$$
\begin{array}{ccc}
2x^2+ & 5x & -3 \\
\downarrow & \downarrow & \downarrow \\
acx^2+ & (ad+bc)x & +bd
\end{array}
$$

② $2x^2+5x-3=(x+3)(2x-1)$

> $ac>0$일 때, 보통 a, c는 양의 정수로 생각한다.
> $ac<0$일 때, -1로 묶어 낸 후 인수분해한다.
> 예) $-2x^2-5x+3$
> $=-(2x^2+5x-3)$
> $=-(x+3)(2x-1)$

4 복잡한 식의 인수분해

(1) **공통인 인수가 있는 경우**: 공통인 인수로 묶어 낸 후 인수분해 공식을 이용한다.

   예 $x^2y - 8xy + 16y = y(x^2 - 8x + 16) = y(x-4)^2$

(2) **공통부분이 있는 경우**: 공통부분을 한 문자로 치환한 후 인수분해한다.

   예 $(x+y)(x+y-6) + 9 = A(A-6) + 9$ ← $x+y=A$로 치환한다.

   $\qquad\qquad\qquad\qquad = A^2 - 6A + 9 = (A-3)^2$

   $\qquad\qquad\qquad\qquad = (x+y-3)^2$

(3) **$(\ )(\ )(\ )(\ ) + k$ 꼴인 경우**

   ① 공통부분이 생기도록 $(\ )(\ )(\ )(\ )$를 2개씩 묶어 전개한다.

   ② 공통부분을 한 문자로 치환하여 인수분해한다.

   ③ 원래의 식을 대입하여 정리한다.

   예 $(x-1)(x+2)(x-3)(x+4) + 24$

   $\qquad = \{(x-1)(x+2)\}\{(x-3)(x+4)\} + 24$ ← 상수항의 합이 같도록 묶는다.

   $\qquad = (x^2+x-2)(x^2+x-12) + 24$ ← $x^2+x=A$로 치환한다.

   $\qquad = (A-2)(A-12) + 24 = A^2 - 14A + 48$

   $\qquad = (A-6)(A-8) = (x^2+x-6)(x^2+x-8)$

   $\qquad = (x+3)(x-2)(x^2+x-8)$

(4) **항이 4개인 경우**

   ① 공통인 인수가 나오도록 두 항씩 묶어 인수분해한다.

   예 $ab - a - b + 1 = a(b-1) - (b-1) = (a-1)(b-1)$

   ② 완전제곱식으로 나타낼 수 있는 세 항을 찾아 $A^2 - B^2$ 꼴로 변형한 후 인수분해한다.

   예 $x^2 + 4y^2 - 4xy - 4 = (x^2 - 4xy + 4y^2) - 4$

   $\qquad\qquad\qquad\qquad = (x-2y)^2 - 2^2$

   $\qquad\qquad\qquad\qquad = (x-2y+2)(x-2y-2)$

(5) **항이 5개 이상인 경우**: 차수가 가장 낮은 문자에 대하여 내림차순으로 정리한 후 인수분해한다. 이때 문자의 차수가 모두 같은 경우에는 어느 한 문자에 대하여 내림차순으로 정리한 후 인수분해한다.

   예 $a^2 + ab - a + 2b - 6 = (a+2)b + a^2 - a - 6$

   $\qquad\qquad\qquad\qquad = (a+2)b + (a+2)(a-3)$

   $\qquad\qquad\qquad\qquad = (a+2)(a+b-3)$

5 인수분해 공식의 활용

(1) **수의 계산**: 인수분해 공식을 이용할 수 있도록 수의 모양을 바꾸어 계산한다.

   예 $93^2 - 7^2 = (93+7)(93-7) = 100 \times 86 = 8600$

(2) **식의 값**: 주어진 식을 인수분해한 후 문자에 수를 대입하여 계산한다.

   예 $x=59$일 때, $x^2 + 2x + 1$의 값은

   $\qquad x^2 + 2x + 1 = (x+1)^2 = (59+1)^2 = 60^2 = 3600$

● 치환하여 인수분해한 후에는 원래의 식을 다시 대입하여 정리한다.

● **항이 4개인 경우**
① 공통인 인수가 있는 경우에는 (항 2개)+(항 2개)로 묶는다.
② $A^2 - B^2$ 꼴로 만들 수 있는 경우에는 (항 3개)+(항 1개) 또는 (항 1개)+(항 3개)로 묶는다.

● **내림차순**
다항식을 한 문자에 대하여 차수가 높은 항부터 낮은 항의 순서로 나열하는 것

● **수의 계산에 자주 이용되는 인수분해 공식**
① $a^2 + 2ab + b^2 = (a+b)^2$
$\quad a^2 - 2ab + b^2 = (a-b)^2$
② $a^2 - b^2 = (a+b)(a-b)$

1 인수분해

01

다음 중에서 $x(x-2)(3x+1)$의 인수가 <u>아닌</u> 것은?

① x ② x^2 ③ $x(x-2)$

④ $x(3x+1)$ ⑤ $x(x-2)(3x+1)$

02

다음 식에 대한 설명으로 옳지 <u>않은</u> 것은?

$$4x^2y - 8xy^2 \overset{\textcircled{\tiny ㄱ}}{\underset{\textcircled{\tiny ㄴ}}{=}} 4xy(x-2y)$$

① ㄱ은 인수분해 과정이다.

② ㄴ은 전개하는 과정이다.

③ $4xy$는 $4x^2y$, $-8xy^2$의 공통인 인수이다.

④ 인수분해하는 과정에서 분배법칙이 이용된다.

⑤ $4x$, y, x^2-2y는 모두 $4x^2y-8xy^2$의 인수이다.

03

다음 중에서 옳은 것은?

① $3x-6y=3(x+2y)$

② $6ab+4ab^2=2ab(3a+2b)$

③ $x^2y^2+2xy^2=xy^2(x+2)$

④ $a^2b-2ab^2+3ab=ab(a-2b-3)$

⑤ $xy^2-6x^2y-3xy=3xy(y-2x-1)$

04

a^4b+3a^3b의 인수를 보기에서 모두 고른 것은?

보기
ㄱ. a^2 ㄴ. a^3 ㄷ. a^4b
ㄹ. $a^3(a+3)$ ㅁ. $ab^2(a+3)$ ㅂ. $a^2b(a+2)$

① ㄱ, ㄴ, ㄷ   ② ㄱ, ㄴ, ㄹ

③ ㄱ, ㄷ, ㅂ   ④ ㄴ, ㄹ, ㅁ

⑤ ㄷ, ㄹ, ㅂ

05 서술형

$(x-2)(x+5)-4(2-x)$가 $(x+a)(x+b)$로 인수분해될 때, 상수 a, b에 대하여 $a+b$의 값을 구하시오.

2 인수분해 공식 (1)

06

다음 중에서 $9x^2-12xy+4y^2$의 인수인 것은?

① $2x-3y$ ② $2x+3y$ ③ $3x-2y$

④ $3x+2y$ ⑤ $(3x-4y)^2$

07

완전제곱식으로 인수분해할 수 있는 것을 보기에서 모두 고른 것은?

보기
ㄱ. a^2-4a+4

ㄴ. $4x^2+6x+9$

ㄷ. $9a^2+28ab+49b^2$

ㄹ. $x^2-16xy+64y^2$

ㅁ. $\dfrac{1}{9}a^2-\dfrac{2}{3}a+1$

ㅂ. $25y^2-10y+9$

① ㄱ, ㄴ, ㄷ

② ㄱ, ㄷ, ㅂ

③ ㄱ, ㄹ, ㅁ

④ ㄴ, ㄷ, ㅁ

⑤ ㄷ, ㄹ, ㅂ

08

다음 이차식이 모두 완전제곱식이 될 때, 양수 A의 값이 가장 큰 것은?

① $x^2-10x+A$

② $x^2-Ax+49$

③ $4x^2+Ax+9$

④ x^2+x+A

⑤ $\dfrac{1}{9}x^2-Ax+36$

09

$-2<a<3$일 때, $\sqrt{a^2-6a+9}+\sqrt{a^2+4a+4}$를 간단히 하면?

① -4

② 5

③ 10

④ $-2a+1$

⑤ $2a-1$

10 서술형

$12x^2-75y^2=a(bx+cy)(bx-cy)$일 때, 자연수 a, b, c에 대하여 $a(b+c)$의 값을 구하시오.

3 인수분해 공식 (2)

11

$a^2-5ab-14b^2$을 인수분해하면?

① $(a-2b)(a+7b)$

② $(a-b)(a+14b)$

③ $(a+2b)(a-7b)$

④ $(a+b)(a-14b)$

⑤ $(a+2b)(a+7b)$

12

$x^2+ax-35=(x+5)(x-b)$일 때, 상수 a, b에 대하여 $b-a$의 값은?

① 5

② 7

③ 9

④ 11

⑤ 13

13

$7x^2+(3a-1)x-6=(x-3)(7x+b)$일 때, 상수 a, b 에 대하여 $a+b$의 값은?

① -5 ② -4 ③ -3

④ -2 ⑤ -1

14

$(x+2)(5x-3)-18$이 x의 계수가 자연수인 두 일차식 의 곱으로 인수분해될 때, 두 일차식의 합은?

① $2x-3$ ② $3x-5$ ③ $4x-2$

④ $5x-4$ ⑤ $6x-5$

15 서술형💬

$3x^2+ax-4$가 $x-2$를 인수로 가질 때, 상수 a의 값을 구 하시오.

④ 복잡한 식의 인수분해

16

$x^3-x^2-(x-1)$을 인수분해하면?

① $(x+1)^2(x-1)$ ② $(x-1)^2(x+1)$

③ $(x+1)^2(x-2)$ ④ $(x-1)^2(x+2)$

⑤ $(x+1)^2(x-3)$

17

다음 중에서 $3a^2(a-b)-2ab(b-a)-b^2(a-b)$의 인 수가 아닌 것을 모두 고르면? (정답 2개)

① $a-b$ ② $a+b$ ③ $2a-b$

④ $3a-b$ ⑤ $3a+2b$

18

$(2x+1)^2-6(2x+1)+8$이 x의 계수가 2인 두 일차식의 곱으로 인수분해될 때, 두 일차식의 합은?

① $4x-1$ ② $4x-2$ ③ $4x-3$

④ $4x-4$ ⑤ $4x-5$

19

$a^3+a-2b-4ab^2$의 인수인 것을 보기에서 모두 고른 것은?

보기

ㄱ. $a-b$　　　　　　　ㄴ. $a-2b$

ㄷ. a^2+ab+1　　　　ㄹ. $a^2+2ab+1$

① ㄱ, ㄴ　　　② ㄱ, ㄷ　　　③ ㄱ, ㄹ

④ ㄴ, ㄷ　　　⑤ ㄴ, ㄹ

20

$9x^2+6xy+y^2-25z^2$이 $(ax+y+bz)(cx+y+dz)$로 인수분해될 때, 상수 a, b, c, d에 대하여 $abcd$의 값을 구하시오.

21

$x^2+xy+2x-y-3=(x+a)(x+y+b)$일 때, 상수 a, b에 대하여 $a+b$의 값은?

① -2　　　② -1　　　③ 0

④ 1　　　⑤ 2

⑤ 인수분해 공식의 활용

22 서술형

인수분해 공식을 이용하여 다음 두 수 X, Y의 합을 구하시오.

$$X=7\times11^2-7\times22+7, \quad Y=\sqrt{58^2-42^2}$$

23

인수분해 공식을 이용하여 $\dfrac{2020\times2017+2020\times5}{2021^2-1}$를 계산하시오.

24

$x=2-\sqrt{3}$일 때, $\dfrac{x^3-x^2-4x+4}{x^2+x-2}$의 값은?

① $-\sqrt{3}$　　　② $1-\sqrt{3}$　　　③ $\sqrt{3}$

④ $1+\sqrt{3}$　　　⑤ $2+\sqrt{3}$

1 완전제곱식이 되기 위한 조건

$x^2-12ax+30b$에서 $16ax+2b$를 빼면 완전제곱식이 될 때, 200 이하의 두 자연수 a, b의 순서쌍 (a, b)의 개수는?

① 3   ② 4   ③ 5
④ 6   ⑤ 7

> **∑ 포인트**
> 완전제곱식이 되기 위한 상수항과 x의 계수 사이의 관계를 생각한다.

2 근호를 포함한 식 간단히 하기

$0<4x<1$일 때, $\sqrt{x^2+\dfrac{1}{2}x+\dfrac{1}{16}}+\sqrt{x^2-\dfrac{1}{2}x+\dfrac{1}{16}}$ 을 간단히 하시오.

> **∑ 포인트**
> 근호 안의 식을 완전제곱식으로 인수분해한다.
> ➡ $a^2+2ab+b^2=(a+b)^2$
> $a^2-2ab+b^2=(a-b)^2$

3 인수분해의 도형에의 활용

오른쪽 그림에서 도형 A는 한 변의 길이가 $3x+2$인 정사각형에서 한 변의 길이가 3인 정사각형을 잘라 내고 남은 도형이고, 도형 B는 가로의 길이가 $3x+5$인 직사각형이다. 두 도형 A, B의 넓이가 서로 같을 때, 도형 B의 둘레의 길이를 구하시오.

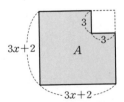
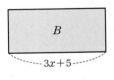

> **∑ 포인트**
> • 도형 A의 넓이를 다항식의 곱의 꼴로 나타낸다.
> • 두 도형의 넓이가 같음을 이용하여 도형 B의 세로의 길이를 구한다.

4 인수분해를 이용한 배수 판정

n이 자연수일 때, $7n^3-7n$은 항상 A의 배수이다. 다음 중에서 A가 될 수 <u>없는</u> 수는?

(단, $n \geq 2$)

① 3

② 5

③ 6

④ 7

⑤ 42

> **포인트**
> $a^2-b^2=(a+b)(a-b)$임을 이용하여 주어진 식을 인수분해한다.

5 주어진 식을 만족시키는 자연수 구하기

자연수 a, b에 대하여 $a^2-b^2=21$일 때, 모든 ab의 값의 합을 구하시오.

> **포인트**
> $21=1 \times 21$, $21=3 \times 7$임을 이용하여 자연수 a, b의 값을 구한다.

6 상수항이 주어진 이차식을 두 일차식의 곱으로 인수분해하기

$x^2+Ax-24=(x+a)(x+b)$일 때, 상수 A의 최댓값은? (단, a, b는 정수)

① 20

② 21

③ 22

④ 23

⑤ 24

> **포인트**
> 곱하여 -24, 합하여 A가 되는 두 정수를 구해 본다.

7 x의 계수가 주어진 이차식을 두 일차식의 곱으로 인수분해하기

x^2-4x-A가 x의 계수가 1이고, 상수항이 정수인 두 일차식의 곱으로 인수분해될 때, 50보다 작은 양의 정수 A의 개수는?

① 4   ② 5   ③ 6

④ 7   ⑤ 8

> **∑ 포인트**
> 곱하여 $-A$, 합하여 -4가 되는 두 정수를 구해 본다. 이 때 A가 50보다 작은 양의 정수임에 주의한다.

8 공통인 인수를 이용하여 미지수 구하기

두 다항식 $x^2+ax+15$, $2x^2+x+b$의 공통인 인수가 $x-3$일 때, 상수 a, b에 대하여 $a-b$의 값을 구하시오.

> **∑ 포인트**
> $x-3$을 인수로 갖는 이차식은 어떤 꼴로 인수분해가 되는지 생각해 본다.

9 계수 또는 상수항을 잘못 본 경우

x^2의 계수가 3인 어떤 이차식을 인수분해하는데 수현이는 상수항을 잘못 보아 $(3x+5)(x-4)$로 인수분해하였고, 민식이는 x의 계수를 잘못 보아 $3(x+1)(x-2)$로 인수분해하였다. 처음 이차식을 바르게 인수분해하면?

① $3(x+2)(x-1)$ ② $(3x-2)(x+3)$ ③ $(3x+2)(x-3)$

④ $3(x+3)(x-2)$ ⑤ $(x+2)(3x-4)$

> **∑ 포인트**
> 잘못 본 것을 제외한 나머지는 제대로 본 것임을 이용하여 식을 세운다.

10 소수가 되기 위한 조건

자연수 n에 대하여 $2n^2-7n-30$의 값이 소수가 되도록 하는 n의 값을 p, 그때의 소수를 q라 할 때, $p+q$의 값은?

① 22   ② 24   ③ 26

④ 28   ⑤ 30

▷ 포인트
소수는 1과 자기 자신만을 약수로 갖는다.

11 인수분해를 이용한 약수의 개수

인수분해를 이용하여 13^4-1의 약수의 개수를 구하시오.

▷ 포인트
자연수 X를 소인수분해하면 $X=a^m \times b^n$일 때, X의 약수의 개수는 $(m+1)(n+1)$이다.

12 인수분해를 이용한 식의 값

오른쪽 그림과 같이 넓이가 7인 정사각형 ABCD에 대하여 $\overline{AB}=\overline{AP}$, $\overline{AD}=\overline{AQ}$가 되도록 수직선 위에 두 점 P, Q를 정하였다. 두 점 P, Q에 대응하는 수를 각각 a, b라 할 때, $a^3+a^2b-ab^2-b^3$의 값은?

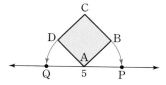

① $170\sqrt{7}$ ② $180\sqrt{7}$ ③ $190\sqrt{7}$

④ $200\sqrt{7}$ ⑤ $210\sqrt{7}$

▷ 포인트
먼저 a, b의 값을 구한 후 주어진 식을 공통인 인수가 생기도록 두 항씩 묶어 인수분해한다.

① 인수분해

01

$(3x+2)(4x-5)-x(3x+2)$는 x의 계수가 3인 두 일차식의 곱으로 인수분해될 때, 두 일차식의 합은?

① $6x-1$ ② $6x-2$ ③ $6x-3$

④ $6x-4$ ⑤ $6x-5$

02

$x+4$, $x+b$가 다항식 $x^2+ax-28$의 인수일 때, 상수 a, b에 대하여 $a+b$의 값은?

① -13 ② -12 ③ -11

④ -10 ⑤ -9

② 인수분해 공식 (1)

03

$ax^2+48x+b=(4x+c)^2$일 때, 상수 a, b, c에 대하여 $a+b+c$의 값은?

① 48   ② 52   ③ 55

④ 58   ⑤ 63

04

다음 두 식이 모두 완전제곱식일 때, 상수 A, B에 대하여 $5A+B$의 값을 구하시오. (단, $B<0$)

$$5x^2-14x+A, \quad \frac{1}{3}x^2+Bx+3$$

05 대표 유형 ①

$x^2-(2a-10)x+8b$가 완전제곱식이 될 때, 한 자리 자연수 a, b에 대하여 $a+b$의 최댓값은?

① 3   ② 5   ③ 7

④ 9   ⑤ 11

06

다음 그림과 같이 넓이가 a^2, ab, b^2인 대수 막대 8개가 있다. 여기에 넓이가 b^2인 대수 막대를 추가하여 하나의 정사각형을 만들려고 한다. 추가해야 하는 대수 막대의 개수를 구하시오.

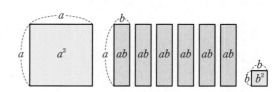

07 서술형 대표 유형 **2**

$-4 < x < 4$일 때,
$$\sqrt{(x-4)^2+16x}+\sqrt{(x+4)^2-16x}$$
를 간단히 하시오.

08 대표 유형 **3**

다음 그림에서 도형 A는 한 변의 길이가 $6x$인 정사각형의 네 귀퉁이에서 한 변의 길이가 1인 정사각형 4개를 잘라 내고 남은 도형이고, 도형 B는 세로의 길이가 $6x-2$인 직사각형이다. 두 도형 A, B의 넓이가 서로 같을 때, 도형 B의 가로의 길이를 구하시오.

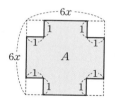
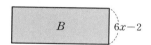

09

다음 중에서 x^8-256의 인수가 <u>아닌</u> 것은?

① $x-2$ ② $x+2$ ③ x^2+4

④ x^3+8 ⑤ x^4+16

10 대표 유형 **4**

n이 자연수일 때, $27n^3-3n$은 항상 어떤 수의 배수인가?

① 5   ② 6   ③ 7

④ 8   ⑤ 9

11 서술형 대표 유형 **5**

두 자리 자연수 a, b에 대하여 $\sqrt{a^2-65}=b$일 때, a, b의 값을 각각 구하시오.

③ 인수분해 공식 (2)

12

세 항 a, b, c에 대하여
$$\ll a,\ b,\ c \gg = (a+b)(a+c)$$
일 때, 다음 식을 인수분해하시오.

$$\ll 3,\ -2x,\ x \gg + \ll 2x,\ -3,\ 1 \gg$$

13 대표 유형 ⑥

$x^2+Ax-18=(x+a)(x+b)$일 때, 다음 중 상수 A의 값이 될 수 없는 수는? (단, a, b는 정수)

① -17　　　② -6　　　③ -3

④ 3　　　⑤ 7

14 대표 유형 ⑦

$x^2+10x+A$가 $(x+a)(x+b)$로 인수분해될 때, 상수 A의 최댓값은? (단, a, b는 자연수)

① 16　　　② 21　　　③ 25

④ 27　　　⑤ 31

15 서술형 대표 유형 ⑧

두 다항식 $2x^2+ax-3$, $2x^2+11x+b$의 공통인 인수가 $2x+1$이다. 공통인 인수가 아니고 x의 계수가 1인 일차식의 인수를 각각 A, B라 할 때, $A+B$를 구하시오.

(단, a, b는 상수)

16

다음 세 다항식이 x의 계수가 3인 일차식을 공통인 인수로 가질 때, 상수 a의 값은?

$$3x^2-11x-4, \quad 6x^2-x-1, \quad 3x^2+ax+5$$

① -16　　　② -5　　　③ 1

④ 6　　　⑤ 16

17 대표 유형 ⑨

다음은 x^2의 계수가 2인 어떤 이차식을 인수분해한 후 나눈 영미와 수혁이의 대화이다.

> 영미: 난 상수항을 잘못 보고 인수분해했더니
> $2(x+4)(x-2)$가 되었어.
> 수혁: 난 x의 계수를 잘못 보고 인수분해했더니
> $(2x+3)(x-2)$가 되었어.

처음 이차식을 바르게 인수분해하면 $2(x+a)(x-b)$라 할 때, 자연수 a, b에 대하여 $a+b$의 값은?

① 2　　　② 3　　　③ 4

④ 5　　　⑤ 6

18 대표 유형 ⑩

$x^2-4x-77$의 값이 소수일 때, 자연수 x의 값을 구하시오.

19

다음 그림의 두 도형 A, B의 둘레의 길이가 서로 같고, 도형 A의 넓이가 $x^2+12x+a$일 때, 도형 B의 넓이를 구하시오. (단, a는 상수)

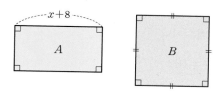

22

다음 중에서 $(x^2-2x-11)(x^2-2x-12)-12$의 인수가 <u>아닌</u> 것은?

① $x+2$ ② $x+3$ ③ $x+4$

④ $x-4$ ⑤ $x-5$

④ 복잡한 식의 인수분해

20

$(x+y)^2-6(x+y)-55$의 값이 소수가 되도록 하는 자연수 x, y의 순서쌍 (x, y)의 개수는?

① 8   ② 9   ③ 10

④ 11   ⑤ 12

23

$(x+1)(x+3)(x+4)(x+6)+9=(x^2+ax+b)^2$일 때, 상수 a, b에 대하여 $a+b$의 값은?

① 14   ② 15   ③ 16

④ 17   ⑤ 18

21 서술형

$3(x-2y)^2-2x+4y-8$을 인수분해하면 $(3x+ax+b)(x+cy+d)$일 때, 정수 a, b, c, d에 대하여 $(a+b)(c+d)$의 값을 구하시오.

24 서술형

$xy-x-2y+2=6$을 만족시키는 두 자연수 x, y의 순서쌍 (x, y)의 개수를 구하시오.

고난도 실전 문제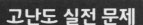

25

$abc-ab-ac+a+bc-b-c+1$을 인수분해하면?

① $(a-1)(b-1)(c-1)$

② $(a+1)(b-1)(c-1)$

③ $(a-1)(b+1)(c-1)$

④ $(a-1)(b-1)(c+1)$

⑤ $(a+1)(b+1)(c-1)$

⑤ 인수분해 공식의 활용

26

$2020 \times 2026 + 9$가 어떤 자연수의 제곱일 때, 어떤 자연수를 구하시오.

27

인수분해 공식을 이용하여

$$80\left(1-\frac{1}{4^2}\right) \times \left(1-\frac{1}{5^2}\right) \times \cdots \times \left(1-\frac{1}{19^2}\right) \times \left(1-\frac{1}{20^2}\right)$$

을 계산하면?

① 62　　　② 63　　　③ 64

④ 65　　　⑤ 66

28 대표 유형 ⑪

3^8-1에 대한 설명으로 옳은 것을 보기에서 모두 고른 것은?

보기

ㄱ. 약수의 개수는 24이다.

ㄴ. 41의 배수이다.

ㄷ. $\dfrac{3^8-1}{40}=162$

① ㄱ　　　② ㄴ　　　③ ㄷ

④ ㄱ, ㄴ　　　⑤ ㄴ, ㄷ

29 대표 유형 ⑫

$2\sqrt{3}$의 소수 부분을 a, $3\sqrt{2}$의 정수 부분을 b라 할 때, $a^2b+ab^2-ab+12a+12b-12$의 값은?

① $2\sqrt{2}$　　　② $4\sqrt{3}$　　　③ 28

④ $20\sqrt{3}$　　　⑤ 48

30 서술형

$a+b=5$, $ab=2$일 때, 다음 식의 값을 구하시오.

(단, $a>b$)

$$(3a+b)^2-(a+3b)^2$$

05

이차방정식

개념 Review 05 이차방정식

1 이차방정식과 이차방정식의 해

(1) **이차방정식**: 방정식의 우변에 있는 모든 항을 좌변으로 이항하여 정리하였을 때, (x에 대한 이차식)=0 꼴이 되는 방정식을 x에 대한 이차방정식이라 한다.

➡ $ax^2+bx+c=0$ (단, a, b, c는 상수, $a \neq 0$)

㉮ $x^2-3x+2=0$, $-3x^2+2x=0$, $4-x^2=0$ ➡ 이차방정식이다.

$x^2-4x+2=3+x^2$, $-4x-1=0$ ➡ 이차방정식이 아니다.

(2) **이차방정식의 해(근)**: x에 대한 이차방정식을 참이 되게 하는 x의 값

(3) **이차방정식을 푼다**: 이차방정식의 해를 모두 구하는 것

2 인수분해를 이용한 이차방정식의 풀이

(1) $AB=0$의 풀이: 두 수 또는 두 식 A, B에 대하여

$AB=0$이면 $A=0$ 또는 $B=0$

(2) 인수분해를 이용한 이차방정식의 풀이

① 이차방정식을 정리한다. ➡ $ax^2+bx+c=0$

② 좌변을 인수분해한다. ➡ $a(x-\alpha)(x-\beta)=0$

③ $AB=0$의 성질을 이용하여 해를 구한다. ➡ $x=\alpha$ 또는 $x=\beta$

㉮ 이차방정식 $x^2-6x-7=0$을 풀면 $(x+1)(x-7)=0$에서 $x=-1$ 또는 $x=7$

3 이차방정식의 중근

(1) **이차방정식의 중근**: 이차방정식의 두 해가 중복되어 서로 같을 때, 이 해를 주어진 이차방정식의 중근이라 한다.

(2) **이차방정식이 중근을 가질 조건**: 이차방정식이 (완전제곱식)=0 꼴로 나타나면 이 이차방정식은 중근을 갖는다.

4 완전제곱식을 이용한 이차방정식의 풀이

(1) 제곱근을 이용한 이차방정식의 풀이

① 이차방정식 $x^2=q\,(q>0)$의 해 ➡ $x=\pm\sqrt{q}$

② 이차방정식 $(x+p)^2=q\,(q>0)$의 해 ➡ $x=-p\pm\sqrt{q}$

(2) 완전제곱식을 이용한 이차방정식의 풀이: 이차방정식 $ax^2+bx+c=0$에서

① 양변을 x^2의 계수로 나누어 x^2의 계수를 1로 만든 후 상수항을 우변으로 이항한다.

$$ax^2+bx+c=0 \Rightarrow x^2+\frac{b}{a}x+\frac{c}{a}=0 \Rightarrow x^2+\frac{b}{a}x=-\frac{c}{a}$$

② 좌변을 완전제곱식으로 고친 후 제곱근을 이용하여 이차방정식의 해를 구한다.

$$\left(x+\frac{b}{2a}\right)^2=\frac{b^2-4ac}{4a^2} \Rightarrow x=\frac{-b\pm\sqrt{b^2-4ac}}{2a}\ (\text{단, } b^2-4ac\geq0)$$

Σ NOTE

• 이차항을 포함하는 방정식이더라도 이차방정식이 아닌 경우가 있으므로 이차방정식인지 알아보려면 우변에 있는 모든 항을 좌변으로 이항하여 정리해야 한다.

• x에 대한 이차방정식에서 x의 값의 범위가 주어지지 않으면 그 범위를 모든 실수로 생각한다.

• $A=0$ 또는 $B=0$은
  (ⅰ) $A=0$, $B=0$
  (ⅱ) $A=0$, $B\neq0$
  (ⅲ) $A\neq0$, $B=0$
  중 하나가 성립함을 의미한다.

• 이차방정식 $x^2+px+q=0$이 중근을 가질 조건
  ➡ $q=\left(\dfrac{p}{2}\right)^2$

• $(x+p)^2=q$의 해가 존재할 조건
  ➡ $q\geq0$
  ① $q=0$일 때, $x=-p$
  ② $q>0$일 때, $x=-p\pm\sqrt{q}$

5 이차방정식의 근의 공식

이차방정식 $ax^2+bx+c=0$의 해는 $x=\dfrac{-b\pm\sqrt{b^2-4ac}}{2a}$ (단, $b^2-4ac\geq0$)

참고 a, b, c가 유리수일 때, 이차방정식 $ax^2+bx+c=0$의 한 근이 $p+q\sqrt{m}$이면 다른 한 근은 $p-q\sqrt{m}$이다. (단, p, q는 유리수, $\sqrt{m}$은 무리수)

이차방정식 $ax^2+2b'x+c=0$의 해는 $x=\dfrac{-b'\pm\sqrt{b'^2-ac}}{a}$

(단, $b'^2-ac\geq0$)

6 여러 가지 이차방정식의 풀이

(1) 괄호가 있는 경우: 곱셈 공식 또는 분배법칙을 이용하여 괄호를 푼다.

(2) 계수에 소수 또는 분수가 있는 경우: 양변에 적당한 수를 곱하여 모든 계수를 정수로 고친다.

(3) 공통부분이 있는 경우: 공통부분을 한 문자로 치환한다.

계수가 소수이면 양변에 10, 100, 1000, …을 곱하고, 계수가 분수이면 양변에 분모의 최소공배수를 곱한다.

7 이차방정식의 성질

(1) 이차방정식의 근의 개수: 이차방정식 $ax^2+bx+c=0$에서

① $b^2-4ac>0$ ➡ 서로 다른 두 근을 갖는다. ➡ 근의 개수는 2

② $b^2-4ac=0$ ➡ 중근을 갖는다. ➡ 근의 개수는 1

③ $b^2-4ac<0$ ➡ 근이 없다. ➡ 근의 개수는 0

(2) 이차방정식 만들기

① 두 근이 α, β이고 x^2의 계수가 a인 이차방정식은
$a(x-\alpha)(x-\beta)=0$ ➡ $a\{x^2-(\alpha+\beta)x+\alpha\beta\}=0$

② 중근이 α이고 x^2의 계수가 a인 이차방정식은 $a(x-\alpha)^2=0$

이차방정식 $ax^2+bx+c=0$이 근을 가질 조건
➡ $b^2-4ac\geq0$

이차방정식 $ax^2+2b'x+c=0$과 같이 x의 계수가 짝수인 경우 서로 다른 근의 개수는 b'^2-ac의 부호를 조사하여 구하면 계산이 좀 더 간단해진다.

8 이차방정식의 활용 (1)

(1) 연속하는 수에 대한 문제: 미지수를 다음과 같이 놓는다.

① 연속하는 두 자연수 ➡ x, $x+1$ 또는 $x-1$, x

② 연속하는 세 자연수 ➡ $x-1$, x, $x+1$ 또는 x, $x+1$, $x+2$

③ 연속하는 두 짝수(또는 홀수) ➡ x, $x+2$

(2) 위로 쏘아 올린 물체에 대한 문제

① 높이가 h m인 경우는 올라갈 때와 내려올 때의 두 번이고, 최고 높이인 경우는 한 번이다.

② 물체가 지면에 떨어졌을 때의 높이는 0 m이다.

이차방정식의 활용 문제는 다음 순서로 푼다.
❶ 문제의 뜻을 파악하고 구하려는 것을 미지수 x로 놓는다.
❷ 문제의 뜻에 맞게 x에 대한 이차방정식을 세운다.
❸ ❷의 이차방정식을 푼다.
❹ 구한 해가 문제의 뜻에 맞는지 확인한다.

9 이차방정식의 활용 (2)

(1) (삼각형의 넓이)$=\dfrac{1}{2}\times$(밑변의 길이)$\times$(높이)

(2) (직사각형의 넓이)$=$(가로의 길이)$\times$(세로의 길이)

(3) (원의 넓이)$=\pi\times$(반지름의 길이)^2

(4) (직육면체의 부피)$=$(밑면의 가로의 길이)$\times$(밑면의 세로의 길이)$\times$(높이)

길이, 넓이, 부피, 시간, 속력 등은 양수이어야 하고, 사람 수, 나이, 물건의 개수 등은 자연수이어야 한다.

1 이차방정식과 이차방정식의 해

01

다음 중에서 x에 대한 이차방정식이 <u>아닌</u> 것은?

① $3x^2-1=0$

② $(x+2)(x-1)=\dfrac{1}{2}$

③ $x(x+3)=4-x^2$

④ $(1-2x)(x+1)=5-3x-2x^2$

⑤ $\dfrac{x^2}{3}=\dfrac{3x+1}{2}$

02

방정식 $(2x-3)(ax+2)=x^2-5$가 x에 대한 이차방정식이 되도록 하는 상수 a의 조건은?

① $a\neq0$ ② $a\neq\dfrac{1}{2}$ ③ $a\neq1$

④ $a\neq\dfrac{3}{2}$ ⑤ $a\neq2$

03 서술형

x의 값이 $-1\leq x\leq2$인 정수일 때, 이차방정식 $2x^2-x-6=0$의 해를 구하시오.

04

이차방정식 $x^2+ax+b=0$의 해가 $x=-2$ 또는 $x=3$일 때, 상수 a, b에 대하여 $a-b$의 값은?

① 1   ② 2   ③ 3

④ 4   ⑤ 5

2 인수분해를 이용한 이차방정식의 풀이

05

다음 이차방정식 중에서 두 근의 합이 5인 것은?

① $x(4x-1)=0$ ② $(x+3)(x-4)=0$

③ $(x-1)(x+5)=0$ ④ $(x+4)(x-1)=0$

⑤ $(x+1)(x-6)=0$

06

이차방정식 $(x-3)(3x+4)=x^2$의 두 근을 α, β라 할 때, $\alpha-2\beta$의 값은? (단, $\alpha>\beta$)

① 1   ② 3   ③ 5

④ 7   ⑤ 9

07

이차방정식 $6x^2-ax+2=0$의 두 근이 $x=\dfrac{2}{3}$ 또는 $x=b$일 때, $a+2b$의 값은? (단, a는 상수)

① 5　　　　　② 6　　　　　③ 7

④ 8　　　　　⑤ 9

08 서술형

두 이차방정식 $3x^2-7x-6=0$, $2x^2+3x-20=0$의 정수인 근을 각각 p, q라 할 때, 이차방정식 $x^2+px+q=0$의 해를 구하시오.

09

이차방정식 $x(x-4)=12$의 두 근 중 작은 근이 이차방정식 $3x^2+(k-2)x+4k=0$의 근일 때, 상수 k의 값은?

① -8　　　　② -4　　　　③ 0

④ 4　　　　　⑤ 8

③ 이차방정식의 중근

10

중근을 갖는 이차방정식을 보기 에서 모두 고른 것은?

보기
> ㄱ. $x^2-4=0$　　　　　ㄴ. $3x^2=12x-12$
>
> ㄷ. $x^2+\dfrac{1}{9}=\dfrac{2}{3}x$　　　　ㄹ. $4(x-3)^2=16$

① ㄱ, ㄴ　　　② ㄱ, ㄷ　　　③ ㄱ, ㄹ

④ ㄴ, ㄷ　　　⑤ ㄴ, ㄹ

11

이차방정식 $x^2-16x+64=0$이 $x=p$를 중근으로 갖고, 이차방정식 $4x^2-12x+9=0$이 $x=q$를 중근으로 가질 때, pq의 값은?

① 4　　　　　② 8　　　　　③ 12

④ 16　　　　　⑤ 20

12

이차방정식 $x^2-4x+3=x-k$가 중근을 가질 때, 상수 k의 값을 구하시오.

13

이차방정식 $x^2-2x=4x+a$가 중근을 가질 때, 이차방정식 $(a+5)x^2+13x+12=0$의 두 근의 곱은?

(단, a는 상수)

① -5 ② -4 ③ -3

④ -2 ⑤ -1

---

4 **완전제곱식을 이용한 이차방정식의 풀이**

14

이차방정식 $9(x+a)^2=b$의 해가 $x=3\pm\sqrt{5}$일 때, 유리수 a, b에 대하여 $a+b$의 값은?

① 40   ② 41   ③ 42

④ 43   ⑤ 44

15 서술형

이차방정식 $2(x-3)^2=5-k$가 서로 다른 두 근을 가질 때, 모든 자연수 k의 값의 합을 구하시오.

16

이차방정식 $3(x-1)^2=2x^2+3x-2$를 $(x-p)^2=q$ 꼴로 나타낼 때, 상수 p, q에 대하여 $2p+4q$의 값은?

① 40   ② 50   ③ 60

④ 70   ⑤ 80

17

이차방정식 $x^2+4x+2k=0$을 완전제곱식을 이용하여 풀었더니 $x=-2\pm\sqrt{3}$이었다. 이때 상수 k의 값은?

① $\dfrac{1}{6}$ ② $\dfrac{1}{3}$ ③ $\dfrac{1}{2}$

④ $\dfrac{2}{3}$ ⑤ $\dfrac{5}{6}$

---

5 **이차방정식의 근의 공식**

18

이차방정식 $3x^2-3x=5x+4$의 근이 $x=\dfrac{a\pm2\sqrt{b}}{3}$일 때, 유리수 a, b에 대하여 $a+b$의 값은?

① 7   ② 8   ③ 9

④ 10   ⑤ 11

19

이차방정식 $x^2-5x+2=0$의 두 근을 α, β라 할 때, $\alpha-\beta$의 값은? (단, $\alpha>\beta$)

① -5　　　② $-\sqrt{17}$　　　③ 0

④ $\sqrt{17}$　　　⑤ 5

20 서술형💬

이차방정식 $x^2+ax+3=0$의 근이 $x=-2\pm\sqrt{b}$일 때, 유리수 a, b에 대하여 $a+b$의 값을 구하시오.

21

이차방정식 $3x^2-10x+1=0$의 두 근 중 큰 근을 $x=\alpha$라 할 때, $3\alpha-\sqrt{22}$의 값은?

① -5　　　② -1　　　③ 0

④ 1　　　⑤ 5

22

이차방정식 $x^2+ax+b=0$의 한 근이 $\dfrac{1}{2+\sqrt{5}}$일 때, 다른 한 근은? (단, a, b는 유리수)

① $-2-\sqrt{5}$　　　② $2-\sqrt{5}$　　　③ $-2+\sqrt{5}$

④ $\sqrt{5}$　　　⑤ $2+\sqrt{5}$

6 여러 가지 이차방정식의 풀이

23

이차방정식 $\dfrac{(3x-1)(x+1)}{2}=3x(x-1)-1$의 해를 구하시오.

24

이차방정식 $3x^2+0.5x-\dfrac{15}{2}=0$의 두 근의 차는?

① $\dfrac{5}{2}$　　　② $\dfrac{8}{3}$　　　③ $\dfrac{17}{6}$

④ 3　　　⑤ $\dfrac{19}{6}$

25

이차방정식 $(x+5)^2-3(x+5)-18=0$의 두 근의 합을 구하시오.

7 이차방정식의 성질

26

서로 다른 두 근을 갖는 이차방정식을 보기에서 모두 고른 것은?

보기
ㄱ. $x^2=5(x-1)$ ㄴ. $2x^2+3=x(1-x)$
ㄷ. $8x^2+1=5x$ ㄹ. $\frac{1}{3}(x^2-1)=x$

① ㄱ, ㄴ   ② ㄱ, ㄷ   ③ ㄱ, ㄹ
④ ㄴ, ㄷ   ⑤ ㄴ, ㄹ

27

이차방정식 $3ax^2+(a+3)x+1=0$이 중근을 가질 때, 상수 a의 값은?

① -1 ② 0 ③ 1
④ 2 ⑤ 3

28

두 근이 $-\frac{2}{3}$, $\frac{1}{2}$이고 x^2의 계수가 6인 이차방정식은?

① $6x^2-x-2=0$ ② $6x^2+x-2=0$
③ $6x^2+2x-3=0$ ④ $6x^2-3x-2=0$
⑤ $6x^2-4x+3=0$

29 서술형

이차방정식 $2x^2-4x+k=0$이 중근을 가질 때, 두 근이 k, $k+3$이고 x^2의 계수가 1인 이차방정식을 구하시오.

(단, k는 상수)

8 이차방정식의 활용 (1)

30

어떤 수에 6을 더하여 제곱해야 하는 것을 잘못하여 6을 더하여 2배를 하였더니 그 값이 같았다고 한다. 어떤 수를 모두 곱한 값을 구하시오.

31

자연수 중 연속하는 세 홀수가 있다. 가장 큰 홀수의 제곱은 나머지 두 홀수의 합의 12배보다 9만큼 클 때, 가장 큰 홀수는?

① 17   ② 19   ③ 21

④ 23   ⑤ 25

32

영진이의 나이는 동생의 나이보다 4살이 많고, 영진이의 나이의 제곱은 동생의 나이의 제곱의 2배보다 4살이 적다. 이때 영진이의 나이는?

① 10살   ② 11살   ③ 12살

④ 13살   ⑤ 14살

33

지면으로부터 50 m 높이의 옥상에서 초속 40 m로 똑바로 위로 쏘아 올린 폭죽의 t초 후의 지면으로부터의 높이는 $(50+40t-5t^2)$ m이다. 이 폭죽이 처음으로 지면으로부터 높이가 125 m인 지점에서 터지도록 하려면 몇 초 후에 터지도록 해야 하는지 구하시오.

⑨ 이차방정식의 활용 (2)

34

둘레의 길이가 18 cm, 넓이가 18 cm²인 직사각형이 있다. 가로의 길이가 세로의 길이보다 더 길 때, 직사각형의 가로의 길이는?

① 5 cm   ② 6 cm   ③ 7 cm

④ 8 cm   ⑤ 9 cm

35 서술형

오른쪽 그림과 같이 가로, 세로의 길이가 각각 20 m, 12 m인 직사각형 모양의 땅에 폭이 일정한 도로를 만들려고 한다. 도로를 제외한 땅의 넓이가 153 m²가 되도록 할 때, 도로의 폭은 몇 m인지 구하시오.

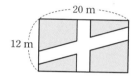

36

오른쪽 그림과 같이 정사각형 모양의 종이의 네 귀퉁이에서 한 변의 길이가 3 cm인 정사각형을 잘라 내고, 그 나머지로 뚜껑이 없는 직육면체 모양의 상자를 만들었더니 부피가 108 cm³가 되었다. 처음 정사각형 모양의 종이의 한 변의 길이는?

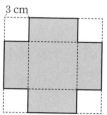

① 9 cm   ② 10 cm   ③ 11 cm

④ 12 cm   ⑤ 13 cm

1 한 근이 문자로 주어졌을 때, 식의 값 구하기

이차방정식 $x^2-5x-2=0$의 한 근이 $x=a$일 때, $a^2-4a-\dfrac{2}{a}$의 값은?

① 5   ② 6   ③ 7

④ 8   ⑤ 9

> **∑ 포인트**
>
> $x=a$가 이차방정식 $ax^2+bx+c=0$의 근이면
> $aa^2+ba+c=0$이다.

2 한 근이 주어졌을 때, 다른 한 근 구하기

이차방정식 $(3a-2)x^2+a(a-9)x+a+16=0$의 한 근이 $x=3$일 때, 다른 한 근은? (단, a는 상수)

① $x=-1$ ② $x=-2$ ③ $x=-3$

④ $x=-4$ ⑤ $x=-5$

> **∑ 포인트**
>
> 미지수 a를 포함한 이차방정식의 한 근이 $x=a$일 때,
> ❶ $x=a$를 주어진 방정식에 대입하여 a의 값을 구한다.
> ❷ a를 주어진 방정식에 대입한 후 방정식을 풀어 $x=a$를
>   제외한 나머지 한 근을 구한다.

3 x의 계수와 상수항을 바꾸어 해를 구한 경우

이차방정식 $x^2-(4k+1)x+3k+2=0$의 x의 계수와 상수항을 바꾸어 놓고 이차방정식을 풀었더니 한 근이 $x=-9$이었다. 처음 이차방정식의 해를 구하시오.

(단, k는 상수)

> **∑ 포인트**
>
> 주어진 이차방정식의 x의 계수와 상수항을 바꾼 후
> $x=-9$를 대입하여 k의 값을 구한다.

두 이차방정식의 공통인 근

이차방정식 $x^2-6x+2k+1=0$이 중근을 가질 때, 다음 두 이차방정식의 공통인 근을 구하시오. (단, k는 상수)

$$x^2-(2k-5)x-10=0, \ 3x^2+(k+1)x-2=0$$

• 이차방정식 $x^2+ax+b=0$이 중근을 가질 조건은
$b=\left(\dfrac{a}{2}\right)^2$이다.

• 인수분해를 이용하여 두 이차방정식의 해를 각각 구한 후 공통인 근을 구한다.

 이차방정식의 두 근을 알 때, 미지수 구하기

이차방정식 $x^2+4=(3k+1)x$가 중근을 갖도록 하는 상수 k의 값이 이차방정식 $3x^2+mx+n=0$의 두 근일 때, 상수 m, n에 대하여 $m-n$의 값을 구하시오.

• 이차방정식 $x^2+ax+b=0 \ (b>0)$이 중근을 가질 조건은 $a=\pm2\sqrt{b}$이다.

• $x=p$가 이차방정식 $ax^2+bx+c=0$의 해이면 $ap^2+bp+c=0$이다.

 정수인 근을 갖기 위한 미지수 구하기

이차방정식 $(x+2)^2=2k$가 서로 다른 두 정수인 근을 갖도록 하는 가장 작은 두 자리 자연수 k의 값은?

① 12 ② 15 ③ 18
④ 21 ⑤ 24

• $(x+p)^2=q \ (q>0)$의 해는 $x=-p\pm\sqrt{q}$이다.
• $x=-p\pm\sqrt{q}$가 정수이면 p, $\sqrt{q}$도 정수이다.

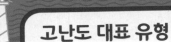

7 근의 공식을 이용한 이차방정식의 해

이차방정식 $x^2-4x-21=0$의 근 중 작은 근을 k라 할 때, 이차방정식
$x^2+(k+2)x+5-k^2=0$의 두 근의 합은?

① 1   ② 2   ③ 3

④ 4   ⑤ 5

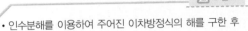

∑ 포인트

• 인수분해를 이용하여 주어진 이차방정식의 해를 구한 후 k의 값을 구한다.
• 이차방정식 $ax^2+bx+c=0$의 근은
$$x=\frac{-b\pm\sqrt{b^2-4ac}}{2a}$$ 이다.

8 유리수인 근을 갖기 위한 미지수 구하기

이차방정식 $3x^2-8x+a+2=0$의 두 근이 모두 유리수가 되도록 하는 모든 자연수 a
의 값의 합은?

① 2   ② 3   ③ 4

④ 5   ⑤ 6

∑ 포인트

• 근의 공식을 이용하여 주어진 이차방정식의 해를 구한다.
• 유리수 a, b, c에 대하여 $\dfrac{b+\sqrt{c}}{a}$가 유리수가 되려면 $\sqrt{c}$
가 유리수가 되어야 한다.

9 계수가 분수인 이차방정식의 해

이차방정식 $\dfrac{(x+1)^2}{3}-\dfrac{(2x+1)(x-3)}{2}=3x+\dfrac{4}{3}$의 두 근을 α, β라 할 때, $\alpha-4\beta$
의 값을 구하시오. (단, $\alpha>\beta$)

∑ 포인트

계수가 분수인 이차방정식은 양변에 분모의 최소공배수를 곱하여 모든 계수를 정수로 고친 후 푼다.

10 공통부분이 있는 이차방정식의 해

$\dfrac{(a+b)^2}{2}-12=2ab+a-b$일 때, $a-b$의 값은? (단, $a<b$)

① -5 　　　 ② -4 　　　 ③ -3

④ -2 　　　 ⑤ -1

> **포인트**
> 공통부분이 생기도록 식을 변형한 후 공통부분을 한 문자로 치환한다.

11 근의 개수에 따른 미지수 구하기

이차방정식 $3x^2-4x+a-2=0$은 근을 갖지 않고, 이차방정식 $x^2-2(a-3)x+a+3=0$이 중근을 가질 때, 상수 a의 값을 구하시오.

> **포인트**
> 이차방정식 $ax^2+2b'x+c=0$에서
> ① 근이 2개 ➡ $b'^2-ac>0$
> ② 근이 1개 (중근) ➡ $b'^2-ac=0$
> ③ 근이 없다. ➡ $b'^2-ac<0$

12 두 근이 주어진 이차방정식

일차함수 $y=mx+n$의 그래프가 오른쪽 그림과 같을 때, m, n을 두 근으로 하고 x^2의 계수가 6인 이차방정식은?

① $6x^2-20x+15=0$ 　　 ② $6x^2-23x+20=0$

③ $6x^2-28x+19=0$ 　　 ④ $6x^2-30x+29=0$

⑤ $6x^2-35x+25=0$

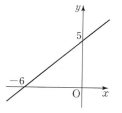

> **포인트**
> 두 근이 α, β이고 x^2의 계수가 a인 이차방정식은
> $a(x-\alpha)(x-\beta)=0$이다.

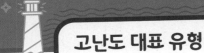
13 잘못 보고 푼 이차방정식

x^2의 계수가 2인 이차방정식을 푸는데 민정이는 상수항을 잘못 보고 풀어 $x=-3$ 또는 $x=2$의 해를 얻었고, 정수는 x의 계수를 잘못 보고 풀어 $x=-\dfrac{1}{2}$ 또는 $x=4$의 해를 얻었다. 처음 이차방정식의 해를 구하시오.

> **∑ 포인트**
>
> 잘못 본 것을 제외한 나머지는 제대로 본 것임을 이용하여 처음 이차방정식의 x의 계수와 상수항을 구한다.

14 한 근이 무리수일 때, 미지수 구하기

이차방정식 $2x^2+ax+b=0$의 한 근이 $x=-3+2\sqrt{2}$일 때, 유리수 a, b에 대하여 $a+b$의 값은?

① 10   ② 11   ③ 12

④ 13   ⑤ 14

> **∑ 포인트**
>
> 모든 계수가 유리수인 이차방정식의 한 근이 $p+q\sqrt{m}$이면 다른 한 근은 $p-q\sqrt{m}$이다.
> (단, p, q는 유리수, $\sqrt{m}$은 무리수)

15 이차방정식의 활용 – 기호가 약속된 경우

자연수 x에 대하여 $\langle x \rangle$를 x 이하의 소수의 개수라 할 때, $(\langle x \rangle - 2)^2 - 9 = 0$을 만족시키는 모든 자연수 x의 값의 합은?

① 21   ② 22   ③ 23

④ 24   ⑤ 25

> **∑ 포인트**
>
> $\langle x \rangle - 2$를 한 문자로 치환하여 이차방정식을 푼다. 이때 $\langle x \rangle \geq 0$임에 주의한다.

16 이차방정식의 활용 – 실생활

어떤 박물관에서 입장권의 가격을 $x\%$만큼 인상하면 관람객의 수는 $0.5x\%$만큼 감소한다고 한다. 입장권의 총 판매액이 8%만큼 증가하려면 입장권의 가격을 몇 $\%$ 인상해야 하는가? (단, 입장권의 가격은 50% 이상 인상하지 않는다.)

① 10% ② 15% ③ 20%

④ 25% ⑤ 30%

> **포인트**
> A가 $x\%$만큼 증가하면 $A\left(1+\dfrac{x}{100}\right)$이고, $x\%$만큼 감소하면 $A\left(1-\dfrac{x}{100}\right)$이다.

17 이차방정식의 활용 – 원

오른쪽 그림과 같이 원 모양의 연못의 둘레에 폭이 4 m인 공원을 만들려고 한다. 공원의 넓이가 연못의 넓이의 3배일 때, 연못의 둘레의 길이는?

① 4π m ② 6π m ③ 8π m

④ 10π m ⑤ 12π m

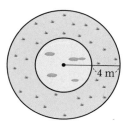

> **포인트**
> 연못의 반지름의 길이를 x m로 놓고, 공원의 넓이와 연못의 넓이의 관계를 이용하여 이차방정식을 세운다.

18 이차방정식의 활용 – 붙어 있는 도형

오른쪽 그림과 같이 길이가 16 cm인 선분 AB 위에 크기가 다른 두 정사각형을 만들었다. 큰 정사각형의 넓이가 작은 정사각형의 넓이의 2배보다 28 cm²만큼 넓을 때, 큰 정사각형의 한 변의 길이를 구하시오.

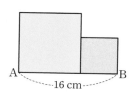

> **포인트**
> 큰 정사각형의 한 변의 길이를 x cm로 놓고, 작은 정사각형의 한 변의 길이를 x로 나타낸다.

1 이차방정식과 이차방정식의 해

01

부등식 $2x-5 \geq 3(x-3)$의 해가 자연수일 때, 이차방정식 $3x^2-8x-3=0$의 해를 구하시오.

02

이차방정식 $x^2+a(b-3)x-b-1=0$의 한 근이 $x=1$일 때, 자연수 a, b에 대하여 $a+b$의 값은?

① 6   ② 7   ③ 8

④ 9   ⑤ 10

03

이차방정식 $x^2-2x-1=0$의 두 근이 $x=a$ 또는 $x=b$일 때, $(a^2-2a-3)(b^2-2b+4)$의 값은?

① -10 ② -5 ③ -1

④ 1   ⑤ 5

04 서술형 대표 유형 ①

이차방정식 $x^2-3x-2=0$의 한 근이 $x=k$일 때, 다음 식의 값을 구하시오.

$$k^2+k-\frac{2}{k}+\frac{4}{k^2}$$

2 인수분해를 이용한 이차방정식의 풀이

05

다음 중에서 $(a^2-10)x^2+2ax-3=3ax^2-2x$가 x에 대한 이차방정식이 되도록 하는 상수 a의 조건은?

① $a \neq -2$ ② $a \neq 5$

③ $a \neq -2$ 또는 $a \neq 5$ ④ $a \neq -2$이고 $a \neq 5$

⑤ $a \neq 2$ 또는 $a \neq 5$

06 대표 유형 ②

이차방정식 $(a+2)x^2+(a^2-5)x-1=0$의 해가 $x=-1$ 또는 $x=p$일 때, $a+5p$의 값은? (단, a는 상수)

① 1   ② 2   ③ 3

④ 4   ⑤ 5

07 대표 유형 ③

이차방정식 $x^2+5ax+a+5=0$의 한 근이 $x=-2$일 때, 이차방정식 $x^2+(a+5)x+5a=0$의 근은 $x=\alpha$ 또는 $x=\beta$이다. 이때 $a+\alpha+\beta$의 값을 구하시오. (단, a는 상수)

08

이차방정식 $x^2-5x+k=0$의 한 근이 $x=2$일 때, 다음 두 이차방정식의 공통인 근은? (단, k는 상수)

$$x^2+\frac{4k}{3}x-2k-8=0$$
$$(k-4)x^2+(5-k)x-k=0$$

① $x=-2$ ② $x=-1$ ③ $x=1$
④ $x=2$ ⑤ $x=3$

09 서술형

한 개의 주사위를 두 번 던져서 나온 눈의 수의 합이 이차방정식 $x^2-11x+30=0$의 해가 될 확률을 구하시오.

③ 이차방정식의 중근

10

이차방정식 $16x^2+2(a-2)x+1=0$이 중근을 가질 때, 상수 a의 값을 모두 구하시오.

11 대표 유형 ④

이차방정식 $x^2-8x+3k+1=0$이 중근을 가질 때, 다음 두 이차방정식의 공통인 근은? (단, k는 상수)

$$x^2-6x+k=0, \ x^2+(k-5)x-5k=0$$

① $x=-5$ ② $x=-1$ ③ $x=1$
④ $x=2$ ⑤ $x=5$

12 대표 유형 ⑤

두 이차방정식 $x^2+mx+4=0$, $9x^2-2nx+1=0$이 모두 중근을 가질 때, 양수 m, n은 이차방정식 $x^2+ax+b=0$의 두 근이다. 상수 a, b에 대하여 $a+b$의 값은?

① 1 ② 2 ③ 3
④ 4 ⑤ 5

13 서술형

두 자연수 a, b에 대하여 이차방정식 $x^2+ax+3b=0$이 중근을 갖는다. b가 50보다 작은 자연수 중 가장 큰 수일 때, a의 값을 구하시오.

16 대표 유형 ❻

두 자리 자연수 a에 대하여 이차방정식 $(x-2)^2=5a$가 서로 다른 두 정수인 근을 가질 때, a의 최댓값은?

① 75   ② 78   ③ 80

④ 83   ⑤ 86

④ 완전제곱식을 이용한 이차방정식의 풀이

14

다음 중에서 이차방정식 $(x-3)^2=4-2k$의 근에 대한 설명으로 옳지 <u>않은</u> 것은? (단, k는 상수)

① $k=-2$이면 서로 다른 두 근을 갖는다.

② $k=-\dfrac{1}{2}$이면 정수인 근을 갖는다.

③ $k=0$이면 두 근의 곱은 5이다.

④ $k=2$이면 중근을 갖는다.

⑤ $k=4$이면 근이 존재하지 않는다.

17

x에 대한 이차방정식 $25(x-3)^2=a^2$의 해가 $x=b$ 또는 $x=\dfrac{3}{5}$일 때, 양수 a, b에 대하여 $a+5b$의 값은?

① 30   ② 33   ③ 36

④ 39   ⑤ 42

⑤ 이차방정식의 근의 공식

15

x에 대한 이차방정식 $x^2+4ax+a^2=b^2-2b$를 완전제곱식으로 나타내면 $(x-b)^2=3b+8$이다. 정수 a, b에 대하여 $a-b$의 값은?

① -2 ② -4 ③ -6

④ -8 ⑤ -10

18 대표 유형 ❼

이차방정식 $3x^2-5x-2=0$의 근 중 정수인 근을 k라 할 때, 이차방정식 $2kx^2-(k+1)x-k=0$의 두 근의 곱을 구하시오.

19

이차방정식 $x^2+x-3=0$의 근 중 작은 근을 α라 하고, 이차방정식 $3x^2+2x-4=0$의 근 중 큰 근을 β라 할 때, $\alpha\beta$의 값은?

① -3 ② -2 ③ -1

④ 1 ⑤ 2

20

이차방정식 $ax^2+bx+c=0$의 근의 공식을

$$x=\frac{-b\pm\sqrt{b^2-4ac}}{a}$$로 착각하여 어떤 이차방정식의 근을 구하였더니 -4, 1이 나왔다. 이 이차방정식의 옳은 두 근의 곱을 구하시오. (단, $a>0$)

21 서술형 🗨 대표 유형 ⑧

이차방정식 $2x^2-4x+k-3=0$의 두 근이 유리수가 되도록 하는 모든 자연수 k의 값의 합을 구하시오.

22

이차방정식 $x^2+2x-20=0$의 양수인 근의 정수 부분을 n, 소수 부분을 α라 할 때, $n+(\alpha+4)^2$의 값은?

① 21 ② 22 ③ 23

④ 24 ⑤ 25

23

어떤 편의점에서는 오픈 기념으로 오른쪽 그림과 같이 3부터 10까지의 자연수를 써넣은 원판에 화살을 쏘아 맞힌 칸의 수를 이차방정식

$$x^2-3x-\square=0$$

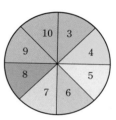

의 □ 안에 써넣고, 이 이차방정식을 풀어 자연수인 해 k가 나오면 $10000k$원의 상품권을 선물로 주는 행사를 진행하고 있다. 상품권을 받기 위하여 쏘아야 하는 원판의 수를 모두 구하시오. (단, 이차방정식을 풀어 자연수인 해가 나오지 않으면 상품권은 지급되지 않는다.)

6 여러 가지 이차방정식의 풀이

24 대표 유형 ⑨

이차방정식 $\dfrac{(x+3)(2x-1)}{8}=0.5x(x-3)+\dfrac{2x+9}{4}$의 두 근을 α, β라 할 때, $2\alpha+\beta$의 값을 구하시오.

(단, $\alpha>\beta$)

25

이차방정식 $x^2-2|x|-15=0$의 해 중 큰 근을 α, 작은 근을 β라 할 때, $\alpha-\beta$의 값은?

① 4   ② 6   ③ 8

④ 10   ⑤ 12

26 대표 유형 ⑩

$3(x+y)^2+13y=12xy+13x+10$일 때, $x-y$의 값을 구하시오. (단, $x>y$)

27

방정식 $(x^2-2x)^2-7(x^2-2x)-8=0$의 모든 해의 합은?

① 1   ② 2   ③ 3

④ 4   ⑤ 5

28

두 실수 a, b에 대하여 $(a-b)^2+6(a-b)-16=0$이고 $ab=-3$일 때, a^2+b^2의 값은?

① 48   ② 53   ③ 58

④ 63   ⑤ 68

29 서술형

방정식 $3(2x+y)^2-68x-34y-24=0$을 만족시키는 자연수 x, y의 순서쌍 (x, y)의 개수를 구하시오.

30

방정식 $(x+2)(x+4)(x+6)(x+8)+16=0$의 한 근을 α라 할 때, $\alpha^2+10\alpha$의 값은?

① -20 ② -10 ③ 0

④ 10   ⑤ 20

7 이차방정식의 성질

31
이차방정식 $x^2-5x+k-3=0$이 근을 갖지 않도록 하는 가장 작은 정수 k의 값은?

① 9   ② 10   ③ 11

④ 12   ⑤ 13

32
이차방정식 $x^2+2(3a-2)x+7a+28=0$이 음수인 중근을 가질 때, 상수 a의 값과 음수인 중근의 합은?

① -5 ② -4 ③ -3

④ -2 ⑤ -1

33 대표 유형 ⑪
이차방정식 $x^2-(k+2)x+4=0$은 중근을 갖고, 이차방정식 $2x^2-4x+3k+5=0$은 서로 다른 두 근을 가질 때, 상수 k의 값을 구하시오.

34 대표 유형 ⑫
일차함수 $y=ax+b$의 그래프가 오른쪽 그림과 같을 때, a, b를 두 근으로 하고 x^2의 계수가 3인 이차방정식을 구하시오.

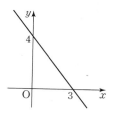

35 서술형 대표 유형 ⑬
이차방정식 $3x^2+ax+b=0$을 푸는데 수현이는 x의 계수를 잘못 보고 풀어 $x=-1$ 또는 $x=2$의 해를 얻었고, 상민이는 상수항을 잘못 보고 풀어 $x=-\dfrac{8}{3}$ 또는 $x=5$의 해를 얻었다. 상수 a, b에 대하여 ab의 값을 구하시오.

36 대표 유형 ⑭
이차방정식 $4x^2+ax+b=0$의 한 근이 $x=\dfrac{1}{\sqrt{5}+1}$일 때, 유리수 a, b에 대하여 $a-b$의 값은?

① 1   ② 2   ③ 3

④ 4   ⑤ 5

고난도 실전 문제

8 이차방정식의 활용 (1)

37 대표 유형 ⑮

자연수 x의 약수의 개수를 $\langle x \rangle$로 나타낼 때, $\langle x \rangle^2 + \langle x \rangle - 6 = 0$을 만족시키는 20 이하의 모든 자연수 x의 개수를 구하시오.

38

어느 달의 달력에서 연속한 세 날짜를 각각 제곱하여 더하였더니 302가 되었다. 세 날짜의 마지막 날이 금요일일 때, 그 다음 주 금요일의 날짜는?

① 16일   ② 17일   ③ 18일
④ 19일   ⑤ 20일

39 대표 유형 ⑯

어떤 물건의 가격을 $4x\%$만큼 인상하였더니 판매량이 $3x\%$만큼 감소해서 가격 인상 전에 비하여 매출액이 2% 증가하였다고 한다. 이때 정수 x의 값은?

① 3   ② 4   ③ 5
④ 6   ⑤ 7

40 서술형

지면에서 초속 60 m로 똑바로 위로 던진 공의 t초 후의 높이는 $(60t - 5t^2)$ m이다. 이 공이 지면으로부터 높이가 175 m 이상인 지점을 지나는 것은 몇 초 동안인지 구하시오.

9 이차방정식의 활용 (2)

41 대표 유형 ⑰

오른쪽 그림과 같이 크기가 다른 세 반원이 있다. 가장 큰 반원의 지름의 길이가 18 cm이고, 작은 두 반원의 넓이의 합이 가장 큰 반원의 넓이의 $\frac{5}{9}$일 때, 색칠한 부분의 둘레의 길이를 구하시오.

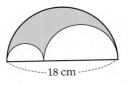

42 대표 유형 ⑱

오른쪽 그림의 두 직사각형 ABCD와 CEFG는 서로 닮음이고, $\overline{AB} = 5$ cm, $\overline{BE} = 19$ cm, $\overline{EF} = 18$ cm일 때, 두 직사각형의 넓이의 합을 구하시오. (단, $\overline{BC} > \overline{CE}$)

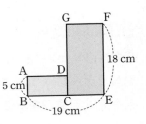

06

이차함수와
그 그래프

1 이차함수 $y=ax^2$의 그래프

(1) 이차함수: 함수 $y=f(x)$에서 y가 x에 대한 이차식으로 나타날 때, 이 함수를 x에 대한 이차함수라 한다.
➡ $y=ax^2+bx+c$ (단, a, b, c는 상수, $a\neq0$)

(2) 이차함수 $y=ax^2$의 그래프
① 원점을 꼭짓점으로 하고, y축을 축으로 하는 포물선이다.
② $a>0$일 때 아래로 볼록하고, $a<0$일 때 위로 볼록하다.
③ a의 절댓값이 클수록 그래프의 폭이 좁아진다.
④ 이차함수 $y=-ax^2$의 그래프와 x축에 대하여 대칭이다.

참고 이차함수 $y=ax^2$의 그래프와 같은 모양의 곡선을 포물선이라 한다. 포물선은 선대칭도형이고 그 대칭축을 포물선의 축이라 하고, 포물선과 축의 교점을 포물선의 꼭짓점이라 한다.

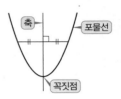

2 이차함수 $y=ax^2+q$, $y=a(x-p)^2$의 그래프

(1) 이차함수 $y=ax^2+q$의 그래프
① 이차함수 $y=ax^2$의 그래프를 y축의 방향으로 q만큼 평행이동한 것이다.
② 꼭짓점의 좌표: $(0, q)$, 축의 방정식: $x=0$ (y축)

(2) 이차함수 $y=a(x-p)^2$의 그래프
① 이차함수 $y=ax^2$의 그래프를 x축의 방향으로 p만큼 평행이동한 것이다.
② 꼭짓점의 좌표: $(p, 0)$, 축의 방정식: $x=p$

참고 이차함수 $y=a(x-p)^2$ $(a>0)$의 그래프는
① $x<p$일 때, x의 값이 증가하면 y의 값은 감소한다.
② $x>p$일 때, x의 값이 증가하면 y의 값도 증가한다.

3 이차함수 $y=a(x-p)^2+q$의 그래프

(1) 이차함수 $y=a(x-p)^2+q$의 그래프
① 이차함수 $y=ax^2$의 그래프를 x축의 방향으로 p만큼, y축의 방향으로 q만큼 평행이동한 것이다.
② 꼭짓점의 좌표: (p, q), 축의 방정식: $x=p$

(2) 이차함수 $y=a(x-p)^2+q$의 그래프에서 a, p, q의 부호
① a의 부호 ➡ 그래프의 모양으로 결정
 (i) 아래로 볼록 ➡ $a>0$ (ii) 위로 볼록 ➡ $a<0$
② p, q의 부호 ➡ 꼭짓점의 위치로 결정
 (i) 제1사분면 ➡ $p>0$, $q>0$ (ii) 제2사분면 ➡ $p<0$, $q>0$
 (iii) 제3사분면 ➡ $p<0$, $q<0$ (iv) 제4사분면 ➡ $p>0$, $q<0$

NOTE

이차함수에서 x의 값이 구체적으로 주어지지 않으면 x의 값의 범위는 모든 실수로 생각한다.

이차함수 $y=ax^2$의 그래프의 폭이 좁아질수록 y축에 가까워진다.

어떤 직선으로 접어서 완전히 겹치는 도형을 선대칭도형이라 하고, 그 직선을 대칭축이라 한다.

이차함수의 그래프를 평행이동하면 그래프의 모양과 폭은 변하지 않고 위치만 바뀐다.

이차함수 $y=a(x-p)^2+q$의 그래프에서
① 꼭짓점의 좌표가 x축 위에 있으면 $q=0$
② 꼭짓점의 좌표가 y축 위에 있으면 $p=0$

4 이차함수 $y=ax^2+bx+c$의 그래프

(1) 이차함수 $y=ax^2+bx+c$의 그래프

    ① $y=a(x-p)^2+q$ 꼴로 고쳐서 그린다.

      ➡ $y=ax^2+bx+c=a\left(x+\dfrac{b}{2a}\right)^2-\dfrac{b^2-4ac}{4a}$

    ② 꼭짓점의 좌표: $\left(-\dfrac{b}{2a},\ -\dfrac{b^2-4ac}{4a}\right)$, 축의 방정식: $x=-\dfrac{b}{2a}$

    ③ y축과의 교점: $(0,\ c)$

    참고 이차함수 $y=ax^2+bx+c$의 그래프에서

      ① x축과의 교점: $y=0$일 때의 x의 값을 구한다.

      ② y축과의 교점: $x=0$일 때의 y의 값을 구한다.

(2) 이차함수 $y=ax^2+bx+c$의 그래프에서 a, b, c의 부호

    ① a의 부호 ➡ 그래프의 모양으로 결정

      (i) 아래로 볼록 ➡ $a>0$　　　　(ii) 위로 볼록 ➡ $a<0$

    ② b의 부호 ➡ 축의 위치로 결정

      (i) 축이 y축의 왼쪽에 위치

        ➡ a, b는 같은 부호 $(ab>0)$

      (ii) 축이 y축과 일치

        ➡ $b=0(ab=0)$

      (iii) 축이 y축의 오른쪽에 위치

        ➡ a, b는 다른 부호 $(ab<0)$

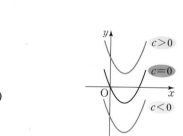

    ③ c의 부호 ➡ y축과의 교점의 위치로 결정

      (i) y축과의 교점이 x축보다 위쪽에 위치 ➡ $c>0$

      (ii) y축과의 교점이 원점에 위치 ➡ $c=0$

      (iii) y축과의 교점이 x축보다 아래쪽에 위치 ➡ $c<0$

5 이차함수의 식 구하기

(1) 꼭짓점 (p, q)와 그래프 위의 다른 한 점을 알 때

    ① 이차함수의 식을 $y=a(x-p)^2+q$로 놓는다.

    ② 한 점의 좌표를 대입하여 a의 값을 구한다.

(2) 축의 방정식 $x=p$와 그래프 위의 두 점을 알 때

    ① 이차함수의 식을 $y=a(x-p)^2+q$로 놓는다.

    ② 두 점의 좌표를 각각 대입하여 a, q의 값을 구한다.

(3) y축과의 교점 $(0, c)$와 그래프 위의 서로 다른 두 점을 알 때

    ① 이차함수의 식을 $y=ax^2+bx+c$로 놓는다.

    ② 두 점의 좌표를 각각 대입하여 a, b의 값을 구한다.

(4) x축과의 두 교점 $(m, 0)$, $(n, 0)$과 그래프 위의 다른 한 점을 알 때

    ① 이차함수의 식을 $y=a(x-m)(x-n)$으로 놓는다.

    ② 한 점의 좌표를 대입하여 a의 값을 구한다.

∑ NOTE

● 이차함수의 그래프와 y축과의 교점은 항상 존재하지만 x축과의 교점은 존재하지 않을 수도 있다.

● 이차함수 $y=ax^2+bx+c$의 그래프에서 축의 방정식은 $x=-\dfrac{b}{2a}$이므로

① 축이 y축의 왼쪽에 위치하면 $-\dfrac{b}{2a}<0$에서 $\dfrac{b}{2a}>0$

➡ $ab>0$

② 축이 y축의 오른쪽에 위치하면 $-\dfrac{b}{2a}>0$에서 $\dfrac{b}{2a}<0$

➡ $ab<0$

꼭짓점	이차함수
$(0, 0)$	$y=ax^2$
$(0, q)$	$y=ax^2+q$
$(p, 0)$	$y=a(x-p)^2$
(p, q)	$y=a(a-p)^2+q$

● 이차함수의 그래프는 축에 대하여 대칭이므로 이차함수의 그래프와 x축과의 두 교점이 $(m, 0)$, $(n, 0)$이면 축의 방정식은 $x=\dfrac{m+n}{2}$이다.

1 이차함수 $y=ax^2$의 그래프

01
다음 중에서 이차함수인 것은?

① $y=-3x+2$

② $y=5-\dfrac{2}{x^2}$

③ $y=2(x+1)^2-2x^2$

④ $y=\dfrac{1}{3}(3x+1)(x-2)$

⑤ $y=x^2-(3-x)^2$

02
$y=(2k-1)x^2-x+3x^2$이 x에 대한 이차함수일 때, 다음 중에서 상수 k의 값이 될 수 없는 것은?

① -2

② $-\dfrac{3}{2}$

③ -1

④ $-\dfrac{1}{2}$

⑤ 0

03
이차함수 $f(x)=ax^2-3x+1$에서 $f(-2)=-1$일 때, $f(3)$의 값은? (단, a는 상수)

① -30

② -28

③ -26

④ -24

⑤ -22

04
다음 이차함수 중에서 그래프가 아래로 볼록하면서 폭이 가장 넓은 것은?

① $y=-4x^2$

② $y=-\dfrac{4}{3}x^2$

③ $y=\dfrac{1}{3}x^2$

④ $y=x^2$

⑤ $y=\dfrac{3}{2}x^2$

05
이차함수 $y=-x^2$의 그래프에 대한 설명으로 옳은 것을 보기 에서 모두 고른 것은?

보기
ㄱ. 위로 볼록한 포물선이다.

ㄴ. x축에 대하여 대칭이다.

ㄷ. 제3, 4사분면을 지난다.

ㄹ. $y=\dfrac{1}{2}x^2$의 그래프보다 폭이 넓다.

① ㄱ, ㄴ

② ㄱ, ㄷ

③ ㄱ, ㄹ

④ ㄴ, ㄷ

⑤ ㄴ, ㄹ

06
이차함수 $y=-4x^2$의 그래프가 점 $(a, -4a)$를 지날 때, a의 값을 구하시오. (단, $a\neq0$)

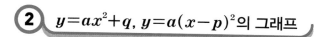

2 $y=ax^2+q$, $y=a(x-p)^2$의 그래프

07 서술형

이차함수 $y=ax^2$의 그래프를 y축의 방향으로 -3만큼 평행이동한 그래프가 두 점 $(-2, 5)$, $(1, b)$를 지날 때, $a+b$의 값을 구하시오. (단, a는 상수)

08

이차함수 $y=-3x^2$의 그래프를 y축의 방향으로 2만큼 평행이동한 그래프의 꼭짓점의 좌표를 (a, b), 축의 방정식을 $x=c$라 할 때, $a+b+c$의 값은?

① -2 ② -1 ③ 0

④ 1 ⑤ 2

09

다음 중에서 이차함수 $y=\frac{1}{2}x^2-3$의 그래프에 대한 설명으로 옳지 <u>않은</u> 것은?

① 축의 방정식은 $x=0$이다.

② 꼭짓점의 좌표는 $(-3, 0)$이다.

③ y축에 대하여 대칭이다.

④ 점 $(-2, -1)$을 지난다.

⑤ $y=\frac{1}{2}x^2$의 그래프를 y축의 방향으로 -3만큼 평행이동한 것이다.

10 서술형

오른쪽 그림은 이차함수 $y=2x^2$의 그래프를 x축의 방향으로 평행이동한 것이다. 이 그래프의 식을 $y=f(x)$라 할 때, $f(2)-f(-1)$의 값을 구하시오.

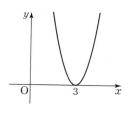

11

이차함수 $y=x^2$의 그래프를 평행이동하여 완전히 포갤 수 있는 것을 보기 에서 모두 고른 것은?

보기
ㄱ. $y=-x^2+3$ ㄴ. $y=x^2-5$
ㄷ. $y=-\left(x+\frac{1}{2}\right)^2$ ㄹ. $y=(x+3)^2$

① ㄱ   ② ㄷ   ③ ㄱ, ㄴ

④ ㄴ, ㄹ   ⑤ ㄷ, ㄹ

12

이차함수 $y=-5x^2$의 그래프를 x축의 방향으로 -1만큼 평행이동한 그래프에서 x의 값이 증가하면 y의 값도 증가하는 x의 값의 범위로 알맞은 것은?

① $x>-5$ ② $x>-1$ ③ $x>1$

④ $x<-1$ ⑤ $x<1$

③ 이차함수 $y=a(x-p)^2+q$의 그래프

13

이차함수 $y=3x^2$의 그래프를 x축의 방향으로 2만큼, y축의 방향으로 -3만큼 평행이동하면 점 $(-1, k)$를 지난다. 이때 k의 값을 구하시오.

14

다음 이차함수 중에서 그래프의 꼭짓점이 제3사분면 위에 있는 것은?

① $y=-2(x+1)^2+3$ ② $y=3(x-2)^2+1$

③ $y=\dfrac{1}{2}(x+3)^2-1$ ④ $y=\left(x-\dfrac{1}{2}\right)^2-3$

⑤ $y=-3\left(x+\dfrac{1}{4}\right)^2+2$

15

다음 중에서 이차함수 $y=2\left(x+\dfrac{1}{2}\right)^2-\dfrac{1}{2}$의 그래프가 지나지 <u>않는</u> 사분면은?

① 제1사분면   ② 제2사분면
③ 제3사분면   ④ 제4사분면
⑤ 제2, 3사분면

16

이차함수 $y=-(x+4)^2+1$의 그래프에 대한 설명으로 옳은 것을 보기 에서 모두 고른 것은?

> 보기
> ㄱ. 꼭짓점의 좌표는 $(4, 1)$이다.
> ㄴ. $y=x^2$의 그래프보다 폭이 좁다.
> ㄷ. 제1사분면을 지나지 않는다.
> ㄹ. 평행이동하면 $y=-x^2$의 그래프와 포개어진다.

① ㄱ, ㄴ   ② ㄱ, ㄷ   ③ ㄴ, ㄷ
④ ㄴ, ㄹ   ⑤ ㄷ, ㄹ

17 서술형

이차함수 $y=-2(x-3)^2-4$의 그래프를 x축의 방향으로 m만큼, y축의 방향으로 n만큼 평행이동하였더니 $y=-2x^2$의 그래프와 일치하였다. 이때 $m+n$의 값을 구하시오.

18

이차함수 $y=-\dfrac{2}{3}x^2+1$의 그래프와 모양이 같고, 꼭짓점의 좌표가 $\left(-2, \dfrac{1}{3}\right)$인 포물선을 그래프로 하는 이차함수의 식을 $y=a(x+b)^2+c$라 할 때, 상수 a, b, c에 대하여 $a+b-c$의 값은?

① -1 ② $-\dfrac{1}{3}$ ③ $\dfrac{1}{3}$

④ 1 ⑤ $\dfrac{4}{3}$

19

이차함수 $y=a(x-p)^2+q$의 그래프가 오른쪽 그림과 같을 때, 상수 a, p, q의 부호는?

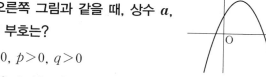

① $a>0$, $p>0$, $q>0$

② $a>0$, $p<0$, $q>0$

③ $a>0$, $p>0$, $q<0$

④ $a<0$, $p>0$, $q>0$

⑤ $a<0$, $p<0$, $q>0$

---

④ 이차함수 $y=ax^2+bx+c$의 그래프

20

이차함수 $y=2x^2-10x+5$를 $y=a(x-p)^2+q$ 꼴로 나타낼 때, 상수 a, p, q에 대하여 $a+p+q$의 값은?

① -1　　② -2　　③ -3

④ -4　　⑤ -5

21

이차함수 $y=-3x^2-12x+1$의 그래프는 이차함수 $y=-3x^2$의 그래프를 x축의 방향으로 m만큼, y축의 방향으로 n만큼 평행이동한 것이다. 이때 $m+n$의 값을 구하시오.

22

그래프의 꼭짓점이 제4사분면 위에 있는 이차함수를 보기에서 모두 고른 것은?

보기

ㄱ. $y=-x^2-2x-1$　　ㄴ. $y=3x^2+6x$

ㄷ. $y=\frac{1}{2}x^2-x+1$　　ㄹ. $y=x^2-8x-2$

① ㄱ　　　② ㄹ　　　③ ㄱ, ㄷ

④ ㄱ, ㄹ　　⑤ ㄴ, ㄹ

23

이차함수 $y=-\frac{1}{3}x^2+kx$의 그래프의 축의 방정식이 $x=-2$일 때, 상수 k의 값을 구하시오.

24

이차함수 $y=-2x^2-2x+24$의 그래프가 x축과 만나는 두 점의 x좌표를 각각 a, b라 하고, y축과 만나는 점의 y좌표를 c라 할 때, $ab+c$의 값은?

① 8　　② 12　　③ 16

④ 20　　⑤ 24

25 서술형

이차함수 $y=-2x^2+5x+k$의 그래프는 x축과 서로 다른 두 점에서 만난다. 두 교점 중 한 점의 x좌표가 $-\dfrac{1}{2}$일 때, 이 그래프가 y축과 만나는 점의 좌표를 구하시오.

(단, k는 상수)

26

이차함수 $y=-3x^2+12x-9$의 그래프와 x축과의 두 교점을 A, B라 할 때, $\overline{AB}$의 길이는?

① $\dfrac{1}{2}$ ② 1 ③ $\dfrac{3}{2}$

④ 2 ⑤ $\dfrac{5}{2}$

27

다음 이차함수 중에서 그래프가 x축과 만나지 않는 것은?

① $y=x^2-x-6$ ② $y=-x^2+4x-1$

③ $y=2x^2-x$ ④ $y=-2x^2-2x-2$

⑤ $y=3x^2-6x+3$

28

이차함수 $y=4x^2-8x+2$의 그래프를 x축의 방향으로 1만큼, y축의 방향으로 -2만큼 평행이동하면 점 $(2,\,k)$를 지난다. 이때 k의 값은?

① -6 ② -4 ③ -2

④ 2 ⑤ 4

29

이차함수 $y=ax^2+bx+c$의 그래프가 오른쪽 그림과 같을 때, 다음 중에서 옳지 <u>않은</u> 것은?

(단, a, b, c는 상수)

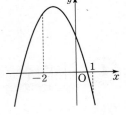

① $b<0$

② $ac<0$

③ $abc>0$

④ $a+b+c>0$

⑤ $4a-2b+c>0$

30

오른쪽 그림과 같이 이차함수 $y=-x^2-3x+10$의 그래프의 꼭짓점을 A, y축과의 교점을 B라 할 때, 삼각형 OAB의 넓이를 구하시오.

(단, O는 원점)

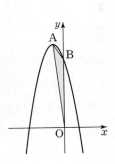

⑤ 이차함수의 식 구하기

31

꼭짓점의 좌표가 $(-1, 3)$이고 점 $(2, 0)$을 지나는 이차함수의 그래프가 y축과 만나는 점의 좌표는?

① $\left(0, \dfrac{1}{3}\right)$ ② $(0, 1)$ ③ $\left(0, \dfrac{5}{3}\right)$

④ $\left(0, \dfrac{8}{3}\right)$ ⑤ $(0, 3)$

32 서술형

이차함수 $y=ax^2+bx+c$의 그래프가 오른쪽 그림과 같을 때, 상수 a, b, c에 대하여 $a-b-c$의 값을 구하시오.

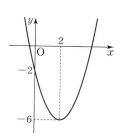

33

$x=-2$를 축으로 하고 두 점 $(-3, 2)$, $(1, -2)$를 지나는 이차함수의 식은?

① $y=-x^2-4x-3$

② $y=-\dfrac{1}{2}x^2-2x+\dfrac{1}{2}$

③ $y=\dfrac{1}{2}x^2+2x-3$

④ $y=x^2+4x-1$

⑤ $y=\dfrac{3}{2}x^2+6x+3$

34

세 점 $(0, 1)$, $(2, 1)$, $(3, 7)$을 지나는 이차함수의 그래프의 꼭짓점의 좌표를 구하시오.

35

이차함수 $y=ax^2-bx+c$의 그래프가 오른쪽 그림과 같을 때, 상수 a, b, c에 대하여 $9ab-c$의 값은?

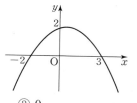

① -2 ② -1 ③ 0

④ 1 ⑤ 2

36

이차함수 $y=2x^2+ax+b$의 그래프는 y축을 축으로 하고 점 $(2, 0)$을 지난다. 상수 a, b에 대하여 $a-b$의 값은?

① 2 ② 4 ③ 6

④ 8 ⑤ 10

 이차함수가 되기 위한 조건

$y=(3k-k^2)x^2-4x+18x^2$이 x에 대한 이차함수일 때, 다음 중에서 상수 k의 값이

될 수 <u>없는</u> 것을 모두 고르면? (정답 2개)

① -6 ② -3 ③ -1

④ 3 ⑤ 6

> **∑ 포인트**
> $y=ax^2+bx+c$가 이차함수이면 $a\neq0$이다.

 이차함수 $y=ax^2$의 그래프의 모양

세 이차함수 $y=4x^2$, $y=ax^2$, $y=-\dfrac{1}{3}x^2$의 그래프가 오

른쪽 그림과 같을 때, 모든 정수 a의 값의 곱은?

① -6 ② -2 ③ -1

④ 1 ⑤ 2

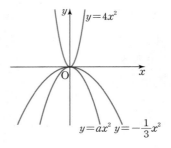

> **∑ 포인트**
> 이차함수 $y=ax^2$의 그래프에서 볼록한 방향으로 a의 부호를 정하고, 그래프의 폭으로 a의 절댓값의 범위를 정한다.

 이차함수 $y=ax^2$의 식

다음 중에서 원점을 꼭짓점으로 하고 점 $(-2, 12)$를 지나는 포물선과 x축에 대하여 대

칭인 포물선이 지나는 점이 <u>아닌</u> 것은?

① $(-3, -27)$ ② $(-2, -12)$ ③ $(-1, 3)$

④ $(1, -3)$ ⑤ $(2, -12)$

> **∑ 포인트**
> • 원점을 꼭짓점으로 하는 포물선의 식은 $y=ax^2$ 꼴이다.
> • 두 포물선 $y=ax^2$, $y=-ax^2$은 x축에 대하여 대칭이다.

4 이차함수 $y=ax^2$의 그래프의 활용

오른쪽 그림과 같이 x축에 평행한 직선이 두 이차
함수 $y=ax^2$, $y=\dfrac{1}{8}x^2$의 그래프와 만나는 점을
각각 A, B, C, D라 하자. $2\overline{\text{AB}}=\overline{\text{BC}}=2\overline{\text{CD}}$일
때, 상수 a의 값을 구하시오.

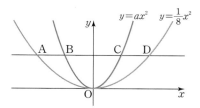

> **포인트**
> 그래프의 대칭성을 이용하여 점 C의 x좌표를 t로 놓고, 점 D의 x좌표를 t로 나타낸다.

 5 이차함수 $y=ax^2+q$의 식

이차함수 $y=(2a+1)x^2$의 그래프를 y축의 방향으로 $a+3$만큼 평행이동하였더니 모든 x의 값에 대하여 y의 값이 음수가 되었다. 정수 a의 최댓값은?

① -5 ② -4 ③ -3

④ -2 ⑤ -1

> **포인트**
> 이차함수 $y=ax^2$의 그래프를 y축의 방향으로 q만큼 평행이동한 식은 $y=ax^2+q$이다.

 6 평행이동을 이용하여 선분의 길이 구하기

오른쪽 그림은 두 이차함수 $y=\dfrac{1}{3}(x+2)^2$,
$y=\dfrac{1}{3}\left(x-\dfrac{4}{3}\right)^2$의 그래프이다. 두 그래프
위의 점 A, B에 대하여 $\overline{\text{AB}}$가 x축과 평행할 때, $\overline{\text{AB}}$의 길이를 구하시오.

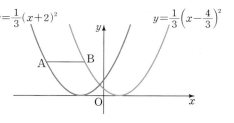

> **포인트**
> 그래프를 평행이동하면 그래프의 모양과 폭은 변하지 않고 위치만 바뀐다.

7 이차함수 $y=a(x-p)^2$의 식

오른쪽 그림과 같이 두 이차함수 $y=x^2-9$, $y=a(x-p)^2$의 그래프가 서로의 꼭짓점을 지난다. 상수 a, p에 대하여 $a+p$의 값은? (단, $p>0$)

① 1 　　　② 2 　　　③ 3

④ 4 　　　⑤ 5

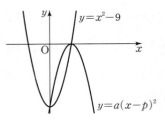

Σ 포인트

- 이차함수 $y=ax^2+q$의 그래프의 꼭짓점의 좌표
  ➡ $(0, q)$
- 이차함수 $y=a(x-p)^2$의 그래프의 꼭짓점의 좌표
  ➡ $(p, 0)$

8 $y=a(x-p)^2$의 그래프의 개형

일차함수 $y=ax+b$의 그래프가 오른쪽 그림과 같을 때, 이차함수 $y=a(x-b)^2$의 그래프가 지나는 사분면을 모두 구하시오.

(단, a, b는 상수)

Σ 포인트

일차함수의 그래프에서 기울기 a와 y절편 b의 부호를 구하여 이차함수 $y=a(x-b)^2$의 그래프의 개형을 그려 본다.

9 $y=a(x-p)^2+q$의 그래프에서 도형의 넓이

오른쪽 그림과 같이 두 이차함수 $y=-2x^2$, $y=-2(x+1)^2+2$의 그래프와 직선 $x=-1$로 둘러싸인 부분의 넓이를 구하시오.

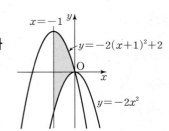

Σ 포인트

평행이동한 두 이차함수의 그래프는 모양과 폭이 서로 같음을 이용하여 넓이가 같은 부분을 찾는다.

10 $y=a(x-p)^2+q$의 그래프의 개형

다음 중에서 이차함수 $y=a(x-2)^2-3$의 그래프가 모든 사분면을 지나도록 하는 상수 a의 값이 될 수 있는 것은?

① $-\dfrac{3}{2}$　　　　② $-\dfrac{1}{3}$　　　　③ $\dfrac{2}{3}$

④ 1　　　　⑤ $\dfrac{5}{4}$

Σ 포인트

꼭짓점이 위치하는 사분면을 이용하여 그래프가 모든 사분면을 지나도록 하는 조건을 찾는다.

11 $y=a(x-p)^2+q$의 그래프에서 a, p, q의 부호

이차함수 $y=a(x-p)^2+q$의 그래프가 제2사분면만 지나지 않을 때, 상수 a, p, q의 부호는?

① $a>0$, $p>0$, $q>0$　　② $a>0$, $p<0$, $q>0$　　③ $a>0$, $p>0$, $q<0$
④ $a<0$, $p>0$, $q>0$　　⑤ $a<0$, $p>0$, $q<0$

Σ 포인트

제2사분면만을 지나지 않는 이차함수의 그래프를 좌표평면 위에 그려 본다.

12 $y=ax^2+bx+c$의 그래프의 꼭짓점의 좌표

이차함수 $y=x^2+2kx+k^2-k+6$의 그래프의 꼭짓점이 제2사분면 위에 있을 때, 다음 중에서 상수 k의 값이 될 수 없는 것은?

① 2　　　　② 3　　　　③ 4

④ 5　　　　⑤ 6

Σ 포인트

$y=ax^2+bx+c$를 $y=a(x-p)^2+q$ 꼴로 변형하여 꼭짓점의 좌표를 구한다.

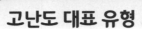

13 $y=ax^2+bx+c$의 그래프의 평행이동

이차함수 $y=\dfrac{1}{3}x^2-2x-2$의 그래프를 x축의 방향으로 -2만큼, y축의 방향으로 3만

큼 평행이동하면 점 $(-2, k)$를 지날 때, k의 값은?

① -2 ② -1 ③ 0

④ 1 ⑤ 2

Σ 포인트

$y=ax^2+bx+c$를 $y=a(x-p)^2+q$ 꼴로 변형한 후 평행이동한 함수의 식을 구한다.

14 $y=ax^2+bx+c$의 그래프에서 a, b, c의 부호

일차함수 $y=ax+b$의 그래프가 오른쪽 그림과 같을 때, 다음 중에서 이차함수 $y=abx^2-bx+a$의 그래프의 개형으로 알맞은 것은? (단, a, b는 상수)

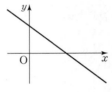

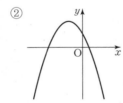

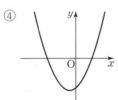

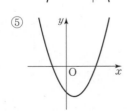

Σ 포인트

먼저 일차함수의 그래프에서 a, b의 부호를 구한다.

15 $y=ax^2+bx+c$의 그래프에서 도형의 넓이

오른쪽 그림은 이차함수 $y=-x^2-2x+8$의 그래프이다. y축과의 교점을 A, 꼭짓점을 B, x축의 음의 방향과의 교점을 C라 할 때, 사각형 OABC의 넓이를 구하시오. (단, O는 원점)

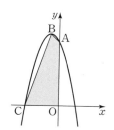

📐 포인트

세 점 A, B, C의 좌표를 구하고, 사각형 OABC를 두 개의 삼각형으로 나누어 그 넓이를 구한다.

16 꼭짓점과 다른 한 점을 알 때의 활용

오른쪽 그림은 꼭짓점의 좌표가 $\left(1, -\dfrac{9}{2}\right)$이고 점 $(0, -4)$를 지나는 이차함수의 그래프이다. 이 그래프의 꼭짓점을 A, x축과의 두 교점을 각각 B, C라 할 때, 삼각형 ABC의 넓이는?

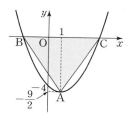

① 13
② $\dfrac{27}{2}$
③ 14
④ $\dfrac{29}{2}$
⑤ 15

📐 포인트

꼭짓점 (p, q)와 다른 한 점이 주어진 이차함수의 식은 $y=a(x-p)^2+q$ 꼴로 놓고, 다른 한 점의 좌표를 대입하여 a의 값을 구한다.

17 x축과 만나는 두 점 사이의 거리의 활용

이차함수 $y=x^2+ax+b$의 그래프가 x축과 만나는 두 점 사이의 거리는 10이다. 이 그래프의 축이 y축일 때, 상수 a, b에 대하여 $a-b$의 값을 구하시오.

📐 포인트

y축을 축으로 하는 이차함수의 그래프는 y축에 대하여 대칭임을 이용하여 식을 세운다.

① 이차함수 $y=ax^2$의 그래프

01

다음 중에서 y가 x에 대한 이차함수인 것을 모두 고르면?

(정답 2개)

① 시속 50 km로 달리는 자동차가 x시간 동안 달린 거리 y km

② 꼭짓점의 개수가 x인 정다각형의 대각선의 개수 y

③ 반지름의 길이가 x cm인 원의 둘레의 길이 y cm

④ 한 모서리의 길이가 x cm인 정육면체의 겉넓이 y cm²

⑤ 밑면의 반지름의 길이가 x, 높이가 $x+1$인 원기둥의 부피 y

02 서술형 💬 대표 유형 ①

$(k^2-4)x^2+(k^2-k-6)y^2-2x+3y=0$에서 y가 x에 대한 이차함수일 때, 상수 k의 값을 구하시오.

03

이차함수 $f(x)=-x^2+ax+b$에서 $f(-3)=4$, $f(1)=0$일 때, $f(4)$의 값은? (단, a, b는 상수)

① -2 ② -8 ③ -12

④ -18 ⑤ -24

04 대표 유형 ②

네 이차함수 $y=-2x^2$, $y=-\dfrac{2}{5}x^2$, $y=\dfrac{3}{2}x^2$, $y=3x^2$의 그래프가 오른쪽 그림과 같다. 포물선 ㉠은 점 $(2, m)$을 지나고, 포물선 ㉡은 점 $(-1, n)$을 지날 때, $m+n$의 값은?

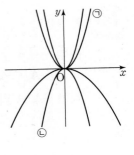

① 1   ② 2   ③ 3

④ 4   ⑤ 5

05 대표 유형 ③

함수 $y=f(x)$의 그래프는 원점을 꼭짓점으로 하고 점 $(-3, 6)$을 지나는 포물선이고, 함수 $y=g(x)$의 그래프는 함수 $y=f(x)$의 그래프와 x축에 대하여 대칭이고 점 $(6, k)$를 지나는 포물선이다. 이때 k의 값은?

① -24 ② -20 ③ -16

④ -12 ⑤ -8

06

오른쪽 그림과 같은 이차함수 $y=\dfrac{3}{4}x^2$의 그래프에서 A$(0, 12)$이고, $\overline{AB}$는 x축과 평행하다. 사각형 ABCD가 평행사변형이 되도록 함수 $y=\dfrac{3}{4}x^2$의 그래프 위에 세 점 B, C, D를 잡을 때, $\overline{CD}$의 길이를 구하시오.

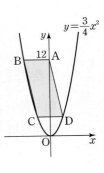

07 대표 유형 ④

오른쪽 그림과 같이 두 이차함수 $y=ax^2$, $y=3x^2$의 그래프와 x축에 평행한 직선이 만나는 점을 각각 A, B, C, D라 하자. $\overline{AB}=\overline{BC}=\overline{CD}$일 때, 상수 a의 값은?

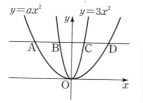

① $\dfrac{1}{6}$ ② $\dfrac{1}{3}$ ③ $\dfrac{1}{2}$

④ $\dfrac{2}{3}$ ⑤ $\dfrac{5}{6}$

08 서술형

오른쪽 그림과 같이 이차함수 $y=ax^2$의 그래프 위에 네 점 A, B, C, D가 있다. A, B, C의 x좌표가 각각 -4, 4, 8이고, 사다리꼴 ABCD의 넓이가 72일 때, 상수 a의 값을 구하시오.

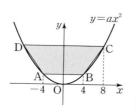

② $y=ax^2+q$, $y=a(x-p)^2$의 그래프

09 대표 유형 ⑤

이차함수 $y=(3a-1)x^2$의 그래프를 y축의 방향으로 $-a+6$만큼 평행이동하였더니 모든 x의 값에 대하여 y의 값이 양수가 되었다. 모든 정수 a의 값의 합을 구하시오.

10 대표 유형 ⑥

오른쪽 그림은 두 이차함수 $y=-x^2+3$, $y=-x^2-2$의 그래프이다. 두 그래프 위의 점 A, B에 대하여 $\overline{AB}$가 y축과 평행할 때, $\overline{AB}$의 길이를 구하시오.

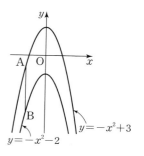

11

오른쪽 그림은 이차함수 $y=-\dfrac{2}{3}x^2$의 그래프를 y축의 방향으로 6만큼 평행이동한 그래프와 $y=-\dfrac{2}{9}x^2$의 그래프를 y축의 방향으로 2만큼 평행이동한 그래프이다. 두 그래프의 꼭짓점의 좌표를 각각 A, B, 두 그래프와 x축의 교점을 각각 C, D라 할 때, 색칠한 다각형의 넓이를 구하시오.

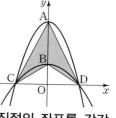

12 대표 유형 ⑦

오른쪽 그림과 같이 두 이차함수 $y=-x^2+4$, $y=a(x+p)^2$의 그래프가 서로의 꼭짓점을 지날 때, 상수 a, p에 대하여 $a-p$의 값은? (단, $p<0$)

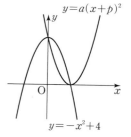

① -1 ② 0 ③ 1

④ 2 ⑤ 3

13

이차함수 $y=-2x^2$의 그래프를 x축의 방향으로 k만큼 평행이동한 그래프를 나타내는 식을 $y=f(x)$라 하면 $f(-1)=-18$을 만족시키는 이차함수 $f(x)$는 두 개가 존재한다. 두 이차함수 $y=f(x)$의 그래프의 꼭짓점을 각각 A, B라 할 때, $\overline{\text{AB}}$의 길이를 구하시오.

14 대표 유형 8

일차함수 $y=ax-b$의 그래프가 오른쪽 그림과 같을 때, 다음 중에서 이차함수 $y=ab(x-b)^2$의 그래프의 개형으로 알맞은 알맞은 것은?

(단, a, b는 상수)

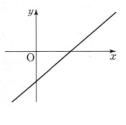

① 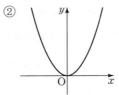 ②

③ 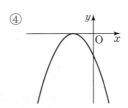 ④

⑤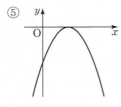

15

세 이차함수 $y=\dfrac{1}{4}(x+4)^2$, $y=\dfrac{1}{4}(x-4)^2$, $y=\dfrac{1}{4}x^2-4$ 의 그래프로 둘러싸인 도형의 넓이를 구하시오.

16

오른쪽 그림은 포물선 모양의 놀이기구 레일의 일부분이다. 레일 위의 P 지점은 O 지점으로 부터 15 m 높이에 있고, O 지점에서 5 m 떨어진 지점에서 레일 위의 Q 지점까지의 거리는

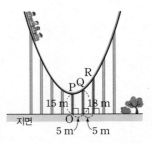

18 m일 때, O 지점에서 10 m 떨어진 지점에서 레일 위의 R 지점까지의 거리를 구하시오. (단, P는 포물선의 꼭짓점)

3 이차함수 $y=a(x-p)^2+q$의 그래프

17

이차함수 $y=-\dfrac{1}{2}(x-2)^2-1$의 그래프를 x축의 방향으로 -3만큼, y축의 방향으로 2만큼 평행이동한 그래프에 대하여 다음 중에서 x의 값이 증가하면 y의 값도 증가하는 x의 값의 범위로 알맞은 것은?

① $x<-1$ ② $x<0$ ③ $x<1$

④ $x<2$ ⑤ $x<3$

18 서술형

이차함수 $y=a(x-2)^2-5$의 그래프는 이차함수
$y=-2(x+p)^2+q$의 그래프를 x축의 방향으로 -3만큼,
y축의 방향으로 4만큼 평행이동한 것이다. 상수 a, p, q에
대하여 $a-p-q$의 값을 구하시오.

19

이차함수 $y=a(x+1)^2-1$의 그래프를 x축의 방향으로 p
만큼, y축의 방향으로 q만큼 평행이동하면 꼭짓점의 좌표
가 $(-2, 5)$이고 점 $(-4, -3)$을 지난다. 이때 $a+p+q$
의 값은? (단, a는 상수)

① -3 ② -1 ③ 0
④ 1 ⑤ 3

20 대표 유형 9

다음 그림은 두 이차함수 $y=-(x-1)^2+5$,
$y=-(x-5)^2+5$의 그래프일 때, 색칠한 부분의 넓이는?

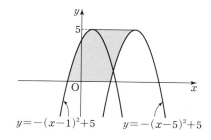

$y=-(x-1)^2+5$ $y=-(x-5)^2+5$

① 16 ② 18 ③ 20
④ 22 ⑤ 24

21 대표 유형 10

이차함수 $y=a(x+3)^2+30$의 그래프가 모든 사분면을 지
날 때, 모든 정수 a의 값의 합을 구하시오.

22 대표 유형 11

이차함수 $y=a(x-p)^2+q$의 그래프
가 오른쪽 그림과 같을 때, 다음 중에서
이차함수 $y=-p(x+q)^2+a$의 그래
프의 개형으로 알맞은 것은?

(단, a, p, q는 상수)

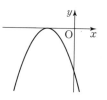

① 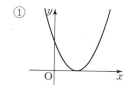 ②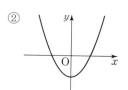

③ 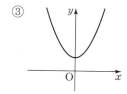 ④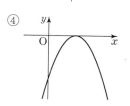

⑤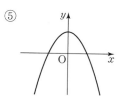

23 서술형

이차함수 $y=3(x+3+k)^2+2k+6$의 그래프의 축이 y축의 오른쪽에 있을 때, 이 그래프의 꼭짓점이 있는 사분면을 구하시오. (단, k는 상수)

④ 이차함수 $y=ax^2+bx+c$의 그래프

24 대표 유형 ⑫

이차함수 $y=-x^2-4ax+b$의 그래프가 점 $(-2, 3)$을 지나고, 꼭짓점이 직선 $y=x+11$ 위에 있을 때, 상수 a, b에 대하여 $2a+b$의 값은? (단, $a<0$)

① 8   ② 9   ③ 10

④ 11   ⑤ 12

25

일차함수 $y=ax+b$의 그래프가 오른쪽 그림과 같을 때, 이차함수 $y=(b-5)x^2+2ax+1$의 그래프의 축의 방정식은? (단, a, b는 상수)

① $x=-2$ ② $x=-\dfrac{7}{4}$

③ $x=1$ ④ $x=\dfrac{7}{4}$

⑤ $x=2$

26

오른쪽 그림과 같은 이차함수 $y=\dfrac{1}{4}x^2-x-3$의 그래프와 x축과의 교점은 A, B이고 y축과의 교점은 C이다. 점 D는 그래프 위의 점이고 점 E는 꼭짓점일 때, 보기에서 옳은 것을 모두 고른 것은?

(단, $\overline{CD}$는 x축에 평행하다.)

> 보기
> ㄱ. D$(4, -2)$ ㄴ. E$(2, -4)$
> ㄷ. $\overline{AB}=8$ ㄹ. $\overline{CD}=6$

① ㄱ, ㄴ   ② ㄱ, ㄷ   ③ ㄴ, ㄷ

④ ㄴ, ㄹ   ⑤ ㄷ, ㄹ

27 대표 유형 ⑬

이차함수 $y=2x^2-8x+a$의 그래프를 x축의 방향으로 $a+1$만큼, y축의 방향으로 3만큼 평행이동하였더니 점 $(-1, -3)$을 지났다. 모든 상수 a의 값의 곱은?

① 15   ② 18   ③ 21

④ 24   ⑤ 27

28

오른쪽 그림과 같은 이차함수 $y=-\dfrac{1}{2}x^2+ax+b$의 그래프에서 x의 값이 증가하면 y의 값도 증가하는 x의 값의 범위가 $x<k$이다. 상수 a, b에 대하여 $a+b+k$의 값을 구하시오. (단, $k<0$)

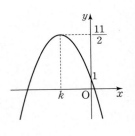

29

다음 중에서 이차함수 $y=ax^2+bx+c$의 그래프에 대한 설명으로 옳지 <u>않은</u> 것은?

① $a<0$이면 위로 볼록하다.

② 축의 방정식은 $x=-\dfrac{b}{a}$이다.

③ $c<0$이면 y축과 x축 아래쪽에서 만난다.

④ $b^2-4ac>0$이면 x축과 서로 다른 두 점에서 만난다.

⑤ 이차함수 $y=-ax^2-bx-c$의 그래프와 x축에 대하여 대칭이다.

30 대표 유형 14

일차함수 $y=-ax+b$의 그래프가 오른쪽 그림과 같을 때, 다음 중에서 이차함수 $y=-x^2+(a+b)x+ab$의 그래프의 개형으로 알맞은 것은? (단, a, b는 상수)

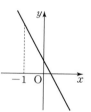

①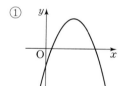

②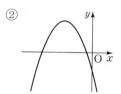

③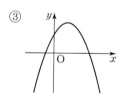

④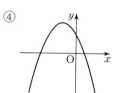

⑤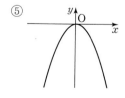

31

오른쪽 그림과 같이 이차함수 $y=x^2+6x+5$의 그래프와 x축과의 교점을 A, B라 하고, y축과의 교점을 C라 하자. 직선 l이 점 C를 지나면서 삼각형 ABC의 넓이를 이등분할 때, 직선 l의 기울기는?

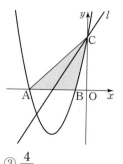

① $\dfrac{2}{3}$ ② 1 ③ $\dfrac{4}{3}$

④ $\dfrac{5}{3}$ ⑤ 2

32 대표 유형 15

오른쪽 그림과 같이 이차함수 $y=\dfrac{1}{2}x^2-x-4$의 그래프가 x축과 만나는 두 점을 각각 A, B라 하고, y축과의 교점을 C, 꼭짓점을 D라 하자. 이때 $\triangle ABC : \triangle ABD$를 가장 간단한 자연수의 비로 나타내시오.

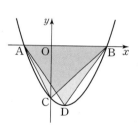

5 이차함수의 식 구하기

33

꼭짓점의 좌표가 $(6, 2)$이고 점 $(2, -6)$을 지나는 이차함수의 그래프가 x축과 만나는 두 점 사이의 거리를 구하시오.

고난도 실전 문제

34 대표 유형 ⑯

지면으로부터 15 m 높이에서 던져 올린 물체의 t초 후의 높이를 h m라 하고 t와 h 사이의 관계를 그래프로 나타내면 오른쪽 그림과 같은 포물선이 된다. 물체를 던진 후 지면에 떨어질 때까지 걸린 시간은 몇 초인지 구하시오.

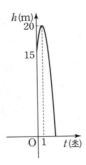

35

오른쪽 그림과 같이 꼭짓점의 좌표가 $(4, -5)$인 이차함수의 그래프 위에 y좌표가 -3인 두 점 A, B가 있다. x축 위의 두 점 C, D에 대하여 사각형 ABCD가 평행사변형이고 그 넓이가 12일 때, 이차함수의 그래프의 y절편을 구하시오.

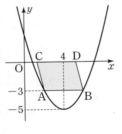

36 서술형

축의 방정식이 $x = -3$이고 두 점 $\left(-4, \dfrac{8}{3}\right)$, $(3, -9)$를 지나는 포물선을 그래프로 하는 이차함수가 있다. 이 이차함수의 그래프의 꼭짓점을 A, x축과 만나는 두 점을 각각 B, C라 할 때, 삼각형 ABC의 넓이를 구하시오.

37

세 점 $(-1, 4)$, $(0, -3)$, $(1, -6)$을 지나는 이차함수의 그래프와 x축의 두 교점을 A, B라 할 때, $\overline{AB}$의 길이를 구하시오.

38 대표 유형 ⑰

이차함수 $y = 3x^2 + ax + b$의 그래프는 y축을 축으로 하고, x축과 만나는 두 점 사이의 거리가 4이다. 상수 a, b에 대하여 $a + b$의 값은?

① -16 ② -14 ③ -12

④ -10 ⑤ -8

39

오른쪽 그림과 같이 이차함수 $y = ax^2 + bx + c$의 그래프가 y축과 만나는 점을 A라 하고, x축과 만나는 두 점을 각각 B, C라 하자. 삼각형 ABC의 넓이가 9일 때, 상수 a, b, c에 대하여 $c - 7(a + b)$의 값은?

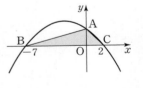

① 5   ② 6   ③ 7

④ 8   ⑤ 9

사뿐

중학 사회
중학 역사

사회를 한 권으로
가뿐하게!

중학 사회

①-1

②-1

①-2

②-2

중학 역사

①-1

②-1

①-2

②-2

중|학|도|역|시 **EBS**

중학 수학 만점 실력서

고난도 Σ
시그마

정답과 풀이

중학 수학

3·1

이 책의 차례

정답과 풀이

01 제곱근과 실수

필수 확인 문제 | 8~9쪽 |

01 ③, ④   02 -6 03 ⑤   04 $2a+3b$ 05 ⑤
06 ①, ③   07 3   08 ㄴ, ㄹ   09 ②, ④   10 점 D
11 구간 A, 구간 D, 구간 G   12 $\sqrt{7}+\sqrt{11}<4+\sqrt{7}<7$

고난도 대표 유형 | 10~11쪽 |

1 ②   2 6   3 $x^2, x, \sqrt{x}, \dfrac{1}{x}$ 4 ③
5 ④   6 P: $3-\sqrt{8}$, Q: $3+\sqrt{8}$

고난도 실전 문제 | 12~14쪽 |

01 ④   02 -3 03 $5a+4b$ 04 $\dfrac{1}{4}$ 05 ③
06 $(14, 4), (56, 2), (224, 1)$ 07 ④   08 96
09 ④, ⑤   10 ①   11 3   12 ②   13 ⑤
14 ㄴ, ㄹ   15 $7-\sqrt{10}$
16 A: $-1-\sqrt{2}$, B: $-1-\dfrac{\sqrt{2}}{2}$, C: $1-\sqrt{2}$, D: $-1+\sqrt{2}$
17 ④   18 $-2+\sqrt{12}$

02 근호를 포함한 식의 계산

필수 확인 문제 | 18~23쪽 |

01 ④   02 33   03 ⑤   04 ②   05 15
06 ④   07 ②   08 $\sqrt{3}$ 09 70   10 ②
11 $\dfrac{5}{7}$ 12 ⑤   13 ③   14 6   15 ③, ⑤
16 ④   17 $\dfrac{\sqrt{6}}{2}$ 18 $2\sqrt{6}$ 19 3   20 $6\sqrt{3}$ cm²
21 $8\sqrt{3}$ cm²   22 ④   23 ②, ③   24 ⑤
25 ①   26 ④   27 ④   28 $b<a<c$
29 ②   30 ①   31 ⑤   32 ④   33 $2-2\sqrt{2}$
34 96 m²   35 $12\sqrt{2}$ cm   36 $-6\sqrt{2}$

고난도 대표 유형 | 24~29쪽 |

1 3   2 ⑤   3 27   4 ④   5 $\dfrac{9}{5}$
6 $\dfrac{3\sqrt{30}}{5}$ 7 ④   8 4 cm   9 ⑤   10 ②, ⑤
11 ④   12 -7 13 9   14 $\sqrt{15}$ 15 ②
16 $2\sqrt{3}-4$ 17 ③   18 $-3+6\sqrt{2}$

고난도 실전 문제 | 30~36쪽 |

01 -18 02 ③   03 2   04 4   05 5
06 ㄴ, ㄷ   07 ②   08 1   09 ⑤   10 ⑤
11 3   12 $-\dfrac{7}{6}$ 13 33   14 ⑤   15 ④
16 $\sqrt{3}$ 17 ③   18 윗변: $\dfrac{25\sqrt{3}}{3}$, 아랫변: $\dfrac{35\sqrt{3}}{3}$
19 $3\sqrt{6}$ cm   20 $4\sqrt{3}$ 21 $28\sqrt{15}$ 22 ⑤   23 ①
24 ③   25 $-\dfrac{1}{2}$ 26 $5\sqrt{2}+3$ 27 ③   28 ④
29 ③   30 $-\dfrac{14\sqrt{5}}{5}$ 31 $3\sqrt{3}$ 32 ⑤
33 3   34 ①   35 $3a-1$ 36 $-\sqrt{10}+4$
37 ④   38 $40\sqrt{2}$ cm   39 $20\sqrt{3}+4\sqrt{6}$
40 $(2+3\sqrt{2})k$ 41 $\sqrt{15}$ m   42 $\dfrac{\sqrt{2}+6\sqrt{5}}{2}$

03 다항식의 곱셈

필수 확인 문제 | 40~43쪽 |

01 -2 02 ①   03 4   04 ③   05 -7
06 $-5x^2+16x+3$ 07 ②   08 ⑤   09 ①
10 -6 11 2   12 $10a^2+54ab+54b^2$ 13 ⑤
14 200.02   15 70   16 $-2\sqrt{2}+\sqrt{3}$ 17 ①
18 4   19 ②   20 ④   21 16   22 ④
23 $12+4\sqrt{10}$ 24 ②

고난도 대표 유형 | 44~47쪽 |

1 -4 2 ②   3 15   4 ②
5 $-8x^2+2x+6$ 6 $(18x^2-9x-9)$ m²   7 ④
8 $x^4+10x^3+35x^2+50x+24$ 9 510   10 $6-\sqrt{2}$
11 31   12 ④

고난도 실전 문제 | 48~52쪽 |

01 ②   02 61   03 7   04 ④   05 -4
06 ⑤   07 0   08 14   09 ③   10 $16\pi xy$
11 ④   12 $14x^2+23xy+16y^2$ 13 $-8a^2+14ab-6b^2$
14 x^8-17x^4+16 15 ③   16 39.2   17 997007
18 ③   19 ①   20 $2\sqrt{15}-7$ 21 ④
22 ⑤   23 17   24 47   25 ④   26 448
27 $-2\sqrt{3}$ 28 ②   29 2   30 6

04 인수분해

| 필수 확인 문제 | | | | 56~59쪽 |

01 ②	02 ⑤	03 ③	04 ②	05 7
06 ③	07 ③	08 ①	09 ②	10 21
11 ③	12 ③	13 ②	14 ⑤	15 −4
16 ②	17 ③, ⑤	18 ④	19 ⑤	20 −225
21 ⑤	22 740	23 1	24 ①	

| 고난도 대표 유형 | | | | 60~63쪽 |

1 ③	2 $\frac{1}{2}$	3 $12x+8$	4 ②	5 120
6 ④	7 ②	8 13	9 ③	10 ③
11 80	12 ④			

| 고난도 실전 문제 | | | | 64~68쪽 |

01 ③	02 ④	03 ④	04 47	05 ⑤
06 8	07 8	08 $6x+2$	09 ④	10 ②
11 $a=33$, $b=32$		12 $(2x-3)(x-2)$		13 ②
14 ②	15 $2x+2$	16 ⑤	17 ③	18 12
19 $x^2+12x+36$		20 ④	21 8	22 ③
23 ③	24 4	25 ②	26 2023	27 ②
28 ④	29 ⑤	30 $40\sqrt{17}$		

05 이차방정식

| 필수 확인 문제 | | | | 72~77쪽 |

01 ④	02 ②	03 $x=2$	04 ⑤	05 ⑤
06 ④	07 ④	08 $x=-4$ 또는 $x=1$		09 ①
10 ④	11 ④	12 $\frac{13}{4}$	13 ④	14 ③
15 10	16 ④	17 ②	18 ⑤	19 ④
20 5	21 ⑤	22 ①	23 $x=\frac{4\pm\sqrt{19}}{3}$	
24 ⑤	25 −7	26 ③	27 ⑤	28 ②
29 $x^2-7x+10=0$		30 24	31 ③	32 ⑤
33 3초	34 ②	35 3 m	36 ④	

| 고난도 대표 유형 | | | | 78~83쪽 |

1 ③	2 ①	3 $x=1$ 또는 $x=8$	4 $x=-2$	
5 7	6 ③	7 ①	8 ④	9 4
10 ②	11 6	12 ⑤	13 $x=-2$ 또는 $x=1$	
14 ⑤	15 ③	16 ③	17 ③	18 10 cm

| 고난도 실전 문제 | | | | 84~90쪽 |

01 $x=3$	02 ③	03 ①	04 16	05 ④
06 ④	07 −5	08 ④	09 $\frac{1}{4}$	10 −2, 6
11 ⑤	12 ⑤	13 24	14 ②	15 ③
16 ③	17 ④	18 $-\frac{1}{2}$	19 ②	20 −1
21 8	22 ④	23 4, 10	24 10	25 ④
26 5	27 ③	28 ③	29 5	30 ①
31 ②	32 ②	33 −6	34 $3x^2-8x-16=0$	
35 42	36 ④	37 8	38 ④	39 ③
40 2초	41 18π cm	42 212 cm^2		

06 이차함수와 그 그래프

| 필수 확인 문제 | | | | 94~99쪽 |

01 ④	02 ③	03 ③	04 ③	05 ②
06 1	07 1	08 ⑤	09 ②	10 −30
11 ④	12 ④	13 24	14 ③	15 ④
16 ⑤	17 1	18 ④	19 ④	20 ③
21 11	22 ②	23 $-\frac{4}{3}$	24 ②	25 $(0, 3)$
26 ④	27 ④	28 ②	29 ④	30 $\frac{15}{2}$
31 ④	32 7	33 ②	34 $(1, -1)$	
35 ②	36 ④			

| 고난도 대표 유형 | | | | 100~105쪽 |

1 ②, ⑤	2 ①	3 ③	4 $\frac{1}{2}$	5 ②
6 $\frac{10}{3}$	7 ②	8 제1, 2사분면		9 2
10 ③	11 ④	12 ⑤	13 ④	14 ③
15 22	16 ②	17 25		

| 고난도 실전 문제 | | | | 106~112쪽 |

01 ②, ④	02 3	03 ⑤	04 ④	05 ①
06 4	07 ②	08 $\frac{1}{8}$	09 15	10 5
11 12	12 ⑤	13 6	14 ③	15 32
16 27 m	17 ①	18 12	19 ⑤	20 ③
21 −6	22 ②	23 제4사분면		24 ③
25 ④	26 ③	27 ①	28 −5	29 ②
30 ③	31 ④	32 8 : 9	33 4	34 3초
35 3	36 9	37 $\frac{7}{2}$	38 ③	39 ④

01 제곱근과 실수

필수 확인 문제 |8~9쪽|

01 ③, ④	02 -6	03 ⑤	04 $2a+3b$	05 ⑤
06 ①, ③	07 3	08 ㄴ, ㄹ	09 ②, ④	10 점 D
11 구간 A, 구간 D, 구간 G			12 $\sqrt{7}+\sqrt{11}<4+\sqrt{7}<7$	

01 ① 16의 제곱근은 $\pm\sqrt{16}=\pm4$이다.

② 0의 제곱근은 0이다.

③ 0.04의 음의 제곱근은 $-\sqrt{0.04}=-0.2$이므로

   -0.2는 0.04의 음의 제곱근이다.

⑤ 제곱근 5는 5의 양의 제곱근이므로 $\sqrt{5}$이다.

따라서 옳은 것은 ③, ④이다.

02 $\left(-\dfrac{3}{4}\right)^2=\dfrac{9}{16}$에서 $\dfrac{9}{16}$의 음의 제곱근은

$-\sqrt{\dfrac{9}{16}}=-\dfrac{3}{4}$이므로 $A=-\dfrac{3}{4}$ ...... ❶

제곱근 64는 $\sqrt{64}=8$이므로 $B=8$ ...... ❷

따라서 $AB=-\dfrac{3}{4}\times8=-6$ ...... ❸

채점 기준	비율
❶ A의 값 구하기	40 %
❷ B의 값 구하기	40 %
❸ AB의 값 구하기	20 %

03 $\sqrt{81}\times\sqrt{\left(-\dfrac{5}{3}\right)^2}-(\sqrt{18})^2\div\left\{-\sqrt{(-6)^2}\right\}$

$=9\times\dfrac{5}{3}-18\div(-6)$

$=15+3$

$=18$

04 $a>b>0$에서 $-3a<0$, $2b>0$, $a-b>0$이므로

$\sqrt{(-3a)^2}+\sqrt{4b^2}-\sqrt{(a-b)^2}$

$=\sqrt{(-3a)^2}+\sqrt{(2b)^2}-\sqrt{(a-b)^2}$

$=-(-3a)+2b-(a-b)$

$=3a+2b-a+b$

$=2a+3b$

05 $28-x$가 28보다 작은 (자연수)² 꼴인 수이어야 하므로

$28-x=1$, 4, 9, 16, 25

즉, $x=27$, 24, 19, 12, 3

따라서 모든 자연수 x의 값의 합은

$27+24+19+12+3=85$

① $\sqrt{A+x}$ (A는 자연수)가 자연수가 되려면 A보다 큰 (자연수)² 꼴인 수 X를 찾아 $A+x=X$를 만족시키는 자연수 x의 값을 구한다.

② $\sqrt{A-x}$ (A는 자연수)가 자연수가 되려면 A보다 작은 (자연수)² 꼴인 수 X를 찾아 $A-x=X$를 만족시키는 자연수 x의 값을 구한다.

06 ① $3=\sqrt{9}$이고, $\sqrt{7}<\sqrt{9}$이므로 $\sqrt{7}<3$

   즉, $-\sqrt{7}>-3$

② $0.2=\sqrt{0.04}$이고, $\sqrt{0.04}<\sqrt{0.2}$이므로 $0.2<\sqrt{0.2}$

③ $\dfrac{2}{3}=\sqrt{\dfrac{4}{9}}$이고, $\sqrt{\dfrac{4}{9}}<\sqrt{\dfrac{3}{5}}$이므로 $\dfrac{2}{3}<\sqrt{\dfrac{3}{5}}$

④ $4=\sqrt{16}$이고, $\sqrt{10}<\sqrt{16}$이므로 $\sqrt{10}<4$

   즉, $\sqrt{10}-4<0$

⑤ $5=\sqrt{25}$이고, $\sqrt{25}>\sqrt{24}$이므로 $5>\sqrt{24}$

   즉, $5-\sqrt{24}>0$

따라서 옳지 않은 것은 ①, ③이다.

07 $\sqrt{5}<x<\sqrt{43}$에서 $(\sqrt{5})^2<x^2<(\sqrt{43})^2$이므로 $5<x^2<43$

부등식 $5<x^2<43$을 만족시키는 자연수 x는 3, 4, 5, 6이므로 가장 큰 수는 6, 가장 작은 수는 3이다.

따라서 $M=6$, $m=3$이므로 $M-m=6-3=3$

08 ㄱ, ㄴ. 무한소수 중 순환소수는 유리수이고, 순환소수가 아닌 무한소수는 무리수이다.

ㄷ. 근호가 있는 수 중 근호 안이 어떤 유리수의 제곱인 수는 유리수이다.

따라서 옳은 것은 ㄴ, ㄹ이다.

09 ① 수직선은 유리수와 무리수, 즉 실수에 대응하는 점들로 완전히 메울 수 있다.

③ 1에 가장 가까운 무리수는 알 수 없다.

④ 실수는 수직선 위의 한 점에 대응하므로 $\pi-1$에 대응하는 점이 수직선 위에 있다.

⑤ $\sqrt{6}$과 $\sqrt{7}$ 사이에는 무수히 많은 유리수가 있다.

따라서 옳은 것은 ②, ④이다.

10 $-2+\sqrt{2}$에 대응하는 점은 -2에서 오른쪽으로 $\sqrt{2}$만큼 떨어진 점이다.

오른쪽 그림과 같은 정사각형 FGHI의 대각선의 길이는 직각삼각형 FGH에서

$\overline{FH}=\sqrt{1^2+1^2}=\sqrt{2}$

따라서 주어진 세 정사각형의 대각선의 길이는 $\sqrt{2}$이므로 $-2+\sqrt{2}$에 대응하는 점은 D이다.

11 (i) $\sqrt{9}<\sqrt{12}<\sqrt{16}$, 즉 $3<\sqrt{12}<4$이므로 $-4<-\sqrt{12}<-3$

따라서 $-\sqrt{12}$에 대응하는 점은 구간 A에 있다.

(ii) $\sqrt{4}<\sqrt{5}<\sqrt{9}$, 즉 $2<\sqrt{5}<3$이므로

$-3<-\sqrt{5}<-2$, $-1<-\sqrt{5}+2<0$

따라서 $-\sqrt{5}+2$에 대응하는 점은 구간 D에 있다.

(iii) $\sqrt{1}<\sqrt{3}<\sqrt{4}$, 즉 $1<\sqrt{3}<2$이므로 $2<1+\sqrt{3}<3$

따라서 $1+\sqrt{3}$에 대응하는 점은 구간 G에 있다.

(i)~(iii)에서 구하는 구간은 차례로 구간 A, 구간 D, 구간 G 이다.

12 (i) $(\sqrt{7}+\sqrt{11})-(4+\sqrt{7})=\sqrt{7}+\sqrt{11}-4-\sqrt{7}$

$\qquad\qquad\qquad\qquad\qquad\quad =\sqrt{11}-4$

$\qquad\qquad\qquad\qquad\qquad\quad =\sqrt{11}-\sqrt{16}<0$

즉, $\sqrt{7}+\sqrt{11}<4+\sqrt{7}$ ...... ❶

(ii) $(4+\sqrt{7})-7=4+\sqrt{7}-7$

$\qquad\qquad\qquad =\sqrt{7}-3$

$\qquad\qquad\qquad =\sqrt{7}-\sqrt{9}<0$

즉, $4+\sqrt{7}<7$ ...... ❷

따라서 (i), (ii)에 의하여

$\sqrt{7}+\sqrt{11}<4+\sqrt{7}<7$ ...... ❸

채점 기준	비율
❶ $\sqrt{7}+\sqrt{11}$, $4+\sqrt{7}$의 대소 비교하기	40 %
❷ $4+\sqrt{7}$, 7의 대소 비교하기	40 %
❸ $\sqrt{7}+\sqrt{11}$, $4+\sqrt{7}$, 7의 대소 관계를 부등호를 사용하여 나타내기	20 %

고난도 대표 유형 |10~11쪽|

1 ②	2 6	3 x^2, x, $\sqrt{x}$, $\dfrac{1}{x}$	4 ③
5 ④	6 P: $3-\sqrt{8}$, Q: $3+\sqrt{8}$		

1 $a<0$, $b>0$에서 $-3ab>0$, $4a<0$, $-\dfrac{b}{2}<0$이므로

$\sqrt{(-3ab)^2}-\sqrt{(4a)^2}\times\sqrt{\left(-\dfrac{b}{2}\right)^2}$

$=-3ab-(-4a)\times\left\{-\left(-\dfrac{b}{2}\right)\right\}$

$=-3ab-(-4a)\times\dfrac{b}{2}$

$=-3ab+2ab$

$=-ab$

2 $\dfrac{3240}{x}=\dfrac{2^3\times3^4\times5}{x}=\dfrac{10\times18^2}{x}$이므로

$x=10\times(18의\ 약수)^2$ 꼴이어야 한다.

$18=2\times3^2$에서 18의 약수의 개수는

$(1+1)\times(2+1)=6$

따라서 자연수 x의 개수는 6이다.

> **참고**
> 자연수 A가 $a^m\times b^n$(a, b는 서로 다른 소수, m, n은 자연수)으로 소인수분해될 때, A의 약수의 개수
> ➡ $(m+1)(n+1)$

3 $x=\sqrt{x^2}$, $\dfrac{1}{x}=\sqrt{\dfrac{1}{x^2}}$, $\sqrt{x}$, $x^2=\sqrt{x^4}$

$0<x<1$이므로 $x^4<x^2<x<\dfrac{1}{x^2}$

따라서 $\sqrt{x^4}<\sqrt{x^2}<\sqrt{x}<\sqrt{\dfrac{1}{x^2}}$, 즉 $x^2<x<\sqrt{x}<\dfrac{1}{x}$이므로

작은 수부터 차례로 나열하면

x^2, x, $\sqrt{x}$, $\dfrac{1}{x}$

> **다른 풀이**
>
> $x=\dfrac{1}{4}$이라 하면
>
> $x=\dfrac{1}{4}$, $\dfrac{1}{x}=4$, $\sqrt{x}=\sqrt{\dfrac{1}{4}}=\dfrac{1}{2}$, $x^2=\dfrac{1}{16}$이므로
>
> $\dfrac{1}{16}<\dfrac{1}{4}<\dfrac{1}{2}<4$, 즉 $x^2<x<\sqrt{x}<\dfrac{1}{x}$
>
> 따라서 작은 수부터 차례로 나열하면
>
> x^2, x, $\sqrt{x}$, $\dfrac{1}{x}$

4 $\sqrt{1}=1$, $\sqrt{4}=2$, $\sqrt{9}=3$, $\sqrt{16}=4$, $\cdots$이므로

$N(1)=N(2)=N(3)=1$

$N(4)=N(5)=N(6)=N(7)=N(8)=2$

$N(9)=N(10)=N(11)=N(12)$

$\qquad =N(13)=N(14)=N(15)=3$

$N(16)=N(17)=N(18)=N(19)=N(20)=4$

따라서

$N(1)+N(2)+N(3)+\cdots+N(20)$

$=1\times3+2\times5+3\times7+4\times5=54$

이므로 구하는 k의 값은 20이다.

5 80 이하의 자연수 x 중 $\sqrt{x}$가 유리수가 되도록 하는 x는

1^2, 2^2, $\cdots$, 8^2의 8개이다.

따라서 $\sqrt{x}$가 무리수가 되도록 하는 x의 개수는

$80-8=72$

6

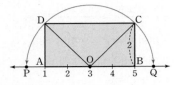

직각삼각형 COB, DAO에서 피타고라스 정리에 의하여
$\overline{OC}=\sqrt{2^2+2^2}=\sqrt{8}$, $\overline{OD}=\sqrt{2^2+2^2}=\sqrt{8}$
$\overline{OP}=\overline{OD}=\sqrt{8}$이므로 점 P에 대응하는 수는 $3-\sqrt{8}$
$\overline{OQ}=\overline{OC}=\sqrt{8}$이므로 점 Q에 대응하는 수는 $3+\sqrt{8}$

고난도 실전 문제 | 12~14쪽 |

01 ④	02 -3	03 $5a+4b$	04 $\dfrac{1}{4}$	05 ③
06 $(14, 4)$, $(56, 2)$, $(224, 1)$			07 ④	08 96
09 ④, ⑤	10 ①	11 3	12 ②	13 ⑤
14 ㄴ, ㄹ	15 $7-\sqrt{10}$			
16 A: $-1-\sqrt{2}$, B: $-1-\dfrac{\sqrt{2}}{2}$, C: $1-\sqrt{2}$, D: $-1+\sqrt{2}$				
17 ④	18 $-2+\sqrt{12}$			

01 ㄱ. 제곱하여 -10이 되는 수는 없으므로 -10의 제곱근은 없다.
ㄴ. $\sqrt{256}=16$이므로 16의 제곱근은 $\pm\sqrt{16}=\pm4$
ㄷ. $\sqrt{4}=2$이므로 $\sqrt{4}$를 3배 하면 $2\times3=6$
ㄹ. $2.\dot{7}=\dfrac{27-2}{9}=\dfrac{25}{9}$이므로 제곱근 $2.\dot{7}$은 $\sqrt{\dfrac{25}{9}}=\dfrac{5}{3}$
따라서 옳은 것은 ㄴ, ㄹ이다.

02 289의 제곱근은 $\pm\sqrt{289}=\pm17$
$a>b$이므로 $a=17$, $b=-17$ ······ ❶
$\sqrt{4a-b-4}=\sqrt{4\times17-(-17)-4}$
$=\sqrt{81}=9$ ······ ❷
따라서 9의 음의 제곱근은 $-\sqrt{9}=-3$ ······ ❸

채점 기준	비율
❶ a, b의 값 구하기	50 %
❷ $\sqrt{4a-b-4}$의 값 구하기	20 %
❸ $\sqrt{4a-b-4}$의 음의 제곱근 구하기	30 %

03 $ab<0$이므로 $a>0$, $b<0$ 또는 $a<0$, $b>0$
이때 $a-b>0$에서 $a>b$이므로 $a>0$, $b<0$
따라서 $-b>0$, $-5a<0$, $3b-a<0$이므로
$\sqrt{a^2}-\sqrt{(-b)^2}+\sqrt{(-5a)^2}-\sqrt{(3b-a)^2}$
$=a-(-b)-(-5a)-\{-(3b-a)\}$
$=a+b+5a+3b-a=5a+4b$

04 $0<x<1$이므로 $\dfrac{1}{x}>1$, $x+\dfrac{1}{x}>0$, $x-\dfrac{1}{x}<0$
$\sqrt{\left(x+\dfrac{1}{x}\right)^2}-\sqrt{\left(x-\dfrac{1}{x}\right)^2}=\dfrac{1}{2}$에서
$\left(x+\dfrac{1}{x}\right)-\left\{-\left(x-\dfrac{1}{x}\right)\right\}=\dfrac{1}{2}$이므로
$x+\dfrac{1}{x}+x-\dfrac{1}{x}=\dfrac{1}{2}$, $2x=\dfrac{1}{2}$
따라서 $x=\dfrac{1}{4}$

05 (정사각형의 넓이)=(삼각형의 넓이)
$=\dfrac{1}{2}\times360\times x=180x$
이므로 정사각형의 한 변의 길이는 $\sqrt{180x}$이다.
$\sqrt{180x}$가 자연수가 되려면 $180x$를 소인수분해하였을 때, 모든 소인수의 지수가 짝수이어야 한다.
$180x=2^2\times3^2\times5\times x$이므로 $x=5\times$ (자연수)^2 꼴이어야 한다.
따라서 가장 작은 자연수 x의 값은 5이다.

06 $\dfrac{224}{x}=\dfrac{2^5\times7}{x}=\dfrac{14\times4^2}{x}$이므로
$x=14\times$ (4의 약수)^2 꼴이어야 한다.
즉, $x=14\times1^2$, 14×2^2, 14×4^2이므로 $x=14$, 56, 224
(i) $x=14$일 때, $y=\sqrt{\dfrac{224}{14}}=\sqrt{4^2}=4$
(ii) $x=56$일 때, $y=\sqrt{\dfrac{224}{56}}=\sqrt{2^2}=2$
(iii) $x=224$일 때, $y=\sqrt{\dfrac{224}{224}}=1$
(i)~(iii)에서 구하는 순서쌍 (x, y)는
$(14, 4)$, $(56, 2)$, $(224, 1)$

07 (i) $x\geq3$일 때, $x+3>0$, $x-3\geq0$이므로
$\sqrt{(x+3)^2}+\sqrt{(x-3)^2}=6$에서
$(x+3)+(x-3)=6$, $2x=6$
따라서 $x=3$
(ii) $-3\leq x<3$일 때, $x+3\geq0$, $x-3<0$이므로
$\sqrt{(x+3)^2}+\sqrt{(x-3)^2}=6$에서
$(x+3)-(x-3)=6$
즉, $6=6$으로 $-3\leq x<3$일 때, 항상 성립한다.
따라서 $-3\leq x<3$
(iii) $x<-3$일 때, $x+3<0$, $x-3<0$이므로
$\sqrt{(x+3)^2}+\sqrt{(x-3)^2}=6$에서
$-(x+3)-(x-3)=6$, $-2x=6$
따라서 $x=-3$
이때 $x=-3$은 $x<-3$을 만족시키지 않는다.
(i)~(iii)에서 $-3\leq x\leq3$

08 $\sqrt{x+41}-\sqrt{93-y}$가 가장 작은 정수가 되려면 자연수 x, y에 대하여 $\sqrt{x+41}$은 가장 작은 자연수, $\sqrt{93-y}$는 가장 큰 자연수가 되어야 한다. ······ ❶

$\sqrt{x+41}$은 가장 작은 자연수가 되어야 하므로

$x+41=49$에서 $x=8$ ······ ❷

$\sqrt{93-y}$는 가장 큰 자연수가 되어야 하므로

$93-y=81$에서 $y=12$ ······ ❸

따라서 $xy=8\times12=96$ ······ ❹

채점 기준	비율
❶ $\sqrt{x+41}-\sqrt{93-y}$가 가장 작은 정수가 될 조건 구하기	20 %
❷ x의 값 구하기	30 %
❸ y의 값 구하기	30 %
❹ xy의 값 구하기	20 %

09 ① $0<x<1$이므로 $0<\sqrt{x}<1$

즉, $\dfrac{1}{\sqrt{x}}>1$이므로 $\sqrt{x}<\dfrac{1}{\sqrt{x}}$

② $0<x<1$이므로 $0<x^2<1$

즉, $\dfrac{1}{x^2}>1$이므로 $\dfrac{1}{x^2}>x$

③ $0<x<1$이므로 $0<\sqrt{x}<1$에서 $1-\sqrt{x}>0$

④ $0<x<1$이므로 $0<\sqrt{x}<1$

즉, $\dfrac{1}{\sqrt{x}}>1$이므로 $x<\dfrac{1}{\sqrt{x}}$

⑤ $0<x<1$이므로 $x-1<0$에서

$\sqrt{x^2}-\sqrt{(x-1)^2}=x-\{-(x-1)\}=2x-1$

따라서 옳지 않은 것은 ④, ⑤이다.

10 $\sqrt{64}<\sqrt{75}<\sqrt{81}$에서 $8<\sqrt{75}<9$이므로

$\sqrt{75}$ 이하의 자연수는 1, 2, 3, 4, 5, 6, 7, 8로 8개이다.

즉, $a=8$

$\sqrt{25}=5$, $\sqrt{36}=6$이므로 $\sqrt{x}$ 이하의 자연수의 개수가 5인 x의 값의 범위는

$\sqrt{25}\leq\sqrt{x}<\sqrt{36}$, 즉 $25\leq x<36$

이것을 만족시키는 자연수 x는 25, 26, 27, $\cdots$, 35의 11개이므로 $b=11$

따라서 $b-a=11-8=3$

11 $3<\sqrt{nx}<4$에서 $3^2<(\sqrt{nx})^2<4^2$이므로 $9<nx<16$

이때 nx는 자연수이므로

$nx=10$, 11, 12, 13, 14, 15

즉, $x=\dfrac{10}{n}$, $\dfrac{11}{n}$, $\dfrac{12}{n}$, $\dfrac{13}{n}$, $\dfrac{14}{n}$, $\dfrac{15}{n}$

모든 x의 값의 합은 25이므로

$\dfrac{10}{n}+\dfrac{11}{n}+\dfrac{12}{n}+\dfrac{13}{n}+\dfrac{14}{n}+\dfrac{15}{n}=25$

따라서 $\dfrac{75}{n}=25$이므로 $n=3$

12 $-\sqrt{5.\dot{4}}=-\sqrt{\dfrac{54-5}{9}}=-\sqrt{\dfrac{49}{9}}=-\dfrac{7}{3}$,

$-\sqrt{\dfrac{64}{169}}=-\sqrt{\left(\dfrac{8}{13}\right)^2}=-\dfrac{8}{13}$,

$\sqrt{100}=10$

따라서 정수가 아닌 유리수는 $-\sqrt{5.\dot{4}}$, $-\sqrt{\dfrac{64}{169}}$의 2개이고,

유리수가 아닌 수, 즉 무리수는 $1+\sqrt{7}$, $\sqrt{12.1}$, $\pi+0.3$의 3개이다.

따라서 $a=2$, $b=3$이므로

$a-b=2-3=-1$

13 200 이하의 자연수 x에 대하여

(ⅰ) $\sqrt{2x}$가 유리수가 되도록 하는 x는

2×1^2, 2×2^2, $\cdots$, 2×10^2의 10개

(ⅱ) $\sqrt{5x}$가 유리수가 되도록 하는 x는

5×1^2, 5×2^2, $\cdots$, 5×6^2의 6개

(ⅲ) $\sqrt{7x}$가 유리수가 되도록 하는 x는

7×1^2, 7×2^2, $\cdots$, 7×5^2의 5개

(ⅰ)~(ⅲ)에서 $\sqrt{2x}$, $\sqrt{5x}$, $\sqrt{7x}$가 모두 무리수가 되도록 하는 200 이하의 자연수 x의 개수는

$200-(10+6+5)=179$

14 ㄱ. 3과 4 사이에는 무수히 많은 유리수가 있다.

ㄴ. $3<\sqrt{10}<4$이므로 $-4<-\sqrt{10}<-3$

$2<\sqrt{5}<3$

따라서 $-\sqrt{10}$과 $\sqrt{5}$ 사이에 있는 정수는

-3, -2, -1, 0, 1, 2로 모두 6개이다.

ㄷ. 수직선은 유리수와 무리수, 즉 실수에 대응하는 점들로 완전히 메울 수 있다.

ㅁ. 실수는 수직선 위의 한 점에 대응하므로 수직선 위에 나타낼 수 없는 무리수는 없다.

따라서 옳은 것은 ㄴ, ㄹ이다.

15 직각삼각형 BEF에서 피타고라스 정리에 의하여

$\overline{BF}=\sqrt{3^2+1^2}=\sqrt{10}$이므로

$\overline{BQ}=\overline{BF}=\sqrt{10}$

점 Q에 대응하는 수가 $4+\sqrt{10}$이므로

점 B에 대응하는 수는 $4+\sqrt{10}-\sqrt{10}=4$

이때 점 E에 대응하는 수는 $4+3=7$

직각삼각형 ABE에서 피타고라스 정리에 의하여

$\overline{AE}=\sqrt{3^2+1^2}=\sqrt{10}$이므로

$\overline{EP}=\overline{EA}=\sqrt{10}$

따라서 점 P에 대응하는 수는 $7-\sqrt{10}$이다.

16
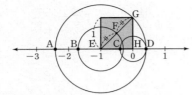

$\overline{EG}=\sqrt{1^2+1^2}=\sqrt{2}$에서 $\overline{EA}=\overline{ED}=\overline{EG}=\sqrt{2}$이므로

점 A에 대응하는 수는 $-1-\sqrt{2}$,

점 D에 대응하는 수는 $-1+\sqrt{2}$이다.

$\overline{EF}=\dfrac{1}{2}\overline{EG}=\dfrac{\sqrt{2}}{2}$에서 $\overline{EB}=\overline{EF}=\dfrac{\sqrt{2}}{2}$이므로

점 B에 대응하는 수는 $-1-\dfrac{\sqrt{2}}{2}$이다.

가장 작은 원의 반지름의 길이는

$\overline{HD}=\overline{ED}-\overline{EH}=\sqrt{2}-1$

이므로 점 C에 대응하는 수는

$0-(\sqrt{2}-1)=1-\sqrt{2}$

17 $\sqrt{4}<\sqrt{7}<\sqrt{9}$에서 $2<\sqrt{7}<3$이므로

$-3<-\sqrt{7}<-2$

따라서 $-1<2-\sqrt{7}<0$

$\sqrt{9}<\sqrt{13}<\sqrt{16}$에서 $3<\sqrt{13}<4$이므로

$6<3+\sqrt{13}<7$

따라서 $2-\sqrt{7}$, $3+\sqrt{13}$ 사이에 있는 정수는

0, 1, 2, 3, 4, 5, 6이므로 모든 정수들의 합은

$0+1+2+3+4+5+6=21$

18 $a-b=(2-\sqrt{12})-(-1)$
$=3-\sqrt{12}=\sqrt{9}-\sqrt{12}<0$ ······ ❶

$b-c=-1-(\sqrt{15}-3)$
$=-1-\sqrt{15}+3$
$=2-\sqrt{15}$
$=\sqrt{4}-\sqrt{15}<0$ ······ ❷

$c=\sqrt{15}-3=\sqrt{15}-\sqrt{9}>0$ ······ ❸

따라서

$\sqrt{(a-b)^2}+\sqrt{(b-c)^2}-\sqrt{c^2}$
$=-(a-b)-(b-c)-c$
$=-a+b-b+c-c$
$=-a$
$=-(2-\sqrt{12})$
$=-2+\sqrt{12}$ ······ ❹

채점 기준	비율
❶ $a-b$의 부호 구하기	20 %
❷ $b-c$의 부호 구하기	20 %
❸ c의 부호 구하기	20 %
❹ 주어진 식의 값 구하기	40 %

02 근호를 포함한 식의 계산

01 ④	02 33	03 ⑤	04 ②	05 15
06 ④	07 ②	08 $\sqrt{3}$	09 70	10 ②
11 $\dfrac{5}{7}$	12 ⑤	13 ③	14 6	15 ③, ⑤
16 ④	17 $\dfrac{\sqrt{6}}{2}$	18 $2\sqrt{6}$	19 3	20 $6\sqrt{3}$ cm²
21 $8\sqrt{3}$ cm²		22 ④	23 ②, ③	24 ⑤
25 ①	26 ④	27 ④	28 $b<a<c$	
29 ②	30 ①	31 ⑤	32 ④	33 $2-2\sqrt{2}$
34 96 m²	35 $12\sqrt{2}$ cm		36 $-6\sqrt{2}$	

01 ① $4\sqrt{3}\times\sqrt{5}=4\sqrt{3\times5}=4\sqrt{15}$

② $2\sqrt{12}\div\sqrt{6}=\dfrac{2\sqrt{12}}{\sqrt{6}}=2\sqrt{\dfrac{12}{6}}=2\sqrt{2}$

③ $5\sqrt{\dfrac{3}{4}}\times2\sqrt{\dfrac{2}{9}}\times\sqrt{6}=5\times2\sqrt{\dfrac{3}{4}\times\dfrac{2}{9}\times6}=10$

④ $\dfrac{8}{\sqrt{10}}\div\dfrac{4}{\sqrt{2}}\div\sqrt{3}=\dfrac{8}{\sqrt{10}}\times\dfrac{\sqrt{2}}{4}\times\dfrac{1}{\sqrt{3}}$
$=8\times\dfrac{1}{4}\sqrt{\dfrac{1}{10}\times2\times\dfrac{1}{3}}$
$=2\sqrt{\dfrac{1}{15}}=\dfrac{2}{\sqrt{15}}$

⑤ $\sqrt{24}\div\left(-\dfrac{\sqrt{2}}{\sqrt{3}}\right)\div\dfrac{\sqrt{6}}{\sqrt{5}}=\sqrt{24}\times\left(-\dfrac{\sqrt{3}}{\sqrt{2}}\right)\times\dfrac{\sqrt{5}}{\sqrt{6}}$
$=\sqrt{24}\times\left(-\sqrt{\dfrac{3}{2}}\right)\times\sqrt{\dfrac{5}{6}}$
$=-\sqrt{24\times\dfrac{3}{2}\times\dfrac{5}{6}}=-\sqrt{30}$

02 $2\sqrt{7}=\sqrt{2^2\times7}=\sqrt{28}$이므로 $a=28$

$\sqrt{180}=\sqrt{6^2\times5}=6\sqrt{5}$이므로 $b=5$

따라서 $a+b=28+5=33$

03 $5\sqrt{2}=\sqrt{5^2\times2}=\sqrt{50}$이므로 $\sqrt{3x+26}=\sqrt{50}$

$3x+26=50$이므로 $3x=24$

따라서 $x=8$

04 ① $2\sqrt{7}=\sqrt{2^2\times7}=\sqrt{\boxed{28}}$

② $-\sqrt{175}=-\sqrt{5^2\times7}=-5\sqrt{\boxed{7}}$

③ $\sqrt{600}=\sqrt{10^2\times6}=\boxed{10}\sqrt{6}$

④ $\sqrt{576}=\sqrt{24^2}=\boxed{24}$

⑤ $-4\sqrt{\dfrac{9}{8}}=-\sqrt{4^2\times\dfrac{9}{8}}=-\sqrt{\boxed{18}}$

따라서 가장 작은 것은 ②이다.

05 $\dfrac{3\sqrt{2}}{\sqrt{6}}=\dfrac{\sqrt{3^2\times2}}{\sqrt{6}}=\dfrac{\sqrt{18}}{\sqrt{6}}=\sqrt{\dfrac{18}{6}}=\sqrt{3}$ 이므로

$a=3$ ...... ❶

$\dfrac{5}{2\sqrt{5}}=\dfrac{\sqrt{5^2}}{\sqrt{2^2\times5}}=\dfrac{\sqrt{25}}{\sqrt{20}}=\sqrt{\dfrac{25}{20}}=\sqrt{\dfrac{5}{4}}$ 이므로

$b=\dfrac{5}{4}$ ...... ❷

따라서 $4ab=4\times3\times\dfrac{5}{4}=15$ ...... ❸

채점 기준	비율
❶ a의 값 구하기	40 %
❷ b의 값 구하기	40 %
❸ $4ab$의 값 구하기	20 %

06 $\sqrt{72}-\sqrt{125}=\sqrt{6^2\times2}-\sqrt{5^2\times5}$
$\qquad\qquad\qquad=6\sqrt{2}-5\sqrt{5}$
$\qquad\qquad\qquad=6x-5y$

07 $\sqrt{3}\times2\sqrt{3}\times\sqrt{a}\times\sqrt{10}=\sqrt{3}\times\sqrt{12}\times\sqrt{a}\times\sqrt{10}$
$\qquad\qquad\qquad\qquad\qquad\quad=\sqrt{3\times12\times a\times10}$
$\qquad\qquad\qquad\qquad\qquad\quad=\sqrt{360a}$

따라서 $360a=720$이므로 $a=2$

08 $\dfrac{\sqrt{90}}{\sqrt{5}}=\sqrt{\dfrac{90}{5}}=\sqrt{18}$이므로 $a=18$

$\sqrt{\dfrac{40}{7}}\div\sqrt{\dfrac{20}{21}}=\dfrac{\sqrt{40}}{\sqrt{7}}\div\dfrac{\sqrt{20}}{\sqrt{21}}=\dfrac{\sqrt{40}}{\sqrt{7}}\times\dfrac{\sqrt{21}}{\sqrt{20}}$
$\qquad\qquad\qquad\qquad=\sqrt{\dfrac{40}{7}\times\dfrac{21}{20}}=\sqrt{6}$

이므로 $b=6$

따라서 $\sqrt{a}\div\sqrt{b}=\sqrt{18}\div\sqrt{6}=\dfrac{\sqrt{18}}{\sqrt{6}}=\sqrt{\dfrac{18}{6}}=\sqrt{3}$

09 $\sqrt{\dfrac{147}{25}}=\sqrt{\dfrac{7^2\times3}{5^2}}=\dfrac{7}{5}\sqrt{3}$이므로

$a=\dfrac{7}{5}$ ...... ❶

$\sqrt{0.002}=\sqrt{\dfrac{20}{10000}}=\dfrac{\sqrt{20}}{100}=\dfrac{2\sqrt{5}}{100}=\dfrac{1}{50}\sqrt{5}$이므로

$b=\dfrac{1}{50}$ ...... ❷

따라서 $a\div b=\dfrac{7}{5}\div\dfrac{1}{50}=\dfrac{7}{5}\times50=70$ ...... ❸

채점 기준	비율
❶ a의 값 구하기	40 %
❷ b의 값 구하기	40 %
❸ $a\div b$의 값 구하기	20 %

10 $\dfrac{\sqrt{2}}{2\sqrt{5}}=\dfrac{\sqrt{2}\times\sqrt{5}}{2\sqrt{5}\times\sqrt{5}}=\dfrac{\sqrt{10}}{10}$이므로 $a=\dfrac{1}{10}$

$\dfrac{2}{\sqrt{3}}=\dfrac{2\times\sqrt{3}}{\sqrt{3}\times\sqrt{3}}=\dfrac{2}{3}\sqrt{3}$이므로 $b=\dfrac{2}{3}$

따라서 $ab=\dfrac{1}{10}\times\dfrac{2}{3}=\dfrac{1}{15}$

11 $\dfrac{5}{7}=\dfrac{\sqrt{25}}{7}$,

$\dfrac{5}{\sqrt{7}}=\dfrac{5\times\sqrt{7}}{\sqrt{7}\times\sqrt{7}}=\dfrac{5\sqrt{7}}{7}=\dfrac{\sqrt{175}}{7}$,

$\sqrt{7}=\dfrac{7\sqrt{7}}{7}=\dfrac{\sqrt{343}}{7}$,

$\dfrac{\sqrt{5}}{\sqrt{7}}=\dfrac{\sqrt{5}\times\sqrt{7}}{\sqrt{7}\times\sqrt{7}}=\dfrac{\sqrt{35}}{7}$이므로

$\dfrac{\sqrt{343}}{7}>\dfrac{\sqrt{175}}{7}>\dfrac{\sqrt{35}}{7}>\dfrac{\sqrt{25}}{7}>\dfrac{\sqrt{5}}{7}$

즉, $\sqrt{7}>\dfrac{5}{\sqrt{7}}>\dfrac{\sqrt{5}}{\sqrt{7}}>\dfrac{5}{7}>\dfrac{\sqrt{5}}{7}$

따라서 네 번째에 오는 수는 $\dfrac{5}{7}$이다.

12 정사각형의 한 변의 길이를 x cm라 하면 직각삼각형 ABC 에서 피타고라스 정리에 의하여

$(2x)^2+x^2=(3\sqrt{2})^2$

$4x^2+x^2=18$, $5x^2=18$, 즉 $x^2=\dfrac{18}{5}$

이때 $x>0$이므로

$x=\sqrt{\dfrac{18}{5}}=\dfrac{\sqrt{18}}{\sqrt{5}}=\dfrac{3\sqrt{2}}{\sqrt{5}}$
$\quad=\dfrac{3\sqrt{2}\times\sqrt{5}}{\sqrt{5}\times\sqrt{5}}=\dfrac{3\sqrt{10}}{5}$

따라서 정사각형의 한 변의 길이는 $\dfrac{3\sqrt{10}}{5}$ cm이다.

13 $\dfrac{\sqrt{33}}{\sqrt{27}}\times\dfrac{10}{\sqrt{5}}\div\sqrt{\dfrac{11}{3}}=\sqrt{\dfrac{33}{27}}\times\dfrac{10}{\sqrt{5}}\times\sqrt{\dfrac{3}{11}}$
$\qquad\qquad\qquad\qquad\qquad=10\sqrt{\dfrac{33}{27}\times\dfrac{1}{5}\times\dfrac{3}{11}}$
$\qquad\qquad\qquad\qquad\qquad=10\sqrt{\dfrac{1}{15}}=\dfrac{10}{\sqrt{15}}$
$\qquad\qquad\qquad\qquad\qquad=\dfrac{10\sqrt{15}}{15}=\dfrac{2\sqrt{15}}{3}$

14 $\sqrt{108}\div\sqrt{24}\times\sqrt{48}=6\sqrt{3}\div2\sqrt{6}\times4\sqrt{3}$
$\qquad\qquad\qquad\qquad=6\sqrt{3}\times\dfrac{1}{2\sqrt{6}}\times4\sqrt{3}$
$\qquad\qquad\qquad\qquad=\dfrac{36}{\sqrt{6}}=6\sqrt{6}$

따라서 $a\sqrt{6}=6\sqrt{6}$이므로 $a=6$

15

① $4\sqrt{2}\div\sqrt{10}\times\sqrt{5}=4\sqrt{2}\times\dfrac{1}{\sqrt{10}}\times\sqrt{5}=4$

② $\sqrt{27}\div\sqrt{6}\times3\sqrt{2}=3\sqrt{3}\times\dfrac{1}{\sqrt{6}}\times3\sqrt{2}=9$

③ $\dfrac{6}{\sqrt{3}}\times\dfrac{\sqrt{15}}{\sqrt{8}}\div\dfrac{\sqrt{5}}{\sqrt{6}}=\dfrac{6}{\sqrt{3}}\times\dfrac{\sqrt{15}}{2\sqrt{2}}\times\dfrac{\sqrt{6}}{\sqrt{5}}=3\sqrt{3}$

④ $\dfrac{\sqrt{14}}{\sqrt{40}}\times\dfrac{\sqrt{8}}{\sqrt{7}}\div\dfrac{\sqrt{10}}{4}=\dfrac{\sqrt{14}}{2\sqrt{10}}\times\dfrac{2\sqrt{2}}{\sqrt{7}}\times\dfrac{4}{\sqrt{10}}=\dfrac{4}{5}$

⑤ $\dfrac{\sqrt{18}}{2}\times\sqrt{\dfrac{5}{32}}\div\dfrac{\sqrt{5}}{6}=\dfrac{3\sqrt{2}}{2}\times\dfrac{\sqrt{5}}{4\sqrt{2}}\times\dfrac{6}{\sqrt{5}}=\dfrac{9}{4}$

따라서 옳지 않은 것은 ③, ⑤이다.

16

$\dfrac{\sqrt{18}}{2}\div(-4\sqrt{3})\times A=-\dfrac{\sqrt{2}}{6}$ 에서

$A=-\dfrac{\sqrt{2}}{6}\times(-4\sqrt{3})\div\dfrac{\sqrt{18}}{2}$

$\quad=-\dfrac{\sqrt{2}}{6}\times(-4\sqrt{3})\times\dfrac{2}{\sqrt{18}}$

$\quad=-\dfrac{\sqrt{2}}{6}\times(-4\sqrt{3})\times\dfrac{2}{3\sqrt{2}}$

$\quad=\dfrac{4\sqrt{3}}{9}$

17

$A=\sqrt{108}\div4\sqrt{3}\times\sqrt{24}$

$\quad=6\sqrt{3}\times\dfrac{1}{4\sqrt{3}}\times2\sqrt{6}$

$\quad=3\sqrt{6}$ ...... ❶

$B=\dfrac{1}{\sqrt{2}}\times\sqrt{\dfrac{2}{3}}\div\sqrt{12}$

$\quad=\dfrac{1}{\sqrt{2}}\times\dfrac{\sqrt{2}}{\sqrt{3}}\times\dfrac{1}{2\sqrt{3}}$

$\quad=\dfrac{1}{6}$ ...... ❷

따라서 $AB=3\sqrt{6}\times\dfrac{1}{6}=\dfrac{\sqrt{6}}{2}$ ...... ❸

채점 기준	비율
❶ A의 값 구하기	40 %
❷ B의 값 구하기	40 %
❸ AB의 값 구하기	20 %

18

(삼각형의 넓이)$=\dfrac{1}{2}\times4\sqrt{5}\times\sqrt{24}$

$\qquad\qquad\quad=\dfrac{1}{2}\times4\sqrt{5}\times2\sqrt{6}$

$\qquad\qquad\quad=4\sqrt{30}\,(\text{cm}^2)$

(직사각형의 넓이)$=\sqrt{20}\times x=2\sqrt{5}x\,(\text{cm}^2)$

(직사각형의 넓이)$=$(삼각형의 넓이)이므로

$2\sqrt{5}x=4\sqrt{30}$

따라서 $x=\dfrac{4\sqrt{30}}{2\sqrt{5}}=\dfrac{4}{2}\sqrt{\dfrac{30}{5}}=2\sqrt{6}$

19

(정사각형 A의 한 변의 길이)$=\sqrt{15}$

(직사각형 B의 긴 변의 길이)$=$(정사각형 A의 한 변의 길이)

$\qquad\qquad\qquad\qquad\qquad=\sqrt{15}$

(직사각형 B의 짧은 변의 길이)$=$(넓이)$\div$(긴 변의 길이)

$\qquad=3\sqrt{5}\div\sqrt{15}=\dfrac{3\sqrt{5}}{\sqrt{15}}=3\sqrt{\dfrac{5}{15}}$

$\qquad=3\sqrt{\dfrac{1}{3}}=\dfrac{3}{\sqrt{3}}=\sqrt{3}$

따라서 정사각형 C의 한 변의 길이는 직사각형 B의 짧은 변의 길이와 같은 $\sqrt{3}$이므로 정사각형 C의 넓이는

$(\sqrt{3})^2=3$

20

직각삼각형 BCD에서 피타고라스 정리에 의하여

$\overline{CD}^2+(3\sqrt{2})^2=(2\sqrt{6})^2$이므로

$\overline{CD}^2+18=24$, 즉 $\overline{CD}^2=6$

이때 $\overline{CD}>0$이므로 $\overline{CD}=\sqrt{6}\,(\text{cm})$

따라서 직사각형 ABCD의 넓이는

$3\sqrt{2}\times\sqrt{6}=3\sqrt{12}=6\sqrt{3}\,(\text{cm}^2)$

21

오른쪽 그림과 같이 점 A에서 $\overline{BC}$에 내린 수선의 발을 H라 하면

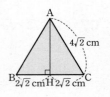

$\overline{BH}=\overline{CH}=\dfrac{1}{2}\overline{BC}$

$\qquad\quad=\dfrac{1}{2}\times4\sqrt{2}=2\sqrt{2}\,(\text{cm})$

직각삼각형 AHC에서 피타고라스 정리에 의하여

$\overline{AH}^2+(2\sqrt{2})^2=(4\sqrt{2})^2$이므로

$\overline{AH}^2+8=32$, 즉 $\overline{AH}^2=24$

이때 $\overline{AH}>0$이므로 $\overline{AH}=\sqrt{24}=2\sqrt{6}\,(\text{cm})$

따라서 정삼각형 ABC의 넓이는

$\dfrac{1}{2}\times4\sqrt{2}\times2\sqrt{6}=4\sqrt{12}=8\sqrt{3}\,(\text{cm}^2)$

22

$\sqrt{81.6}=9.033$이므로 $a=81.6$

$\sqrt{83.8}=9.154$이므로 $b=83.8$

$\dfrac{a+b}{2}=\dfrac{81.6+83.8}{2}=82.7$이므로

$\sqrt{\dfrac{a+b}{2}}=\sqrt{82.7}=9.094$

23

① $\sqrt{741}=\sqrt{10^2\times7.41}=10\sqrt{7.41}$

② $\sqrt{7520}=\sqrt{10^2\times75.2}=10\sqrt{75.2}$

③ $\sqrt{0.00742}=\sqrt{\dfrac{74.2}{100^2}}=\dfrac{\sqrt{74.2}}{100}$

④ $\sqrt{0.000763}=\sqrt{\dfrac{7.63}{100^2}}=\dfrac{\sqrt{7.63}}{100}$

⑤ $\sqrt{76100}-\sqrt{0.0753}=\sqrt{10^2\times7.61}-\sqrt{\dfrac{7.53}{10^2}}$

$\qquad\qquad=100\sqrt{7.61}-\dfrac{\sqrt{7.53}}{10}$

따라서 그 값을 구할 수 없는 것은 ②, ③이다.

24
① $\sqrt{480}=\sqrt{4.8\times10^2}=10\sqrt{4.8}=10\times2.191=21.91$
② $\sqrt{480000}=\sqrt{48\times100^2}=100\sqrt{48}=100\times6.928=692.8$
③ $\sqrt{0.048}=\sqrt{\dfrac{4.8}{10^2}}=\dfrac{\sqrt{4.8}}{10}=\dfrac{2.191}{10}=0.2191$
④ $\sqrt{0.0048}=\sqrt{\dfrac{48}{100^2}}=\dfrac{\sqrt{48}}{100}=\dfrac{6.928}{100}=0.06928$
⑤ $\sqrt{0.0000048}=\sqrt{\dfrac{4.8}{1000^2}}=\dfrac{\sqrt{4.8}}{1000}=\dfrac{2.191}{1000}=0.002191$
따라서 옳지 않은 것은 ⑤이다.

25
$\sqrt{48}+\sqrt{8}-\sqrt{75}-\sqrt{32}=4\sqrt{3}+2\sqrt{2}-5\sqrt{3}-4\sqrt{2}$
$\qquad\qquad\qquad\qquad\qquad =-2\sqrt{2}-\sqrt{3}$

26
$\sqrt{63}-\sqrt{a}+\sqrt{112}=\sqrt{175}$에서
$3\sqrt{7}-\sqrt{a}+4\sqrt{7}=5\sqrt{7}$이므로
$\sqrt{a}=3\sqrt{7}+4\sqrt{7}-5\sqrt{7}=2\sqrt{7}=\sqrt{28}$
따라서 $a=28$

27
ㄴ. $\sqrt{72}-2\sqrt{8}+3\sqrt{2}=6\sqrt{2}-4\sqrt{2}+3\sqrt{2}=5\sqrt{2}$
ㄷ. $\dfrac{\sqrt{5}}{4}+\dfrac{2\sqrt{5}}{3}-\dfrac{3\sqrt{5}}{2}=\dfrac{3\sqrt{5}}{12}+\dfrac{8\sqrt{5}}{12}-\dfrac{18\sqrt{5}}{12}=-\dfrac{7\sqrt{5}}{12}$
ㄹ. $\dfrac{\sqrt{54}}{6}-\dfrac{\sqrt{150}}{3}=\dfrac{3\sqrt{6}}{6}-\dfrac{5\sqrt{6}}{3}=\dfrac{\sqrt{6}}{2}-\dfrac{5\sqrt{6}}{3}$
$\qquad\qquad\qquad\quad =\dfrac{3\sqrt{6}}{6}-\dfrac{10\sqrt{6}}{6}=-\dfrac{7\sqrt{6}}{6}$
따라서 옳지 않은 것은 ㄴ, ㄹ이다.

28
$a-b=(\sqrt{3}+\sqrt{5})-(2\sqrt{3}-\sqrt{5})$
$\qquad =\sqrt{3}+\sqrt{5}-2\sqrt{3}+\sqrt{5}$
$\qquad =2\sqrt{5}-\sqrt{3}=\sqrt{20}-\sqrt{3}>0$
이므로 $a>b$ $\qquad$ ……㉠
$b-c=(2\sqrt{3}-\sqrt{5})-2\sqrt{5}$
$\qquad =2\sqrt{3}-3\sqrt{5}=\sqrt{12}-\sqrt{45}<0$
이므로 $b<c$ $\qquad$ ……㉡
$a-c=(\sqrt{3}+\sqrt{5})-2\sqrt{5}$
$\qquad =\sqrt{3}-\sqrt{5}<0$
이므로 $a<c$ $\qquad$ ……㉢
따라서 ㉠, ㉡, ㉢에 의하여 $b<a<c$

29
$\sqrt{5}A-\sqrt{2}B$
$=\sqrt{5}(-\sqrt{10}+2\sqrt{2})-\sqrt{2}(3\sqrt{5}-6)$
$=-\sqrt{50}+2\sqrt{10}-3\sqrt{10}+6\sqrt{2}$
$=-5\sqrt{2}+2\sqrt{10}-3\sqrt{10}+6\sqrt{2}$
$=\sqrt{2}-\sqrt{10}$

30
$\sqrt{2}(4\sqrt{3}-3\sqrt{2})+(5\sqrt{2}+2\sqrt{3})\sqrt{3}$
$=4\sqrt{6}-6+5\sqrt{6}+6$
$=9\sqrt{6}=9\sqrt{2\times3}$
$=9\sqrt{2}\times\sqrt{3}=9ab$

31
$\sqrt{2}(2a-\sqrt{2})-3\sqrt{2}(1+2\sqrt{2})$
$=2a\sqrt{2}-2-3\sqrt{2}-12$
$=-14+(2a-3)\sqrt{2}$
이 식이 유리수가 되려면 $2a-3=0$이므로 $2a=3$
따라서 $a=\dfrac{3}{2}$

32
$\dfrac{2}{\sqrt{2}}(\sqrt{3}-\sqrt{2})+\dfrac{\sqrt{12}-\sqrt{27}}{\sqrt{3}}$
$=\dfrac{2(\sqrt{3}-\sqrt{2})\times\sqrt{2}}{\sqrt{2}\times\sqrt{2}}+\sqrt{4}-\sqrt{9}$
$=\sqrt{6}-2+2-3$
$=-3+\sqrt{6}$
따라서 $a=-3$, $b=1$이므로
$b-a=1-(-3)=4$

33
$5\sqrt{2}=\sqrt{50}$에서 $7<\sqrt{50}<8$이므로 $5<\sqrt{50}-2<6$
즉, $5<5\sqrt{2}-2<6$이므로 $5\sqrt{2}-2$의 소수 부분은
$a=5\sqrt{2}-2-5=5\sqrt{2}-7$ $\qquad$ ……❶
$9<\sqrt{98}<10$이므로 $\sqrt{98}$의 소수 부분은
$b=\sqrt{98}-9=7\sqrt{2}-9$ $\qquad$ ……❷
따라서
$a-b=(5\sqrt{2}-7)-(7\sqrt{2}-9)$
$\qquad =5\sqrt{2}-7-7\sqrt{2}+9$
$\qquad =2-2\sqrt{2}$ $\qquad$ ……❸

채점 기준	비율
❶ a의 값 구하기	40 %
❷ b의 값 구하기	40 %
❸ $a-b$의 값 구하기	20 %

34
(장미를 심은 밭의 한 변의 길이)$=\sqrt{432}$
$\qquad\qquad\qquad\qquad\qquad\quad =\sqrt{12^2\times3}$
$\qquad\qquad\qquad\qquad\qquad\quad =12\sqrt{3}\,(\mathrm{m})$
(백합을 심은 밭의 한 변의 길이)$=\sqrt{48}$
$\qquad\qquad\qquad\qquad\qquad\quad =\sqrt{4^2\times3}$
$\qquad\qquad\qquad\qquad\qquad\quad =4\sqrt{3}\,(\mathrm{m})$
따라서 튤립을 심은 밭은
가로의 길이가 $12\sqrt{3}-4\sqrt{3}=8\sqrt{3}\,(\mathrm{m})$,
세로의 길이가 $4\sqrt{3}$ m인 직사각형 모양이므로 그 넓이는
$8\sqrt{3}\times4\sqrt{3}=96\,(\mathrm{m}^2)$

35 $\overline{AB}=\sqrt{18}=3\sqrt{2}\,(cm)$, $\overline{AC}=\sqrt{32}=4\sqrt{2}\,(cm)$ ······ ❶

직각삼각형 ABC에서 피타고라스 정리에 의하여

$\overline{BC}=\sqrt{(3\sqrt{2})^2+(4\sqrt{2})^2}=\sqrt{18+32}$

$\qquad =\sqrt{50}=5\sqrt{2}\,(cm)$ ······ ❷

따라서 직각삼각형 ABC의 둘레의 길이는

$\overline{AB}+\overline{BC}+\overline{AC}=3\sqrt{2}+5\sqrt{2}+4\sqrt{2}$

$\qquad\qquad\qquad\quad =12\sqrt{2}\,(cm)$ ······ ❸

채점 기준	비율
❶ $\overline{AB}$, $\overline{AC}$의 길이 구하기	40 %
❷ $\overline{BC}$의 길이 구하기	30 %
❸ 직각삼각형 ABC의 둘레의 길이 구하기	30 %

36 피타고라스 정리에 의하여

$\overline{AB}=\overline{BC}=\sqrt{2^2+2^2}=\sqrt{8}=2\sqrt{2}$

$\overline{BP}=\overline{BA}=2\sqrt{2}$, $\overline{BQ}=\overline{BC}=2\sqrt{2}$이므로

점 P에 대응하는 수는 $a=4-2\sqrt{2}$,

점 Q에 대응하는 수는 $b=4+2\sqrt{2}$

따라서

$a-\sqrt{2}b=(4-2\sqrt{2})-\sqrt{2}(4+2\sqrt{2})$

$\qquad\quad =4-2\sqrt{2}-4\sqrt{2}-4=-6\sqrt{2}$

고난도 대표 유형 | 24~29쪽 |

1 3	2 ⑤	3 27	4 ④	5 $\dfrac{9}{5}$
6 $\dfrac{3\sqrt{30}}{5}$	7 ②	8 4 cm	9 ⑤	10 ②, ⑤
11 ④	12 -7	13 9	14 $\sqrt{15}$	15 ②
16 $2\sqrt{3}-4$	17 ③	18 $-3+6\sqrt{2}$		

1 $\sqrt{3}\times\sqrt{5}\times\sqrt{a}\times\sqrt{45}\times\sqrt{3a}=\sqrt{3\times5\times a\times45\times3a}$

$\qquad\qquad\qquad\qquad\qquad\qquad =\sqrt{45^2\times a^2}=\sqrt{(45a)^2}$

이때 a가 자연수이므로

$\sqrt{3}\times\sqrt{5}\times\sqrt{a}\times\sqrt{45}\times\sqrt{3a}=45a$

따라서 $45a=135$이므로 $a=3$

2 $6\sqrt{7}\times\sqrt{\dfrac{75}{7}}=6\sqrt{7\times\dfrac{75}{7}}=6\sqrt{75}$

$\qquad\qquad\qquad =6\sqrt{5^2\times3}=30\sqrt{3}$

따라서 $a=30$, $b=3$이므로

$\dfrac{a}{b}=\dfrac{30}{3}=10$

3 $a\sqrt{\dfrac{16b}{a}}+b\sqrt{\dfrac{25a}{b}}=\sqrt{a^2\times\dfrac{16b}{a}}+\sqrt{b^2\times\dfrac{25a}{b}}$

$\qquad\qquad\qquad\qquad =\sqrt{16ab}+\sqrt{25ab}$

$\qquad\qquad\qquad\qquad =4\sqrt{ab}+5\sqrt{ab}$

이때 $ab=9$이므로 위의 식에 대입하면

(주어진 식)$=4\sqrt{9}+5\sqrt{9}=12+15=27$

4 $\sqrt{0.18}=\sqrt{\dfrac{18}{100}}=\sqrt{\dfrac{2\times3^2}{100}}=\dfrac{\sqrt{2}\times(\sqrt{3})^2}{10}=\dfrac{ab^2}{10}$

5 $\sqrt{\dfrac{63}{125}}=\dfrac{\sqrt{63}}{\sqrt{125}}=\dfrac{3\sqrt{7}}{5\sqrt{5}}=\dfrac{3\sqrt{7}\times\sqrt{5}}{5\sqrt{5}\times\sqrt{5}}=\dfrac{3\sqrt{35}}{25}$

$\dfrac{3\sqrt{7}}{5\sqrt{5}}=\dfrac{b\sqrt{7}}{a\sqrt{5}}$에서 $a=5$, $b=3$

$\dfrac{3\sqrt{35}}{25}=c\sqrt{35}$에서 $c=\dfrac{3}{25}$

따라서 $abc=5\times3\times\dfrac{3}{25}=\dfrac{9}{5}$

6 $A=2\sqrt{3}\times3\sqrt{2}\div\sqrt{20}$

$\quad =2\sqrt{3}\times3\sqrt{2}\div2\sqrt{5}$

$\quad =2\sqrt{3}\times3\sqrt{2}\times\dfrac{1}{2\sqrt{5}}$

$\quad =\dfrac{3\sqrt{6}}{\sqrt{5}}=\dfrac{3\sqrt{30}}{5}$

7 오른쪽 그림과 같이 $\overline{BD}$를 그으면 직 각삼각형 BCD에서 피타고라스 정리 에 의하여

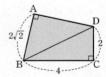

$\overline{BD}=\sqrt{4^2+2^2}=\sqrt{16+4}$

$\qquad =\sqrt{20}=2\sqrt{5}$

직각삼각형 ABD에서 피타고라스 정리에 의하여

$\overline{AD}=\sqrt{(2\sqrt{5})^2-(2\sqrt{2})^2}=\sqrt{20-8}$

$\qquad =\sqrt{12}=2\sqrt{3}$

따라서 사각형 ABCD의 넓이는

$\triangle ABD+\triangle BCD=\dfrac{1}{2}\times2\sqrt{2}\times2\sqrt{3}+\dfrac{1}{2}\times4\times2$

$\qquad\qquad\qquad\quad =2\sqrt{6}+4$

8 오른쪽 그림과 같이 $\overline{EG}$를 그으면

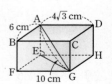

$\overline{EG}=\sqrt{6^2+(4\sqrt{3})^2}$

$\qquad =\sqrt{36+48}$

$\qquad =\sqrt{84}=2\sqrt{21}\,(cm)$

직각삼각형 AEG에서

$\overline{AE}=\sqrt{10^2-(2\sqrt{21})^2}$

$\qquad =\sqrt{100-84}$

$\qquad =\sqrt{16}=4\,(cm)$

9 오른쪽 그림과 같은 정삼각형 ABC의 한 변의 길이를 x cm라 하고, 점 A에서 $\overline{BC}$에 내린 수선의 발을 H라 하면 직각삼각형 AHC에서

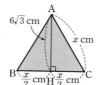

$(6\sqrt{3})^2+\left(\dfrac{x}{2}\right)^2=x^2$이므로

$108+\dfrac{x^2}{4}=x^2$, 즉 $x^2=144$

이때 $x>0$이므로 $x=12$

따라서 정삼각형의 한 변의 길이가 12 cm이므로 넓이는

$\dfrac{1}{2}\times12\times6\sqrt{3}=36\sqrt{3}\,(\text{cm}^2)$

10 ① $\sqrt{166}=\sqrt{41.5\times4}=\sqrt{41.5\times2^2}=2\sqrt{41.5}=2b$

② $\sqrt{4150}=\sqrt{41.5\times10^2}=10\sqrt{41.5}=10b$

③ $\sqrt{41500}=\sqrt{4.15\times100^2}=100\sqrt{4.15}=100a$

④ $\sqrt{0.0415}=\sqrt{\dfrac{4.15}{10^2}}=\dfrac{\sqrt{4.15}}{10}=\dfrac{a}{10}$

⑤ $\sqrt{0.000415}=\sqrt{\dfrac{4.15}{100^2}}=\dfrac{\sqrt{4.15}}{100}=\dfrac{a}{100}$

따라서 옳지 않은 것은 ②, ⑤이다.

11 $3\sqrt{2}=\sqrt{18}$, $2\sqrt{5}=\sqrt{20}$이므로 $3\sqrt{2}-2\sqrt{5}<0$

$4\sqrt{5}=\sqrt{80}$, $6\sqrt{2}=\sqrt{72}$이므로 $4\sqrt{5}-6\sqrt{2}>0$

$\sqrt{(3\sqrt{2}-2\sqrt{5})^2}-\sqrt{(4\sqrt{5}-6\sqrt{2})^2}$

$=-(3\sqrt{2}-2\sqrt{5})-(4\sqrt{5}-6\sqrt{2})$

$=-3\sqrt{2}+2\sqrt{5}-4\sqrt{5}+6\sqrt{2}$

$=3\sqrt{2}-2\sqrt{5}$

따라서 $a=3$, $b=-2$이므로

$a+b=3+(-2)=1$

12 $\sqrt{2}(\sqrt{48}+3)-\sqrt{32}+\sqrt{54}$

$=\sqrt{2}(4\sqrt{3}+3)-4\sqrt{2}+3\sqrt{6}$

$=4\sqrt{6}+3\sqrt{2}-4\sqrt{2}+3\sqrt{6}$

$=-\sqrt{2}+7\sqrt{6}$

따라서 $a=-1$, $b=7$이므로

$ab=(-1)\times7=-7$

13 $x=\dfrac{6+\sqrt{6}}{\sqrt{3}}=\dfrac{(6+\sqrt{6})\times\sqrt{3}}{\sqrt{3}\times\sqrt{3}}$

$=\dfrac{6\sqrt{3}+3\sqrt{2}}{3}=2\sqrt{3}+\sqrt{2}$

$y=\dfrac{2-\sqrt{6}}{\sqrt{2}}=\dfrac{(2-\sqrt{6})\times\sqrt{2}}{\sqrt{2}\times\sqrt{2}}$

$=\dfrac{2\sqrt{2}-2\sqrt{3}}{2}=\sqrt{2}-\sqrt{3}$

따라서

$\sqrt{3}(x-y)=\sqrt{3}\{(2\sqrt{3}+\sqrt{2})-(\sqrt{2}-\sqrt{3})\}$

$=\sqrt{3}\times3\sqrt{3}=9$

14 $\dfrac{3\sqrt{2}}{4}(2-2\sqrt{6})-\dfrac{6\sqrt{2}-3\sqrt{3}}{\sqrt{6}}$

$=\dfrac{3\sqrt{2}}{2}-3\sqrt{3}-\dfrac{(6\sqrt{2}-3\sqrt{3})\times\sqrt{6}}{\sqrt{6}\times\sqrt{6}}$

$=\dfrac{3\sqrt{2}}{2}-3\sqrt{3}-\dfrac{12\sqrt{3}-9\sqrt{2}}{6}$

$=\dfrac{3\sqrt{2}}{2}-3\sqrt{3}-2\sqrt{3}+\dfrac{3\sqrt{2}}{2}$

$=3\sqrt{2}-5\sqrt{3}$

따라서 $a=3$, $b=-5$이므로

$\sqrt{-ab}=\sqrt{-3\times(-5)}=\sqrt{15}$

15 $A=7-4(a-\sqrt{3})+2\sqrt{3}-3a\sqrt{3}$

$=7-4a+4\sqrt{3}+2\sqrt{3}-3a\sqrt{3}$

$=(7-4a)+(6-3a)\sqrt{3}$

이 식이 유리수가 되려면

$6-3a=0$이므로 $a=2$

따라서

$A=(7-4a)+(6-3a)\sqrt{3}$

$=7-4\times2+0=-1$

16 $\sqrt{25}<\sqrt{27}<\sqrt{36}$, 즉 $5<\sqrt{27}<6$에서

$\sqrt{27}$의 정수 부분이 5이므로

$f(27)=\sqrt{27}-5=3\sqrt{3}-5$

$\sqrt{1}<\sqrt{3}<\sqrt{4}$, 즉 $1<\sqrt{3}<2$에서

$\sqrt{3}$의 정수 부분이 1이므로

$f(3)=\sqrt{3}-1$

따라서

$f(27)-f(3)=(3\sqrt{3}-5)-(\sqrt{3}-1)$

$=3\sqrt{3}-5-\sqrt{3}+1$

$=2\sqrt{3}-4$

17 네 정사각형의 한 변의 길이는 각각

$\sqrt{7}$ cm, $\sqrt{28}=2\sqrt{7}\,(\text{cm})$, $\sqrt{63}=3\sqrt{7}\,(\text{cm})$,

$\sqrt{112}=4\sqrt{7}\,(\text{cm})$

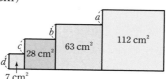

위의 그림에서 $a+b+c+d=4\sqrt{7}\,(\text{cm})$

따라서 도형의 둘레의 길이는

$(\sqrt{7}+2\sqrt{7}+3\sqrt{7}+4\sqrt{7})\times2+(a+b+c+d)\times2$

$=10\sqrt{7}\times2+4\sqrt{7}\times2$

$=28\sqrt{7}\,(\text{cm})$

18 정사각형 ABCD의 한 변의 길이는
$$\overline{AB}=1-(-2)=3$$
직각삼각형 ABC에서 피타고라스 정리에 의하여
$$\overline{AC}=\sqrt{3^2+3^2}=\sqrt{9+9}=\sqrt{18}=3\sqrt{2}$$
$\overline{AP}=\overline{AC}=3\sqrt{2}$이므로 점 P의 좌표는 $-2+3\sqrt{2}$
직각삼각형 ABD에서 피타고라스 정리에 의하여
$$\overline{BD}=\sqrt{3^2+3^2}=\sqrt{9+9}=\sqrt{18}=3\sqrt{2}$$
$\overline{BQ}=\overline{BD}=3\sqrt{2}$이므로 점 Q의 좌표는 $1-3\sqrt{2}$
따라서
$$\begin{aligned}\overline{PQ}&=(-2+3\sqrt{2})-(1-3\sqrt{2})\\&=-2+3\sqrt{2}-1+3\sqrt{2}\\&=-3+6\sqrt{2}\end{aligned}$$

고난도 실전 문제
| 30~36쪽 |

01 -18	02 ③	03 2	04 4	05 5
06 ㄴ, ㄷ	07 ②	08 1	09 ⑤	10 ⑤
11 3	12 $-\dfrac{7}{6}$	13 33	14 ⑤	15 ④
16 $\sqrt{3}$	17 ③	18 윗변: $\dfrac{25\sqrt{3}}{3}$, 아랫변: $\dfrac{35\sqrt{3}}{3}$		
19 $3\sqrt{6}$ cm	20 $4\sqrt{3}$	21 $28\sqrt{15}$	22 ⑤	23 ①
24 ③	25 $-\dfrac{1}{2}$	26 $5\sqrt{2}+3$	27 ③	28 ④
29 ③	30 $-\dfrac{14\sqrt{5}}{5}$		31 $3\sqrt{3}$	32 ⑤
33 3	34 ①	35 $3a-1$	36 $-\sqrt{10}+4$	
37 ④	38 $40\sqrt{2}$ cm		39 $20\sqrt{3}+4\sqrt{6}$	
40 $(2+3\sqrt{2})k$		41 $\sqrt{15}$ m	42 $\dfrac{\sqrt{2}+6\sqrt{5}}{2}$	

01 $2\sqrt{34+a}=4\sqrt{3}$에서 $\sqrt{34+a}=2\sqrt{3}$
$\sqrt{34+a}=\sqrt{12}$이므로 $34+a=12$, 즉 $a=-22$
$\sqrt{50-b}=3\sqrt{6}$에서 $\sqrt{50-b}=\sqrt{54}$이므로
$50-b=54$, 즉 $b=-4$
따라서 $a-b=-22-(-4)=-18$

02 ㄴ. $-a\sqrt{b}=-\sqrt{a^2b}$
ㄷ. $-\dfrac{\sqrt{b}}{ab}=-\sqrt{\dfrac{b}{a^2b^2}}=-\sqrt{\dfrac{1}{a^2b}}$
따라서 옳지 않은 것은 ㄴ, ㄷ이다.

03 $f(2)\times f(7)\times f(2a^3)\times f(28)\times f(a)$
$$\begin{aligned}&=\sqrt{2}\times\sqrt{7}\times\sqrt{2a^3}\times\sqrt{28}\times\sqrt{a}\\&=\sqrt{2\times7\times2a^3\times28\times a}\\&=\sqrt{28^2\times(a^2)^2}=\sqrt{(28a^2)^2}\end{aligned}$$
이때 $a^2>0$이므로
$$f(2)\times f(7)\times f(2a^3)\times f(28)\times f(a)=28a^2$$
따라서 $28a^2=112$이므로 $a^2=4$
이때 a가 자연수이므로 $a=2$

04 $\sqrt{\dfrac{12}{11}}\times\sqrt{\dfrac{242}{3}}=\dfrac{1}{11}\sqrt{12\times\dfrac{242}{3}}$
$$\begin{aligned}&=\dfrac{\sqrt{2^3\times11^2}}{11}=\dfrac{\sqrt{(2\times11)^2\times2}}{11}\\&=\dfrac{\sqrt{22^2\times2}}{11}=\dfrac{22\sqrt{2}}{11}=2\sqrt{2}\end{aligned}$$
따라서 $a=2$, $b=2$이므로 $a+b=2+2=4$

05 $a\sqrt{\dfrac{12b}{a}}+\dfrac{1}{b}\sqrt{\dfrac{27b}{a}}-\dfrac{1}{a}\sqrt{\dfrac{48a}{b}}$
$$=\sqrt{a^2\times\dfrac{12b}{a}}+\sqrt{\dfrac{1}{b^2}\times\dfrac{27b}{a}}-\sqrt{\dfrac{1}{a^2}\times\dfrac{48a}{b}}$$
$$=\sqrt{12ab}+\sqrt{\dfrac{27}{ab}}-\sqrt{\dfrac{48}{ab}}$$
이때 $ab=3$이므로 위의 식에 대입하면
$$\begin{aligned}(\text{주어진 식})&=\sqrt{12\times3}+\sqrt{\dfrac{27}{3}}-\sqrt{\dfrac{48}{3}}\\&=\sqrt{36}+\sqrt{9}-\sqrt{16}\\&=6+3-4=5\end{aligned}$$

06 $\sqrt{0.24}=\sqrt{\dfrac{24}{100}}=\sqrt{\dfrac{2^3\times3}{100}}=\dfrac{(\sqrt{2})^3\times\sqrt{3}}{10}=\dfrac{a^3b}{10}$
$\sqrt{0.24}=\sqrt{\dfrac{24}{100}}=\sqrt{\dfrac{2^3\times3}{100}}=\dfrac{2\sqrt{2}\times\sqrt{3}}{10}=\dfrac{\sqrt{2}\times\sqrt{3}}{5}=\dfrac{ab}{5}$
따라서 $\sqrt{0.24}$를 a, b를 사용하여 나타낸 것은 ㄴ, ㄷ이다.

07 $\sqrt{0.025}=\sqrt{\dfrac{250}{10000}}=\dfrac{5\sqrt{10}}{100}=\dfrac{\sqrt{10}}{20}=\dfrac{b}{20}$
$\sqrt{1200}=\sqrt{400\times3}=20\sqrt{3}=20a$
따라서 $\sqrt{0.025}+\sqrt{1200}=\dfrac{b}{20}+20a=20a+\dfrac{b}{20}$

08 $\sqrt{7000}=\sqrt{10^2\times70}=10\sqrt{70}$이므로 $\sqrt{7000}$은 $\sqrt{70}$의 10배이다.
즉, $a=10$
$$\begin{aligned}b&=\dfrac{\sqrt{0.7}}{\sqrt{70}}=\sqrt{0.7}\times\dfrac{1}{\sqrt{70}}=\sqrt{\dfrac{7}{10}}\times\dfrac{1}{\sqrt{70}}\\&=\sqrt{\dfrac{7}{10}\times\dfrac{1}{70}}=\sqrt{\dfrac{1}{100}}=\dfrac{1}{10}\end{aligned}$$
따라서 $ab=10\times\dfrac{1}{10}=1$

09 $x^2=a$ (a는 자연수)라 하면 $x>0$이므로 $x=\sqrt{a}$

$\sqrt{12}<x<\sqrt{78}$이므로 $\sqrt{12}<\sqrt{a}<\sqrt{78}$

즉, $12<a<78$ …… ㉠

$\sqrt{3}x=\sqrt{3}\sqrt{a}=\sqrt{3a}$가 자연수이므로 $a=3k^2$ (k는 자연수) 꼴이어야 한다.

㉠에서 $12<3k^2<78$이므로 $4<k^2<26$

이를 만족시키는 자연수 k의 값은 3, 4, 5이고, 그때의 a의 값은 3×3^2, 3×4^2, 3×5^2이다.

따라서 모든 x의 값은 $\sqrt{3\times3^2}=3\sqrt{3}$, $\sqrt{3\times4^2}=4\sqrt{3}$,

$\sqrt{3\times5^2}=5\sqrt{3}$이므로 그 곱은

$3\sqrt{3}\times4\sqrt{3}\times5\sqrt{3}=180\sqrt{3}$

[다른 풀이]

x^2, $\sqrt{3}x$가 모두 자연수가 되도록 하려면

$x=\sqrt{3}a$ (a는 자연수) 꼴이어야 하므로

$\sqrt{12}<\sqrt{3}a<\sqrt{78}$에서 $2<a<\sqrt{26}$

각 변을 제곱하면 $4<a^2<26$이므로 이를 만족시키는 자연수 a의 값은 3, 4, 5이다.

따라서 모든 x의 값은 $3\sqrt{3}$, $4\sqrt{3}$, $5\sqrt{3}$이므로 그 곱은

$3\sqrt{3}\times4\sqrt{3}\times5\sqrt{3}=180\sqrt{3}$

10 $\dfrac{2y^3}{x}=\dfrac{2\times(\sqrt{2})^3}{\sqrt{7}}=\dfrac{2\times2\sqrt{2}}{\sqrt{7}}$

$=\dfrac{4\sqrt{2}}{\sqrt{7}}=\dfrac{4\sqrt{2}\times\sqrt{7}}{\sqrt{7}\times\sqrt{7}}=\dfrac{4\sqrt{14}}{7}$

따라서 $a=7$, $b=4$이므로

$a-b=7-4=3$

11 $\dfrac{\sqrt{200}}{2\sqrt{a}}=\dfrac{10\sqrt{2}}{2\sqrt{a}}=\dfrac{5\sqrt{2}}{\sqrt{a}}$

$=\dfrac{5\sqrt{2}\times\sqrt{a}}{\sqrt{a}\times\sqrt{a}}=\dfrac{5\sqrt{2a}}{a}$

따라서 $\dfrac{5\sqrt{2a}}{a}=\dfrac{5\sqrt{6}}{3}$이므로 $a=3$

12 $\dfrac{6}{\sqrt{48}}=\dfrac{6}{\sqrt{4^2\times3}}=\dfrac{6}{4\sqrt{3}}=\dfrac{3}{2\sqrt{3}}=\dfrac{\sqrt{3}}{2}$이므로

$a=\dfrac{1}{2}$ …… ❶

$\dfrac{10}{\sqrt{6}}=\dfrac{10\sqrt{6}}{6}=\dfrac{5\sqrt{6}}{3}$이므로

$b=\dfrac{5}{3}$ …… ❷

따라서 $a-b=\dfrac{1}{2}-\dfrac{5}{3}=-\dfrac{7}{6}$ …… ❸

채점 기준	비율
❶ a의 값 구하기	40 %
❷ b의 값 구하기	40 %
❸ $a-b$의 값 구하기	20 %

13 $\dfrac{5a\sqrt{b}}{\sqrt{a}}-\dfrac{2b\sqrt{a}}{\sqrt{b}}=\dfrac{5a\sqrt{b}\times\sqrt{a}}{\sqrt{a}\times\sqrt{a}}-\dfrac{2b\sqrt{a}\times\sqrt{b}}{\sqrt{b}\times\sqrt{b}}$

$=\dfrac{5a\sqrt{ab}}{a}-\dfrac{2b\sqrt{ab}}{b}$

$=5\sqrt{ab}-2\sqrt{ab}$ …… ❶

이때 $\sqrt{ab}=11$이므로 위의 식에 대입하면

(주어진 식) $=5\times11-2\times11$

$=55-22=33$ …… ❷

채점 기준	비율
❶ 주어진 식을 간단히 하기	60 %
❷ 주어진 식의 값 구하기	40 %

14 $\sqrt{396}\times(-2\sqrt{7})\div(-8\sqrt{21})$

$=6\sqrt{11}\times(-2\sqrt{7})\times\left(-\dfrac{1}{8\sqrt{21}}\right)$

$=\dfrac{3\sqrt{11}}{2\sqrt{3}}=\dfrac{\sqrt{33}}{2}$

15 $\dfrac{12}{\sqrt{15}}\times\sqrt{\dfrac{3}{4}}\div\dfrac{2\sqrt{6}}{\sqrt{5}}=\dfrac{12}{\sqrt{15}}\times\dfrac{\sqrt{3}}{\sqrt{4}}\times\dfrac{\sqrt{5}}{2\sqrt{6}}=\dfrac{3}{\sqrt{6}}=\dfrac{\sqrt{6}}{2}$

따라서 $\dfrac{\sqrt{6}}{2}=\dfrac{\sqrt{a}}{2}$이므로 $a=6$

16 어떤 수를 A라 하면 $A\div\sqrt{5}\times\dfrac{\sqrt{40}}{3}=8$이므로

$A=8\div\dfrac{\sqrt{40}}{3}\times\sqrt{5}=8\times\dfrac{3}{\sqrt{40}}\times\sqrt{5}$

$=8\times\dfrac{3}{2\sqrt{10}}\times\sqrt{5}=\dfrac{12}{\sqrt{2}}=6\sqrt{2}$

따라서 어떤 수 $6\sqrt{2}$를 $2\sqrt{6}$으로 나눈 몫은

$6\sqrt{2}\div2\sqrt{6}=\dfrac{6\sqrt{2}}{2\sqrt{6}}=\dfrac{3}{\sqrt{3}}=\sqrt{3}$

17 밑면인 원의 반지름의 길이를 r cm라 하면

$2\pi r=8\sqrt{6}\pi$이므로 $r=4\sqrt{6}$

따라서 구하는 원기둥의 부피는

$\pi\times(4\sqrt{6})^2\times2\sqrt{2}=192\sqrt{2}\pi$ (cm³)

18 사다리꼴의 높이는 $\sqrt{300}=\sqrt{10^2\times3}=10\sqrt{3}$

윗변의 길이와 아랫변의 길이를 각각 $5x$, $7x$라 하면 넓이가 300이므로

$\dfrac{1}{2}\times(5x+7x)\times10\sqrt{3}=300$

$60\sqrt{3}x=300$에서 $x=\dfrac{5}{\sqrt{3}}=\dfrac{5\sqrt{3}}{3}$

따라서 윗변의 길이는 $5x=5\times\dfrac{5\sqrt{3}}{3}=\dfrac{25\sqrt{3}}{3}$,

아랫변의 길이는 $7x=7\times\dfrac{5\sqrt{3}}{3}=\dfrac{35\sqrt{3}}{3}$

19 정육면체의 한 모서리의 길이를 x cm라 하면

$6x^2=108$에서 $x^2=18$

이때 $x>0$이므로 $x=\sqrt{18}=3\sqrt{2}$

오른쪽 그림과 같이 한 모서리의 길이가 $3\sqrt{2}$ cm인 정육면체에서

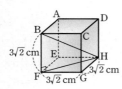

$\overline{FH}=\sqrt{(3\sqrt{2})^2+(3\sqrt{2})^2}$

$\quad\ =\sqrt{18+18}$

$\quad\ =\sqrt{36}=6\,(\text{cm})$

직각삼각형 BFH에서

$\overline{BH}=\sqrt{6^2+(3\sqrt{2})^2}=\sqrt{36+18}=\sqrt{54}=3\sqrt{6}\,(\text{cm})$

따라서 정육면체의 대각선의 길이는 $3\sqrt{6}$ cm이다.

20 오른쪽 그림과 같이 $\overline{BD}$를 그으면

$\angle ABD=\dfrac{1}{2}\times120°=60°$

$\overline{AB}=\overline{AD}$이므로

$\angle ADB=\angle ABD=60°$

따라서 삼각형 ABD는 정삼각형이다.

점 A에서 $\overline{BD}$에 내린 수선의 발을 H라 하면 삼각형 ABD는 정삼각형이므로

$\overline{BH}=\dfrac{1}{2}\times2\sqrt{2}=\sqrt{2}$

직각삼각형 ABH에서

$\overline{AH}=\sqrt{(2\sqrt{2})^2-(\sqrt{2})^2}=\sqrt{6}$

따라서 마름모 ABCD의 넓이는

$2\times\triangle ABD=2\times\left(\dfrac{1}{2}\times2\sqrt{2}\times\sqrt{6}\right)=2\sqrt{12}=4\sqrt{3}$

21 처음 사각뿔의 부피는

$\dfrac{1}{3}\times4\sqrt{10}\times4\sqrt{3}\times3\sqrt{2}=32\sqrt{15}$

처음 사각뿔과 잘라 낸 사각뿔의 닮음비는 $2:1$이므로 부피의 비는 $2^3:1^3=8:1$

따라서 남은 입체도형의 부피는 처음 사각뿔의 $\dfrac{7}{8}$이므로

$32\sqrt{15}\times\dfrac{7}{8}=28\sqrt{15}$

참고

닮음비가 $m:n$인 두 입체도형에서

① 겉넓이의 비는 $m^2:n^2$

② 부피의 비는 $m^3:n^3$

22 $\sqrt{1080}=\sqrt{270\times2^2}=2\sqrt{270}$

$\qquad\quad\ =2\sqrt{2.7\times10^2}=20\sqrt{2.7}$

$\qquad\quad\ =20\times1.643=32.86$

따라서 $\sqrt{1080}$과 가장 가까운 정수는 33이다.

23 $\sqrt{90}=\sqrt{22.5\times2^2}=2\sqrt{22.5}=2b$,

$\sqrt{0.000225}=\sqrt{\dfrac{2.25}{100^2}}=\dfrac{\sqrt{2.25}}{100}=\dfrac{a}{100}$이므로

$\sqrt{90}+\sqrt{0.000225}=2b+\dfrac{a}{100}=\dfrac{a}{100}+2b$

24 $5232=4^2\times327$이므로 $\sqrt{52.32}=\sqrt{4^2\times3.27}=4\sqrt{3.27}$

따라서 주어진 제곱근 중에서 $\sqrt{3.27}$의 값을 이용해야 한다.

25 $\dfrac{\sqrt{28}}{7}+\dfrac{\sqrt{80}}{4}-\dfrac{\sqrt{63}}{3}-\dfrac{\sqrt{45}}{10}$

$=\dfrac{2\sqrt{7}}{7}+\dfrac{4\sqrt{5}}{4}-\dfrac{3\sqrt{7}}{3}-\dfrac{3\sqrt{5}}{10}$

$=\dfrac{2\sqrt{7}}{7}+\sqrt{5}-\sqrt{7}-\dfrac{3\sqrt{5}}{10}$

$=\dfrac{7}{10}\sqrt{5}-\dfrac{5}{7}\sqrt{7}$

따라서 $\dfrac{7}{10}\sqrt{5}-\dfrac{5}{7}\sqrt{7}=a\sqrt{5}+b\sqrt{7}$에서

$a=\dfrac{7}{10}$, $b=-\dfrac{5}{7}$이므로 $ab=\dfrac{7}{10}\times\left(-\dfrac{5}{7}\right)=-\dfrac{1}{2}$

26

	$\sqrt{128}+6$	$\sqrt{2}-1$
	$\sqrt{32}+2$	
$\sqrt{98}+5$	y	x

대각선에 있는 세 수의 합은

$(\sqrt{2}-1)+(\sqrt{32}+2)+\sqrt{98}+5$

$=(\sqrt{2}-1)+(4\sqrt{2}+2)+7\sqrt{2}+5$

$=12\sqrt{2}+6$

세로에 놓인 세 수의 합도 $12\sqrt{2}+6$이므로

$(\sqrt{128}+6)+(\sqrt{32}+2)+y=12\sqrt{2}+6$

$y=(12\sqrt{2}+6)-(\sqrt{32}+2)-(\sqrt{128}+6)$

$\ =(12\sqrt{2}+6)-(4\sqrt{2}+2)-(8\sqrt{2}+6)$

$\ =12\sqrt{2}+6-4\sqrt{2}-2-8\sqrt{2}-6=-2$

가로에 놓인 세 수의 합도 $12\sqrt{2}+6$이므로

$\sqrt{98}+5+y+x=12\sqrt{2}+6$

따라서 $\sqrt{98}+5-2+x=12\sqrt{2}+6$에서

$x=(12\sqrt{2}+6)+2-(\sqrt{98}+5)$

$\ =12\sqrt{2}+6+2-(7\sqrt{2}+5)=5\sqrt{2}+3$

27 $a+b=(3\sqrt{11}-2\sqrt{2})+(4\sqrt{2}-\sqrt{11})=2\sqrt{11}+2\sqrt{2}>0$

$b-a=(4\sqrt{2}-\sqrt{11})-(3\sqrt{11}-2\sqrt{2})=6\sqrt{2}-4\sqrt{11}<0$

따라서

$\sqrt{(a+b)^2}-\sqrt{(b-a)^2}=(a+b)-\{-(b-a)\}$

$\qquad\qquad\qquad\qquad\qquad\ =2b=2(4\sqrt{2}-\sqrt{11})$

$\qquad\qquad\qquad\qquad\qquad\ =8\sqrt{2}-2\sqrt{11}$

28 $a◎b=\sqrt{2}a+ab$이므로

$(3\sqrt{5}-4)◎\sqrt{10}$

$=\sqrt{2}(3\sqrt{5}-4)+(3\sqrt{5}-4)\sqrt{10}$

$=3\sqrt{10}-4\sqrt{2}+15\sqrt{2}-4\sqrt{10}$

$=11\sqrt{2}-\sqrt{10}$

29 $x=\dfrac{\sqrt{2}+\sqrt{10}}{\sqrt{2}}=\dfrac{(\sqrt{2}+\sqrt{10})\times\sqrt{2}}{\sqrt{2}\times\sqrt{2}}$

$=\dfrac{2+2\sqrt{5}}{2}=1+\sqrt{5}$

$y=\dfrac{\sqrt{2}-\sqrt{10}}{\sqrt{2}}=\dfrac{(\sqrt{2}-\sqrt{10})\times\sqrt{2}}{\sqrt{2}\times\sqrt{2}}$

$=\dfrac{2-2\sqrt{5}}{2}=1-\sqrt{5}$

따라서 $x+y=(1+\sqrt{5})+(1-\sqrt{5})=2$,

$x-y=(1+\sqrt{5})-(1-\sqrt{5})=2\sqrt{5}$이므로

$\dfrac{x+y}{x-y}=\dfrac{2}{2\sqrt{5}}=\dfrac{1}{\sqrt{5}}=\dfrac{\sqrt{5}}{5}$

30 $A=\sqrt{2}(1-\sqrt{20})-\sqrt{5}(3-\sqrt{8})$

$=\sqrt{2}(1-2\sqrt{5})-\sqrt{5}(3-2\sqrt{2})$

$=\sqrt{2}-2\sqrt{10}-3\sqrt{5}+2\sqrt{10}$

$=\sqrt{2}-3\sqrt{5}$ ······ ❶

$B=\dfrac{1}{\sqrt{2}}(\sqrt{10}-4)+\dfrac{2}{\sqrt{10}}(\sqrt{45}-\sqrt{18})$

$=\dfrac{(\sqrt{10}-4)\times\sqrt{2}}{\sqrt{2}\times\sqrt{2}}+\dfrac{2}{\sqrt{10}}(3\sqrt{5}-3\sqrt{2})$

$=\dfrac{2\sqrt{5}-4\sqrt{2}}{2}+\dfrac{2(3\sqrt{5}-3\sqrt{2})\times\sqrt{10}}{\sqrt{10}\times\sqrt{10}}$

$=\sqrt{5}-2\sqrt{2}+\dfrac{15\sqrt{2}-6\sqrt{5}}{5}$

$=\sqrt{5}-2\sqrt{2}+3\sqrt{2}-\dfrac{6\sqrt{5}}{5}$

$=\sqrt{2}-\dfrac{\sqrt{5}}{5}$ ······ ❷

따라서

$A-B=(\sqrt{2}-3\sqrt{5})-\left(\sqrt{2}-\dfrac{\sqrt{5}}{5}\right)$

$=\sqrt{2}-3\sqrt{5}-\sqrt{2}+\dfrac{\sqrt{5}}{5}$

$=-\dfrac{14\sqrt{5}}{5}$ ······ ❸

채점 기준	비율
❶ A의 값 구하기	40 %
❷ B의 값 구하기	40 %
❸ $A-B$의 값 구하기	20 %

31 $\left\{\sqrt{12}-\sqrt{2}\left(\sqrt{24}-\dfrac{3}{\sqrt{6}}\right)\right\}^2+\left(\sqrt{5}-\dfrac{\sqrt{10}-4\sqrt{3}}{\sqrt{2}}\right)^2$

$=\left\{2\sqrt{3}-\sqrt{2}\left(2\sqrt{6}-\dfrac{\sqrt{6}}{2}\right)\right\}^2+(\sqrt{5}-\sqrt{5}+2\sqrt{6})^2$

$=(2\sqrt{3}-4\sqrt{3}+\sqrt{3})^2+(2\sqrt{6})^2$

$=(-\sqrt{3})^2+(2\sqrt{6})^2$

$=3+24=27$

따라서 (주어진 식)$=\sqrt{27}=3\sqrt{3}$

32 $(-2★a)-(a★3)=(-2-a\sqrt{5})-(a-3\sqrt{5})$

$=(-2-a)+(-a+3)\sqrt{5}=b$

즉, $-2-a=b$, $-a+3=0$이므로

$a=3$, $b=-2-3=-5$

따라서 $a\sqrt{5}★b=3\sqrt{5}★(-5)=3\sqrt{5}-(-5\sqrt{5})=8\sqrt{5}$

33 $\sqrt{96a}=\sqrt{2^5\times3\times a}$가 자연수가 되려면

$a=2\times3\times k^2$ (k는 자연수) 꼴이어야 하므로 가장 작은 자연

수 a의 값은 $a=2\times3=6$ ······ ❶

이때 $4-\sqrt{a}=4-\sqrt{6}>0$이므로

$\sqrt{(4-\sqrt{a})^2}+2b\sqrt{a}=\sqrt{(4-\sqrt{6})^2}+2b\sqrt{6}$

$=4-\sqrt{6}+2b\sqrt{6}$

$=4+(2b-1)\sqrt{6}$

이 식이 유리수가 되려면 $2b-1=0$이므로

$b=\dfrac{1}{2}$ ······ ❷

따라서 $ab=6\times\dfrac{1}{2}=3$ ······ ❸

채점 기준	비율
❶ a의 값 구하기	40 %
❷ b의 값 구하기	40 %
❸ ab의 값 구하기	20 %

34 $4<\sqrt{18}<5$에서 $7<\sqrt{18}+3<8$

$\sqrt{18}+3$의 정수 부분이 7이므로

$f(18)=(\sqrt{18}+3)-7=\sqrt{18}-4=3\sqrt{2}-4$

$5<\sqrt{32}<6$에서 $3<\sqrt{32}-2<4$

$\sqrt{32}-2$의 정수 부분이 3이므로

$g(32)=(\sqrt{32}-2)-3=\sqrt{32}-5=4\sqrt{2}-5$

따라서

$f(18)-g(32)=(3\sqrt{2}-4)-(4\sqrt{2}-5)$

$=3\sqrt{2}-4-4\sqrt{2}+5=1-\sqrt{2}$

35 $3<\sqrt{13}<4$이므로 $\sqrt{13}$의 소수 부분은

$a=\sqrt{13}-3$, 즉 $\sqrt{13}=a+3$

이때 $10<\sqrt{117}<11$이므로 $\sqrt{117}$의 소수 부분은

$\sqrt{117}-10=3\sqrt{13}-10=3(a+3)-10=3a-1$

36 $2\sqrt{10}=\sqrt{40}$이고 $6<\sqrt{40}<7$에서

$5<2\sqrt{10}-1<6$이므로

$a=(2\sqrt{10}-1)-5=2\sqrt{10}-6$ ...... ❶

$3<\sqrt{10}<4$이고 $7<4+\sqrt{10}<8$이므로

$b=(4+\sqrt{10})-7=\sqrt{10}-3$ ...... ❷

따라서 $a-3=(2\sqrt{10}-6)-3=2\sqrt{10}-9<0$,

$b-2=(\sqrt{10}-3)-2=\sqrt{10}-5<0$이므로

$\sqrt{(a-3)^2}-\sqrt{(b-2)^2}$

$=-(a-3)-\{-(b-2)\}$

$=-a+3+b-2$

$=-a+b+1$

$=-(2\sqrt{10}-6)+(\sqrt{10}-3)+1$

$=-\sqrt{10}+4$ ...... ❸

채점 기준	비율
❶ a의 값 구하기	30 %
❷ b의 값 구하기	30 %
❸ 주어진 식의 값 구하기	40 %

37 넓이가 각각 27 cm², 12 cm², 3 cm²인 세 직각이등변삼각형의 빗변이 아닌 한 변의 길이를 각각 a cm, b cm, c cm라 하면

$\frac{1}{2}a^2=27$, $\frac{1}{2}b^2=12$, $\frac{1}{2}c^2=3$이므로

$a^2=54$, $b^2=24$, $c^2=6$

따라서 $a=\sqrt{54}=3\sqrt{6}$, $b=\sqrt{24}=2\sqrt{6}$, $c=\sqrt{6}$이므로

$\overline{AD}+\overline{DG}=(a+b)+(b+c)$

$=(3\sqrt{6}+2\sqrt{6})+(2\sqrt{6}+\sqrt{6})$

$=8\sqrt{6}$ (cm)

38 직육면체의 높이를 x cm라 하면

$3\sqrt{2}\times\sqrt{8}\times x=60\sqrt{2}$이므로

$3\sqrt{2}\times2\sqrt{2}\times x=60\sqrt{2}$

$12x=60\sqrt{2}$, 즉 $x=5\sqrt{2}$ ...... ❶

따라서 직육면체의 모든 모서리의 길이의 합은

$4\times(3\sqrt{2}+\sqrt{8}+5\sqrt{2})$

$=4\times(3\sqrt{2}+2\sqrt{2}+5\sqrt{2})$

$=4\times10\sqrt{2}$

$=40\sqrt{2}$ (cm) ...... ❷

채점 기준	비율
❶ 직육면체의 높이 구하기	50 %
❷ 직육면체의 모든 모서리의 길이의 합 구하기	50 %

39 주어진 도형의 둘레의 길이는 오른쪽 그림의 가장 큰 직사각형의 둘레의 길이와 같다.

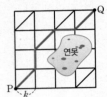

C의 넓이가 12이므로

(B의 넓이)$=12\times2=24$,

(A의 넓이)$=24\times2=48$

즉, 세 정사각형 A, B, C의 한 변의 길이는 각각

$\sqrt{48}=4\sqrt{3}$, $\sqrt{24}=2\sqrt{6}$, $\sqrt{12}=2\sqrt{3}$이므로

가장 큰 직사각형의 가로의 길이는 $4\sqrt{3}$,

세로의 길이는 $4\sqrt{3}+2\sqrt{6}+2\sqrt{3}=6\sqrt{3}+2\sqrt{6}$

따라서 구하는 도형의 둘레의 길이는

$2\times\{4\sqrt{3}+(6\sqrt{3}+2\sqrt{6})\}=2\times(10\sqrt{3}+2\sqrt{6})$

$=20\sqrt{3}+4\sqrt{6}$

40 한 변의 길이가 k인 정사각형의 대각선의 길이는 $\sqrt{2}k$이다.

P 지점에서 Q 지점까지 최단 거리로 가는 길은 오른쪽 그림에서 색칠한 선과 같다.

따라서 구하는 최단 거리는

$\sqrt{2}k+k+\sqrt{2}k+k+\sqrt{2}k$

$=(2+3\sqrt{2})k$

41 (정사각형 모양 땅의 넓이)=(꽃밭의 넓이)

$=(\sqrt{6}+\sqrt{15})\times\sqrt{15}-3\times\sqrt{10}$

$=3\sqrt{10}+15-3\sqrt{10}$

$=15$ (m²)

따라서 구하는 정사각형 모양 땅의 한 변의 길이는 $\sqrt{15}$ m이다.

42 직각삼각형 ABC에서 피타고라스 정리에 의하여

$\overline{AB}=\sqrt{3^2+1^2}=\sqrt{9+1}=\sqrt{10}$

$\overline{BP}=\overline{BQ}=\overline{AB}=\sqrt{10}$이므로

점 P에 대응하는 수는 $a=1+\sqrt{10}$,

점 Q에 대응하는 수는 $b=1-\sqrt{10}$

따라서

$\frac{2a-b}{\sqrt{2}}=\frac{2(1+\sqrt{10})-(1-\sqrt{10})}{\sqrt{2}}$

$=\frac{2+2\sqrt{10}-1+\sqrt{10}}{\sqrt{2}}$

$=\frac{1+3\sqrt{10}}{\sqrt{2}}=\frac{(1+3\sqrt{10})\times\sqrt{2}}{\sqrt{2}\times\sqrt{2}}$

$=\frac{\sqrt{2}+6\sqrt{5}}{2}$

03 다항식의 곱셈

| 40~43쪽 |

필수 확인 문제

01 -2	02 ①	03 4	04 ③	05 -7
06 $-5x^2+16x+3$	07 ②	08 ⑤		09 ①
10 -6	11 2	12 $10a^2+54ab+54b^2$		13 ⑤
14 200.02	15 70	16 $-2\sqrt{2}+\sqrt{3}$		17 ①
18 4	19 ②	20 ④	21 16	22 ④
23 $12+4\sqrt{10}$		24 ②		

01
$(x-Ay)(4x+7y)=4x^2+7xy-4Axy-7Ay^2$
$\qquad\qquad\qquad =4x^2+(7-4A)xy-7Ay^2$
이므로 $7-4A=B$, $-7A=-21$
따라서 $A=3$, $B=7-4\times3=-5$이므로
$A+B=3+(-5)=-2$

02 주어진 식을 전개한 식에서 xy항은
$x\times3y+6y\times(-5x)=3xy-30xy$
$\qquad\qquad\qquad\qquad =-27xy$
따라서 xy의 계수는 -27이다.

다른 풀이
$(x+6y)(3y-5x+4)$
$=3xy-5x^2+4x+18y^2-30xy+24y$
$=-5x^2-27xy+4x+18y^2+24y$
따라서 xy의 계수는 -27이다.

03 주어진 식을 전개한 식에서 xy항은
$5x\times by+ay\times(-2x)=(-2a+5b)xy$이므로
$-2a+5b=17$ ...... ㉠
또 y항은
$ay\times2=2ay$이므로
$2a=-2$, 즉 $a=-1$
$a=-1$을 ㉠에 대입하면
$2+5b=17$, $5b=15$, 즉 $b=3$
따라서 $b-a=3-(-1)=4$

다른 풀이
$(5x+ay)(-2x+by+2)$
$=-10x^2+5bxy+10x-2axy+aby^2+2ay$
$=-10x^2+(-2a+5b)xy+10x+aby^2+2ay$
이므로 $-2a+5b=17$, $2a=-2$
$2a=-2$에서 $a=-1$
$a=-1$을 $-2a+5b=17$에 대입하면
$2+5b=17$, $5b=15$, 즉 $b=3$
따라서 $b-a=3-(-1)=4$

04
$(3x+a)^2=9x^2+6ax+a^2$이므로
$6a=b$, $a^2=\dfrac{1}{25}$
$a^2=\dfrac{1}{25}$에서 $a>0$이므로 $a=\dfrac{1}{5}$
$b=6a=6\times\dfrac{1}{5}=\dfrac{6}{5}$
따라서
$5(a+b)=5\times\left(\dfrac{1}{5}+\dfrac{6}{5}\right)$
$\qquad\qquad =5\times\dfrac{7}{5}=7$

05
$(x+3)(6x-a)=6x^2+(-a+18)x-3a$ ...... ❶
x의 계수가 상수항보다 4만큼 크므로
$-a+18=-3a+4$, $2a=-14$
따라서 $a=-7$ ...... ❷

채점 기준	비율
❶ 주어진 식을 전개하기	50 %
❷ a의 값 구하기	50 %

06
$(x-2)(x-5)+(-2x+7)(3x-1)$
$=x^2-7x+10-6x^2+23x-7$
$=-5x^2+16x+3$

07
$(x-y)(-x+y)-(2x+y)(2x-y)$
$=(x-y)\{-(x-y)\}-(2x+y)(2x-y)$
$=-(x-y)^2-(2x+y)(2x-y)$
$=-(x^2-2xy+y^2)-(4x^2-y^2)$
$=-x^2+2xy-y^2-4x^2+y^2$
$=-5x^2+2xy$
따라서 $a=-5$, $b=2$, $c=0$이므로
$a+b+c=-5+2+0=-3$

08
① $(x-1)^2=x^2-2x+1$ ➡ x의 계수: -2
② $(x+2)(x-4)=x^2-2x-8$ ➡ x의 계수: -2
③ $(x+1)(3x-5)=3x^2-2x-5$ ➡ x의 계수: -2
④ $(3x-4)(5x+6)=15x^2-2x-24$ ➡ x의 계수: -2
⑤ $(9x-1)(7x+1)=63x^2+2x-1$ ➡ x의 계수: 2
따라서 x의 계수가 나머지 넷과 다른 하나는 ⑤이다.

09
$A=(-4x-3)(2x+5)=-8x^2-26x-15$,
$B=(3x-1)(2x+5)=6x^2+13x-5$이므로
$A+B=(-8x^2-26x-15)+(6x^2+13x-5)$
$\qquad\quad =-2x^2-13x-20$

10 $(2x-a)^2+(3x-7)(-x+6)$

$=4x^2-4ax+a^2+(-3x^2+25x-42)$

$=x^2+(-4a+25)x+a^2-42$ ...... ❶

x의 계수가 1이므로

$-4a+25=1$, $-4a=-24$, 즉 $a=6$ ...... ❷

따라서 상수항은

$a^2-42=36-42=-6$ ...... ❸

채점 기준	비율
❶ 주어진 식 전개하기	40 %
❷ a의 값 구하기	30 %
❸ 상수항 구하기	30 %

11 색칠한 부분의 넓이는 가장 큰 직사각형의 넓이에서 색칠하지 않은 직사각형의 넓이를 빼면 되므로

$(2x+y+2y)(6x-y)-2y(x-y)$

$=(2x+3y)(6x-y)-2y(x-y)$

$=12x^2+16xy-3y^2-2xy+2y^2$

$=12x^2+14xy-y^2$

따라서 $a=12$, $b=14$이므로

$b-a=14-12=2$

12 (직육면체 모양 상자의 겉넓이)

$=2\{(2a+3b)(a+b)+(a+b)(a+6b)$

$\quad+(2a+3b)(a+6b)\}$

$=2\{(2a^2+5ab+3b^2)+(a^2+7ab+6b^2)$

$\quad+(2a^2+15ab+18b^2)\}$

$=2(5a^2+27ab+27b^2)$

$=10a^2+54ab+54b^2$

13 ① $97\times103=(100-3)(100+3)$

$\quad\Rightarrow (a+b)(a-b)=a^2-b^2$

② $699^2=(700-1)^2 \Rightarrow (a-b)^2=a^2-2ab+b^2$

③ $10.4\times10.5=(10+0.4)(10+0.5)$

$\quad\Rightarrow (x+a)(x+b)=x^2+(a+b)x+ab$

④ $5.07\times4.93=(5+0.07)(5-0.07)$

$\quad\Rightarrow (a+b)(a-b)=a^2-b^2$

⑤ $1002^2=(1000+2)^2 \Rightarrow (a+b)^2=a^2+2ab+b^2$

따라서 주어진 곱셈 공식을 이용하면 편리한 것은 ⑤이다.

14 $10.1^2+9.9^2$

$=(10+0.1)^2+(10-0.1)^2$

$=10^2+2\times10\times0.1+(0.1)^2+10^2-2\times10\times0.1+(0.1)^2$

$=2\times10^2+2\times(0.1)^2$

$=200+0.02$

$=200.02$

15 $A=(3-\sqrt6)^2=9-6\sqrt6+6=15-6\sqrt6$,

$B=(3\sqrt6+1)^2=54+6\sqrt6+1=55+6\sqrt6$이므로

$A+B=(15-6\sqrt6)+(55+6\sqrt6)=70$

16 $\dfrac{1}{2-\sqrt3}-\dfrac{2}{\sqrt2-1}$

$=\dfrac{2+\sqrt3}{(2-\sqrt3)(2+\sqrt3)}-\dfrac{2(\sqrt2+1)}{(\sqrt2-1)(\sqrt2+1)}$

$=\dfrac{2+\sqrt3}{4-3}-\dfrac{2\sqrt2+2}{2-1}$

$=2+\sqrt3-(2\sqrt2+2)$

$=2+\sqrt3-2\sqrt2-2$

$=-2\sqrt2+\sqrt3$

17 $\dfrac{3-2\sqrt2}{3+2\sqrt2}-\dfrac{3+2\sqrt2}{3-2\sqrt2}$

$=\dfrac{(3-2\sqrt2)^2}{(3+2\sqrt2)(3-2\sqrt2)}-\dfrac{(3+2\sqrt2)^2}{(3-2\sqrt2)(3+2\sqrt2)}$

$=\dfrac{9-12\sqrt2+8}{9-8}-\dfrac{9+12\sqrt2+8}{9-8}$

$=9-12\sqrt2+8-(9+12\sqrt2+8)$

$=-24\sqrt2$

18 $\dfrac{8}{\sqrt6+\sqrt2}-\dfrac{4}{\sqrt6-\sqrt2}$

$=\dfrac{8(\sqrt6-\sqrt2)}{(\sqrt6+\sqrt2)(\sqrt6-\sqrt2)}-\dfrac{4(\sqrt6+\sqrt2)}{(\sqrt6-\sqrt2)(\sqrt6+\sqrt2)}$

$=\dfrac{8(\sqrt6-\sqrt2)}{4}-\dfrac{4(\sqrt6+\sqrt2)}{4}$

$=2(\sqrt6-\sqrt2)-(\sqrt6+\sqrt2)$

$=2\sqrt6-2\sqrt2-\sqrt6-\sqrt2$

$=-3\sqrt2+\sqrt6$ ...... ❶

따라서 $a=-3$, $b=1$이므로 ...... ❷

$b-a=1-(-3)=4$ ...... ❸

채점 기준	비율
❶ 주어진 식의 좌변을 계산하기	60 %
❷ a, b의 값 구하기	20 %
❸ $b-a$의 값 구하기	20 %

19 $x^2+y^2=(x-y)^2+2xy$

$\quad=(-3)^2+2\times4$

$\quad=9+8=17$

20 $\left(x-\dfrac{1}{x}\right)^2=\left(x+\dfrac{1}{x}\right)^2-4$

$\quad=6^2-4=32$

21 $x^2-5x+1=0$의 양변을 x로 나누면

$x-5+\dfrac{1}{x}=0$이므로 $x+\dfrac{1}{x}=5$ $\qquad$ …… ❶

따라서

$x^2-7+\dfrac{1}{x^2}=\left(x+\dfrac{1}{x}\right)^2-9=5^2-9=16$ $\qquad$ …… ❷

채점 기준	비율
❶ $x+\dfrac{1}{x}$의 값 구하기	40 %
❷ $x^2-7+\dfrac{1}{x^2}$의 값 구하기	60 %

22 $x=\dfrac{1}{4+\sqrt{15}}=\dfrac{4-\sqrt{15}}{(4+\sqrt{15})(4-\sqrt{15})}=4-\sqrt{15}$

$y=\dfrac{1}{\sqrt{15}-4}=\dfrac{\sqrt{15}+4}{(\sqrt{15}-4)(\sqrt{15}+4)}=-4-\sqrt{15}$

따라서 $x+y=(4-\sqrt{15})+(-4-\sqrt{15})=-2\sqrt{15}$이므로

$(x+y)^2=(-2\sqrt{15})^2=60$

23 $(x+y)(x-y)=x^2-y^2$

$\qquad\qquad\qquad=(3+\sqrt{10})^2-(\sqrt{2}+\sqrt{5})^2$

$\qquad\qquad\qquad=9+6\sqrt{10}+10-(2+2\sqrt{10}+5)$

$\qquad\qquad\qquad=19+6\sqrt{10}-7-2\sqrt{10}$

$\qquad\qquad\qquad=12+4\sqrt{10}$

24 $x=\sqrt{5}-4$에서 $x+4=\sqrt{5}$의 양변을 제곱하면

$(x+4)^2=(\sqrt{5})^2$, $x^2+8x+16=5$

따라서 $x^2+8x=-11$이므로

$x^2+8x+10=-11+10=-1$

~~~~~~~~~~

고난도 대표 유형 | 44~47쪽 |

1 -4	2 ②	3 15	4 ②
5 $-8x^2+2x+6$		6 $(18x^2-9x-9)$ m²	7 ④
8 $x^4+10x^3+35x^2+50x+24$		9 510	10 $6-\sqrt{2}$
11 31	12 ④		

1 $(4x+2y)(ax-5y)=4ax^2-20xy+2axy-10y^2$

$\qquad\qquad\qquad\qquad=4ax^2+(2a-20)xy-10y^2$

x^2의 계수와 xy의 계수가 같으므로

$4a=2a-20$, $2a=-20$, 즉 $a=-10$

따라서 $\dfrac{1}{2}a+1=\dfrac{1}{2}\times(-10)+1=-4$

~~~~~~~~~~

다른 풀이

주어진 식을 전개한 식에서 x^2항은

$4x\times ax=4ax^2$

또 xy항은

$4x\times(-5y)+2y\times ax=-20xy+2axy$

$\qquad\qquad\qquad\qquad\qquad=(2a-20)xy$

x^2의 계수와 xy의 계수가 같으므로

$4a=2a-20$, $2a=-20$, 즉 $a=-10$

따라서 $\dfrac{1}{2}a+1=\dfrac{1}{2}\times(-10)+1=-4$

2 $(ax-3b)^2=a^2x^2-6abx+9b^2$

x^2의 계수가 $\dfrac{1}{81}$이므로 $a^2=\dfrac{1}{81}$

이때 $a>0$이므로 $a=\dfrac{1}{9}$

상수항이 4이므로 $9b^2=4$, $b^2=\dfrac{4}{9}$

이때 $b>0$이므로 $b=\dfrac{2}{3}$

따라서 x의 계수는

$-6ab=-6\times\dfrac{1}{9}\times\dfrac{2}{3}=-\dfrac{4}{9}$

3 $(x-1)(x+1)(x^2+1)(x^4+1)(x^8+1)$

$=(x^2-1)(x^2+1)(x^4+1)(x^8+1)$

$=(x^4-1)(x^4+1)(x^8+1)$

$=(x^8-1)(x^8+1)$

$=x^{16}-1$

따라서 $a=16$, $b=-1$이므로

$a+b=16+(-1)=15$

4 $(x-3a)\left(x+\dfrac{2}{5}\right)=x^2+\left(-3a+\dfrac{2}{5}\right)x-\dfrac{6}{5}a$

x의 계수가 상수항의 3배이므로

$-3a+\dfrac{2}{5}=3\times\left(-\dfrac{6}{5}a\right)$, $\dfrac{3}{5}a=-\dfrac{2}{5}$

따라서 $a=-\dfrac{2}{3}$

5 잘못 계산한 식을 세우면

$(-2x+a)(3x+4)=-6x^2+(3a-8)x+4a$

$-6x^2+(3a-8)x+4a=-6x^2-2x+8$이므로

$3a-8=-2$이고 $4a=8$, 즉 $a=2$

따라서 바르게 계산하면

$(-2x+2)(4x+3)=-8x^2+2x+6$

03 다항식의 곱셈 ★ **21**

6 오른쪽 그림과 같이 길을 제외한 공원을 이동시켜 겹치지 않게 이어 붙이면 가로의 길이가 $(6x+5)-2=(6x+3)$ m, 세로의 길이가 $(3x-1)-2=(3x-3)$ m인 직사각형 모양

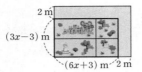

이 된다.
따라서 길을 제외한 공원의 넓이는
$(6x+3)(3x-3)=18x^2-9x-9(\text{m}^2)$

7 $x-3=A$로 놓으면
(주어진 식)$=(A+y)(A-y)+(2x-y)^2$
$=A^2-y^2+4x^2-4xy+y^2$
$=(x-3)^2-y^2+4x^2-4xy+y^2$
$=x^2-6x+9-y^2+4x^2-4xy+y^2$
$=5x^2-6x-4xy+9$

8 $(x+1)(x+2)(x+3)(x+4)$
$=\{(x+1)(x+4)\}\{(x+2)(x+3)\}$
$=(x^2+5x+4)(x^2+5x+6)$
$x^2+5x=A$로 놓으면
$(A+4)(A+6)=A^2+10A+24$
$\qquad\qquad\quad=(x^2+5x)^2+10(x^2+5x)+24$
$\qquad\qquad\quad=x^4+10x^3+25x^2+10x^2+50x+24$
$\qquad\qquad\quad=x^4+10x^3+35x^2+50x+24$

9 $510=x$로 놓으면
$\dfrac{511\times509+1}{510}=\dfrac{(x+1)(x-1)+1}{x}$
$\qquad\qquad\qquad=\dfrac{x^2-1+1}{x}=\dfrac{x^2}{x}$
$\qquad\qquad\qquad=x=510$

10 $\dfrac{1}{\sqrt{2}+\sqrt{3}}+\dfrac{1}{\sqrt{3}+\sqrt{4}}+\dfrac{1}{\sqrt{4}+\sqrt{5}}+\cdots+\dfrac{1}{\sqrt{35}+\sqrt{36}}$
$=\dfrac{\sqrt{2}-\sqrt{3}}{(\sqrt{2}+\sqrt{3})(\sqrt{2}-\sqrt{3})}+\dfrac{\sqrt{3}-\sqrt{4}}{(\sqrt{3}+\sqrt{4})(\sqrt{3}-\sqrt{4})}$
$\quad+\dfrac{\sqrt{4}-\sqrt{5}}{(\sqrt{4}+\sqrt{5})(\sqrt{4}-\sqrt{5})}+\cdots+\dfrac{\sqrt{35}-\sqrt{36}}{(\sqrt{35}+\sqrt{36})(\sqrt{35}-\sqrt{36})}$
$=-(\sqrt{2}-\sqrt{3})-(\sqrt{3}-\sqrt{4})-(\sqrt{4}-\sqrt{5})-\cdots-(\sqrt{35}-\sqrt{36})$
$=-\sqrt{2}+\sqrt{36}=6-\sqrt{2}$

11 $(x-4)(y+4)=10$에서 $xy+4x-4y-16=10$
$xy=6$을 대입하면
$6+4x-4y-16=10,\ 4x-4y=20$
따라서 $x-y=5$이므로
$x^2-xy+y^2=(x-y)^2+xy=5^2+6=31$

12 $x=\dfrac{\sqrt{2}-1}{\sqrt{2}+1}=\dfrac{(\sqrt{2}-1)^2}{(\sqrt{2}+1)(\sqrt{2}-1)}$
$\quad=\dfrac{2-2\sqrt{2}+1}{1}=3-2\sqrt{2}$
$x=3-2\sqrt{2}$에서 $x-3=-2\sqrt{2}$의 양변을 제곱하면
$(x-3)^2=(-2\sqrt{2})^2,\ x^2-6x+9=8$
따라서 $x^2-6x=-1$이므로
$x^2-6x+11=-1+11=10$

고난도 실전 문제 | 48~52쪽 |

01 ②	02 61	03 7	04 ④	05 -4
06 ⑤	07 0	08 14	09 ③	10 $16\pi xy$
11 ④	12 $14x^2+23xy+16y^2$	13 $-8a^2+14ab-6b^2$		
14 x^8-17x^4+16	15 ③	16 39.2	17 997007	
18 ③	19 ①	20 $2\sqrt{15}-7$	21 ④	
22 ⑤	23 17	24 47	25 ④	26 448
27 $-2\sqrt{3}$	28 ②	29 2	30 6	

01 $x(5x^2-2x-1)(x^2+x+2)$
$=(5x^3-2x^2-x)(x^2+x+2)$
를 전개한 식에서 x^4항은
$5x^3\times x+(-2x^2)\times x^2=5x^4-2x^4=3x^4$
이므로 $a=3$
또 x^2항은
$(-2x^2)\times2+(-x)\times x=-4x^2-x^2=-5x^2$
이므로 $b=-5$
따라서 $a+b=3+(-5)=-2$

02 $(ax+4)(-3x+b)=-3ax^2+abx-12x+4b$
$\qquad\qquad\qquad\qquad\ =-3ax^2+(ab-12)x+4b$
x의 계수가 18이므로 $ab-12=18$, 즉 $ab=30$
이때 $a,\ b$는 한 자리 자연수이므로
$a=5,\ b=6$ 또는 $a=6,\ b=5$
따라서 $a^2+b^2=5^2+6^2=25+36=61$

다른 풀이
주어진 식을 전개한 식에서 x항은
$ax\times b+4\times(-3x)=abx-12x=(ab-12)x$
x의 계수가 18이므로 $ab-12=18$, 즉 $ab=30$
이때 $a,\ b$는 한 자리 자연수이므로
$a=5,\ b=6$ 또는 $a=6,\ b=5$
따라서 $a^2+b^2=5^2+6^2=25+36=61$

03
$(x-3)(2x^2+ax+a)-(2x^2-1)(ax+4)$
$=(2x^3+ax^2+ax-6x^2-3ax-3a)-(2ax^3+8x^2-ax-4)$
$=2x^3+ax^2+ax-6x^2-3ax-3a-2ax^3-8x^2+ax+4$
$=(2-2a)x^3+(a-14)x^2-ax+(-3a+4)$ ······ ❶
x^3의 계수가 4이므로
$2-2a=4$, $-2a=2$, 즉 $a=-1$ ······ ❷
따라서 상수항은
$-3a+4=-3\times(-1)+4=7$ ······ ❸

채점 기준	비율
❶ 주어진 식을 전개하기	60 %
❷ a의 값 구하기	20 %
❸ 상수항 구하기	20 %

04
$《3x, 2y》+2\times《x, -4y》$
$=(3x-2y)^2+2(x+4y)^2$
$=9x^2-12xy+4y^2+2(x^2+8xy+16y^2)$
$=9x^2-12xy+4y^2+2x^2+16xy+32y^2$
$=11x^2+4xy+36y^2$

05
$(x-2y)(-x-2y)+\left(\dfrac{x}{4}+\dfrac{y}{2}\right)\left(\dfrac{x}{4}-\dfrac{y}{2}\right)$
$=-(x-2y)(x+2y)+\left(\dfrac{x}{4}+\dfrac{y}{2}\right)\left(\dfrac{x}{4}-\dfrac{y}{2}\right)$
$=-(x^2-4y^2)+\dfrac{x^2}{16}-\dfrac{y^2}{4}$
$=-x^2+4y^2+\dfrac{x^2}{16}-\dfrac{y^2}{4}$
$=-\dfrac{15}{16}x^2+\dfrac{15}{4}y^2$
따라서 $a=-\dfrac{15}{16}$, $b=\dfrac{15}{4}$이므로
$\dfrac{b}{a}=b\div a=\dfrac{15}{4}\div\left(-\dfrac{15}{16}\right)=\dfrac{15}{4}\times\left(-\dfrac{16}{15}\right)=-4$

06
$(2a-b)(2a+b)(4a^2+b^2)(16a^4+b^4)$
$=(4a^2-b^2)(4a^2+b^2)(16a^4+b^4)$
$=(16a^4-b^4)(16a^4+b^4)$
$=\boxed{256}a^8-b^{\boxed{8}}$
따라서 □ 안에 알맞은 수들의 합은
$256+8=264$

07
$\left(x+\dfrac{1}{6}\right)\left(x-\dfrac{3}{4}a\right)=x^2+\left(\dfrac{1}{6}-\dfrac{3}{4}a\right)x-\dfrac{1}{8}a$
x의 계수가 상수항보다 1만큼 크므로
$\dfrac{1}{6}-\dfrac{3}{4}a=-\dfrac{1}{8}a+1$, $-\dfrac{5}{8}a=\dfrac{5}{6}$, 즉 $a=-\dfrac{4}{3}$
따라서 $3a+4=3\times\left(-\dfrac{4}{3}\right)+4=0$

08
$(x+2)(x+a)=x^2+(a+2)x+2a$이므로
$a+2=6$, $2a=b$, 즉 $a=4$, $b=8$
$(cx-4)(x+5)=cx^2+(5c-4)x-20$이므로
$5c-4=6$, $5c=10$, 즉 $c=2$
따라서 $a+b+c=4+8+2=14$

09
$2(x+a)^2-(5x+2)(x-b)$
$=2(x^2+2ax+a^2)-\{5x^2+(-5b+2)x-2b\}$
$=2x^2+4ax+2a^2-5x^2+(5b-2)x+2b$
$=-3x^2+(4a+5b-2)x+2a^2+2b$
x의 계수가 21이므로
$4a+5b-2=21$, $4a+5b=23$
이때 a, b가 자연수이므로 $a=2$, $b=3$
따라서 상수항은
$2a^2+2b=2\times2^2+2\times3=8+6=14$

10 가장 큰 원의 지름의 길이는 $4x+8y$이므로 반지름의 길이는
$2x+4y$이다.
따라서 색칠한 부분의 넓이는
(가장 큰 원의 넓이)$-$(가장 작은 원의 넓이)
$-$(두 번째로 큰 원의 넓이)
$=\pi\times(2x+4y)^2-\pi\times(2x)^2-\pi\times(4y)^2$
$=\pi(4x^2+16xy+16y^2)-4\pi x^2-16\pi y^2$
$=4\pi x^2+16\pi xy+16\pi y^2-4\pi x^2-16\pi y^2$
$=16\pi xy$

11 $(x+2)(x-a)=x^2+(2-a)x-2a$이므로
$2-a=b$, $-2a=-12$
$-2a=-12$에서 $a=6$
$b=2-a=2-6=-4$
직각삼각형 ABC에서
$\overline{AB}=a-b=6-(-4)=10$,
$\overline{BC}=2a+b=2\times6+(-4)=8$
이므로 피타고라스 정리에 의하여
$\overline{AC}=\sqrt{10^2-8^2}=\sqrt{100-64}=\sqrt{36}=6$
따라서 직각삼각형 ABC의 넓이는
$\dfrac{1}{2}\times8\times6=24$

12 □HJGD가 정사각형이므로
$\overline{DG}=\overline{HJ}=\overline{JG}=\overline{HD}=3x+4y$
$\overline{GC}=\overline{DC}-\overline{DG}=(5x-y)-(3x+4y)=2x-5y$
□EBFI가 정사각형이므로 $\overline{EI}=\overline{EB}=x$
$\overline{AH}=\overline{EI}=x$이므로
$\overline{AD}=\overline{AH}+\overline{HD}=x+(3x+4y)=4x+4y$

따라서 색칠한 부분의 넓이는

$\square ABCD - \square JFCG$

$= \overline{AD} \times \overline{DC} - \overline{JG} \times \overline{GC}$

$= (4x+4y)(5x-y)-(3x+4y)(2x-5y)$

$= 20x^2+16xy-4y^2-(6x^2-7xy-20y^2)$

$= 20x^2+16xy-4y^2-6x^2+7xy+20y^2$

$= 14x^2+23xy+16y^2$

13 오른쪽 그림에서

$\overline{AE}=\overline{BF}=\overline{AB}=b$이므로

$\overline{ED}=\overline{AD}-\overline{AE}=2a-b$

$\overline{DG}=\overline{ED}=2a-b$

즉, $\overline{GC}=\overline{DC}-\overline{DG}=b-(2a-b)=2b-2a$이므로

$\overline{IC}=\overline{JI}=\overline{GC}=2b-2a$

$\overline{FI}=\overline{FC}-\overline{IC}=\overline{ED}-\overline{IC}$

$\qquad = (2a-b)-(2b-2a)=4a-3b$

따라서 사각형 HFIJ의 넓이는

$\overline{FI} \times \overline{JI} = (4a-3b)(2b-2a)$

$\qquad = -(4a-3b)(2a-2b)$

$\qquad = -(8a^2-14ab+6b^2)$

$\qquad = -8a^2+14ab-6b^2$

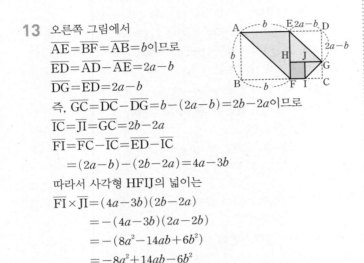

14 $x^2-2=A$로 놓으면

(주어진 식)$=(A+x)(A-x)(x^4+5x^2+4)$

$\qquad = (A^2-x^2)(x^4+5x^2+4)$

$\qquad = \{(x^2-2)^2-x^2\}(x^4+5x^2+4)$

$\qquad = (x^4-4x^2+4-x^2)(x^4+5x^2+4)$

$\qquad = (x^4-5x^2+4)(x^4+5x^2+4)$

$x^4+4=B$로 놓으면

$(x^4-5x^2+4)(x^4+5x^2+4)=(B-5x^2)(B+5x^2)$

$\qquad = B^2-25x^4$

$\qquad = (x^4+4)^2-25x^4$

$\qquad = x^8+8x^4+16-25x^4$

$\qquad = x^8-17x^4+16$

15 $(x-3)(x-4)(x+5)(x+6)$

$= \{(x-3)(x+5)\}\{(x-4)(x+6)\}$

$= (x^2+2x-15)(x^2+2x-24)$

$x^2+2x=A$로 놓으면

$(A-15)(A-24)$

$= A^2-39A+360$

$= (x^2+2x)^2-39(x^2+2x)+360$

$= x^4+4x^3+4x^2-39x^2-78x+360$

$= x^4+4x^3-35x^2-78x+360$

따라서 $a=-35$, $b=-78$이므로

$a-b=-35-(-78)=43$

16 $49.2 \times 50.8 - 49.6^2$

$= (50-0.8)(50+0.8)-(50-0.4)^2$

$= 50^2-0.8^2-(50^2-2\times50\times0.4+0.4^2)$

$= 50^2-0.8^2-50^2+2\times50\times0.4-0.4^2$

$= -0.64+40-0.16=39.2$

17 $1000=x$로 놓으면 ······ ❶

$999^2-\dfrac{997^2-9}{1000}$

$= (x-1)^2-\dfrac{(x-3)^2-9}{x}$

$= x^2-2x+1-\dfrac{x^2-6x+9-9}{x}$

$= x^2-2x+1-(x-6)$

$= x^2-3x+7$ ······ ❷

$= 1000^2-3\times1000+7$

$= 1000000-3000+7$

$= 997007$ ······ ❸

채점 기준	비율
❶ $1000=x$로 놓기	20 %
❷ x에 대한 식으로 나타내기	50 %
❸ 계산한 값 구하기	30 %

18 $A=(3+1)(3^2+1)(3^4+1)(3^8+1)(3^{16}+1)$이라 하면

$(3-1)A=(3-1)(3+1)(3^2+1)(3^4+1)(3^8+1)(3^{16}+1)$

$2A=(3^2-1)(3^2+1)(3^4+1)(3^8+1)(3^{16}+1)$

$\qquad = (3^4-1)(3^4+1)(3^8+1)(3^{16}+1)$

$\qquad = (3^8-1)(3^8+1)(3^{16}+1)$

$\qquad = (3^{16}-1)(3^{16}+1)=3^{32}-1$

즉, $A=\dfrac{1}{2}(3^{32}-1)$이므로 $a=\dfrac{1}{2}$, $b=32$

따라서 $ab=\dfrac{1}{2}\times32=16$

19 $(3\sqrt{7}-8)^{2021}(3\sqrt{7}+8)^{2022}$

$= (3\sqrt{7}+8)\{(3\sqrt{7}-8)(3\sqrt{7}+8)\}^{2021}$

$= (3\sqrt{7}+8)(63-64)^{2021}$

$= (3\sqrt{7}+8)\times(-1)^{2021}$

$= -3\sqrt{7}-8$

20 $\dfrac{4}{x}=\dfrac{4}{8-2\sqrt{15}}=\dfrac{4(8+2\sqrt{15})}{(8-2\sqrt{15})(8+2\sqrt{15})}$

$\qquad = \dfrac{4(8+2\sqrt{15})}{4}=8+2\sqrt{15}$

$2\sqrt{15}=\sqrt{60}$에서 $7<\sqrt{60}<8$이므로

$15<8+\sqrt{60}<16$, 즉 $15<8+2\sqrt{15}<16$

따라서 $8+2\sqrt{15}$, 즉 $\dfrac{4}{x}$의 정수 부분이 15이므로 소수 부분은

$8+2\sqrt{15}-15=2\sqrt{15}-7$

21
$$\frac{a\sqrt{6}+b}{\sqrt{6}+2}=\frac{(a\sqrt{6}+b)(\sqrt{6}-2)}{(\sqrt{6}+2)(\sqrt{6}-2)}$$
$$=\frac{6a-2a\sqrt{6}+b\sqrt{6}-2b}{2}$$
$$=(3a-b)+\left(-a+\frac{b}{2}\right)\sqrt{6}$$

이것이 유리수가 되려면

$-a+\dfrac{b}{2}=0$, 즉 $b=2a$

이때 a, b는 한 자리 자연수이므로 순서쌍 (a, b)는

$(1, 2)$, $(2, 4)$, $(3, 6)$, $(4, 8)$로 모두 4개이다.

22
$$\frac{2}{f(1)}+\frac{2}{f(3)}+\frac{2}{f(5)}+\cdots+\frac{2}{f(79)}$$
$$=\frac{2}{\sqrt{1}+\sqrt{3}}+\frac{2}{\sqrt{3}+\sqrt{5}}+\frac{2}{\sqrt{5}+\sqrt{7}}+\cdots+\frac{2}{\sqrt{79}+\sqrt{81}}$$
$$=\frac{2(\sqrt{1}-\sqrt{3})}{(\sqrt{1}+\sqrt{3})(\sqrt{1}-\sqrt{3})}+\frac{2(\sqrt{3}-\sqrt{5})}{(\sqrt{3}+\sqrt{5})(\sqrt{3}-\sqrt{5})}$$
$$+\frac{2(\sqrt{5}-\sqrt{7})}{(\sqrt{5}+\sqrt{7})(\sqrt{5}-\sqrt{7})}+\cdots+\frac{2(\sqrt{79}-\sqrt{81})}{(\sqrt{79}+\sqrt{81})(\sqrt{79}-\sqrt{81})}$$
$$=-(1-\sqrt{3})-(\sqrt{3}-\sqrt{5})-(\sqrt{5}-\sqrt{7})-\cdots-(\sqrt{79}-\sqrt{81})$$
$$=-1+\sqrt{81}$$
$$=-1+9=8$$

23
$$x^2+y^2=(x-y)^2+2xy$$
$$=3^2+2\times(-2)=5 \qquad\qquad \cdots\cdots\text{❶}$$
따라서
$$x^4+y^4=(x^2+y^2)^2-2x^2y^2$$
$$=(x^2+y^2)^2-2(xy)^2$$
$$=5^2-2\times(-2)^2$$
$$=25-8=17 \qquad\qquad \cdots\cdots\text{❷}$$

채점 기준	비율
❶ x^2+y^2의 값 구하기	50 %
❷ x^4+y^4의 값 구하기	50 %

24 $x+\dfrac{1}{x}=3$의 양변을 제곱하면
$$x^2+2+\frac{1}{x^2}=9$$
따라서 $x^2+\dfrac{1}{x^2}=7$이므로
$$x^4+\frac{1}{x^4}=(x^2)^2+\frac{1}{(x^2)^2}$$
$$=\left(x^2+\frac{1}{x^2}\right)^2-2$$
$$=7^2-2$$
$$=49-2=47$$

25 $x^2+3x-1=0$의 양변을 x로 나누면
$$x+3-\frac{1}{x}=0$$
따라서 $x-\dfrac{1}{x}=-3$이므로
$$x^2-x+\frac{1}{x}+\frac{1}{x^2}=\left(x^2+\frac{1}{x^2}\right)-\left(x-\frac{1}{x}\right)$$
$$=\left(x-\frac{1}{x}\right)^2+2-\left(x-\frac{1}{x}\right)$$
$$=(-3)^2+2-(-3)$$
$$=9+2+3=14$$

26 두 정사각형의 둘레의 길이의 합이 44이므로
$$4a+4b=44,\ \text{즉}\ a+b=11 \qquad\qquad \cdots\cdots\text{❶}$$
두 정사각형의 넓이의 합이 65이므로
$$a^2+b^2=65$$
$$a^2+b^2=(a+b)^2-2ab\text{이므로}$$
$$65=11^2-2ab,\ 65=121-2ab$$
즉, $2ab=56$이므로 $ab=28$ $\qquad\qquad \cdots\cdots\text{❷}$
따라서 두 정사각형의 둘레의 길이의 곱은
$$4a\times4b=16ab=16\times28=448 \qquad \cdots\cdots\text{❸}$$

채점 기준	비율
❶ $a+b$의 값 구하기	30 %
❷ ab의 값 구하기	40 %
❸ 둘레의 길이의 곱 구하기	30 %

27 $x^2+\dfrac{1}{x^2}=\left(x-\dfrac{1}{x}\right)^2+2$이므로
$$14=\left(x-\frac{1}{x}\right)^2+2$$
즉, $\left(x-\dfrac{1}{x}\right)^2=12$에서
$$x-\frac{1}{x}=\pm\sqrt{12}=\pm2\sqrt{3}$$
이때 $0<x<1$이므로
$x<\dfrac{1}{x}$에서 $x-\dfrac{1}{x}<0$
따라서 $x-\dfrac{1}{x}=-2\sqrt{3}$

다른 풀이
$$\left(x-\frac{1}{x}\right)^2=x^2+\frac{1}{x^2}-2=14-2=12\text{이므로}$$
$$x-\frac{1}{x}=\pm\sqrt{12}=\pm2\sqrt{3}$$
이때 $0<x<1$이므로
$x<\dfrac{1}{x}$에서 $x-\dfrac{1}{x}<0$
따라서 $x-\dfrac{1}{x}=-2\sqrt{3}$

28 $a+b=(2+\sqrt{5})+(2-\sqrt{5})=4$,
$ab=(2+\sqrt{5})(2-\sqrt{5})=4-5=-1$이므로

$$\frac{b}{a}+\frac{a}{b}=\frac{a^2+b^2}{ab}$$
$$=\frac{(a+b)^2-2ab}{ab}$$
$$=\frac{4^2-2\times(-1)}{-1}=-18$$

29 $\dfrac{\sqrt{1+x}}{\sqrt{1-x}}-\dfrac{\sqrt{1-x}}{\sqrt{1+x}}=\dfrac{(\sqrt{1+x})^2-(\sqrt{1-x})^2}{\sqrt{1-x}\sqrt{1+x}}$

$$=\frac{(1+x)-(1-x)}{\sqrt{1-x^2}}$$
$$=\frac{2x}{\sqrt{1-x^2}}$$

$x=\dfrac{1}{\sqrt{2}}=\dfrac{\sqrt{2}}{2}$ 를 대입하면

(주어진 식)$=2x\div\sqrt{1-x^2}$
$$=2\times\frac{\sqrt{2}}{2}\div\sqrt{1-\left(\frac{\sqrt{2}}{2}\right)^2}$$
$$=\sqrt{2}\div\frac{1}{\sqrt{2}}$$
$$=\sqrt{2}\times\sqrt{2}=2$$

[참고]
$x=\dfrac{1}{\sqrt{2}}=\dfrac{\sqrt{2}}{2}$일 때, $1+x=1+\dfrac{\sqrt{2}}{2}=\dfrac{2+\sqrt{2}}{2}>0$,

$1-x=1-\dfrac{\sqrt{2}}{2}=\dfrac{2-\sqrt{2}}{2}>0$이므로 $\sqrt{1+x}$, $\sqrt{1-x}$의 근호 안의 값은 양수이다.

30 $\dfrac{2}{3+\sqrt{7}}=\dfrac{2(3-\sqrt{7})}{(3+\sqrt{7})(3-\sqrt{7})}$

$$=\frac{2(3-\sqrt{7})}{2}=3-\sqrt{7}$$

$2<\sqrt{7}<3$이므로 $-3<-\sqrt{7}<-2$에서
$0<3-\sqrt{7}<1$

이때 $\dfrac{2}{3+\sqrt{7}}$의 정수 부분이 0이므로 소수 부분은

$x=3-\sqrt{7}$

즉, $x-3=-\sqrt{7}$의 양변을 제곱하면
$(x-3)^2=(-\sqrt{7})^2$에서 $x^2-6x+9=7$

따라서 $x^2-6x=-2$이므로
$x^2-6x+8=-2+8=6$

---

04 인수분해

01 ②	02 ⑤	03 ③	04 ②	05 7
06 ③	07 ③	08 ①	09 ②	10 21
11 ③	12 ③	13 ②	14 ⑤	15 −4
16 ②	17 ③, ⑤	18 ④	19 ⑤	20 −225
21 ⑤	22 740	23 1	24 ①	

01 ② x^2은 $x(x-2)(3x+1)$의 인수가 아니다.
따라서 인수가 아닌 것은 ②이다.

02 ⑤ x^2-2y는 $4x^2y-8xy^2$의 인수가 아니다.
따라서 옳지 않은 것은 ⑤이다.

03 ① $3x-6y=3(x-2y)$
② $6ab+4ab^2=2ab(3+2b)$
④ $a^2b-2ab^2+3ab=ab(a-2b+3)$
⑤ $xy^2-6x^2y-3xy=xy(y-6x-3)$
따라서 옳은 것은 ③이다.

04 $a^4b+3a^3b=a^3b(a+3)$
ㄷ. a^4은 $a^3b(a+3)$의 인수가 아니므로 a^4b는 $a^3b(a+3)$의 인수가 아니다.
ㅁ. b^2은 $a^3b(a+3)$의 인수가 아니므로 $ab^2(a+3)$은 $a^3b(a+3)$의 인수가 아니다.
ㅂ. $a+2$는 $a^3b(a+3)$의 인수가 아니므로 $a^2b(a+2)$는 $a^3b(a+3)$의 인수가 아니다.
따라서 a^4b+3a^3b의 인수는 ㄱ, ㄴ, ㄹ이다.

05 $(x-2)(x+5)-4(2-x)$
$=(x-2)(x+5)+4(x-2)$
$=(x-2)(x+5+4)$
$=(x-2)(x+9)$ ······ ❶
따라서 $a=-2$, $b=9$ 또는 $a=9$, $b=-2$이므로 ······ ❷
$a+b=7$ ······ ❸

채점 기준	비율
❶ $(x-2)(x+5)-4(2-x)$를 인수분해하기	50 %
❷ a, b의 값 구하기	30 %
❸ $a+b$의 값 구하기	20 %

06 $9x^2-12xy+4y^2=(3x)^2-2\times3x\times2y+(2y)^2$
$$=(3x-2y)^2$$
따라서 $9x^2-12xy+4y^2$의 인수인 것은 $3x-2y$이다.

07

ㄱ. $a^2-4a+4=(a-2)^2$

ㄹ. $x^2-16xy+64y^2=(x-8y)^2$

ㅁ. $\dfrac{1}{9}a^2-\dfrac{2}{3}a+1=\left(\dfrac{1}{3}a-1\right)^2$

따라서 완전제곱식으로 인수분해되는 것은 ㄱ, ㄹ, ㅁ이다.

08

① $A=\left(\dfrac{-10}{2}\right)^2=25$

② $A=2\sqrt{49}=2\times7=14$

③ $4x^2+Ax+9=(2x)^2+Ax+3^2=(2x+3)^2$이므로

$A=2\times2\times3=12$

④ $A=\left(\dfrac{1}{2}\right)^2=\dfrac{1}{4}$

⑤ $\dfrac{1}{9}x^2-Ax+36=\left(\dfrac{1}{3}x\right)^2-Ax+6^2=\left(\dfrac{1}{3}x-6\right)^2$이므로

$A=2\times\dfrac{1}{3}\times6=4$

따라서 양수 A의 값이 가장 큰 것은 ①이다.

[다른 풀이]

③ $4x^2+Ax+9=4\left(x^2+\dfrac{A}{4}x+\dfrac{9}{4}\right)$이므로

$\dfrac{A}{4}=2\sqrt{\dfrac{9}{4}}=2\times\dfrac{3}{2}=3$, 즉 $A=3\times4=12$

⑤ $\dfrac{1}{9}x^2-Ax+36=\dfrac{1}{9}(x^2-9Ax+324)$이므로

$9A=2\sqrt{324}=2\times18=36$, 즉 $A=4$

09

$-2<a<3$이므로 $a+2>0$, $a-3<0$

따라서

$\sqrt{a^2-6a+9}+\sqrt{a^2+4a+4}=\sqrt{(a-3)^2}+\sqrt{(a+2)^2}$

$=|a-3|+|a+2|$

$=-(a-3)+a+2=5$

10

$12x^2-75y^2=3(4x^2-25y^2)=3\{(2x)^2-(5y)^2\}$

$=3(2x+5y)(2x-5y)$ ...... ❶

따라서 $a=3$, $b=2$, $c=5$이므로 ...... ❷

$a(b+c)=3\times(2+5)=21$ ...... ❸

채점 기준	비율
❶ $12x^2-75y^2$을 인수분해하기	50 %
❷ a, b, c의 값 구하기	30 %
❸ $a(b+c)$의 값 구하기	20 %

11

③ $a^2-5ab-14b^2=(a+2b)(a-7b)$

12

$x^2+ax-35=(x+5)(x-b)=x^2+(5-b)x-5b$이므로

$a=5-b$, $-35=-5b$

따라서 $a=-2$, $b=7$이므로

$b-a=7-(-2)=9$

13

$7x^2+(3a-1)x-6=(x-3)(7x+b)$

$=7x^2+(b-21)x-3b$

이므로

$3a-1=b-21$, $-6=-3b$

따라서 $a=-6$, $b=2$이므로

$a+b=-4$

14

$(x+2)(5x-3)-18=5x^2+7x-24$

$=(x+3)(5x-8)$

따라서 구하는 두 일차식의 합은

$(x+3)+(5x-8)=6x-5$

15

$3x^2+ax-4$가 $x-2$를 인수로 가지므로

$3x^2+ax-4=(x-2)(3x+b)$ (b는 상수)

로 놓으면 ...... ❶

$3x^2+ax-4=3x^2+(b-6)x-2b$

따라서 $a=b-6$, $-4=-2b$이므로

$a=-4$, $b=2$ ...... ❷

채점 기준	비율
❶ $3x^2+ax-4=(x-2)(3x+b)$로 놓기	50 %
❷ a의 값 구하기	50 %

16

$x^3-x^2-(x-1)=x^2(x-1)-(x-1)$

$=(x-1)(x^2-1)$

$=(x-1)^2(x+1)$

17

$3a^2(a-b)-2ab(b-a)-b^2(a-b)$

$=3a^2(a-b)+2ab(a-b)-b^2(a-b)$

$=(a-b)(3a^2+2ab-b^2)$

$=(a-b)(a+b)(3a-b)$

따라서 인수가 아닌 것은 $2a-b$, $3a+2b$이다.

18

$2x+1=A$로 놓으면

$(2x+1)^2-6(2x+1)+8=A^2-6A+8$

$=(A-2)(A-4)$

$=\{(2x+1)-2\}\{(2x+1)-4\}$

$=(2x-1)(2x-3)$

따라서 구하는 두 일차식의 합은

$(2x-1)+(2x-3)=4x-4$

19

$a^3+a-2b-4ab^2=(a^3-4ab^2)+(a-2b)$

$=a(a^2-4b^2)+(a-2b)$

$=a(a+2b)(a-2b)+(a-2b)$

$=(a-2b)(a^2+2ab+1)$

따라서 주어진 식의 인수인 것은 ㄴ, ㄹ이다.

20 $9x^2+6xy+y^2-25z^2=(3x+y)^2-(5z)^2$
$\qquad\qquad\qquad\qquad =(3x+y+5z)(3x+y-5z)$

따라서 $a=3$, $b=5$, $c=3$, $d=-5$ 또는
$a=3$, $b=-5$, $c=3$, $d=5$이므로 $abcd=-225$

21 $x^2+xy+2x-y-3=(x-1)y+x^2+2x-3$
$\qquad\qquad\qquad\qquad =(x-1)y+(x+3)(x-1)$
$\qquad\qquad\qquad\qquad =(x-1)(x+y+3)$

따라서 $a=-1$, $b=3$이므로 $a+b=2$

22 $X=7\times11^2-7\times22+7$
$\qquad =7(11^2-22+1)=7(11-1)^2$
$\qquad =7\times10^2=700$ $\qquad\qquad$ …… ❶
$Y=\sqrt{58^2-42^2}=\sqrt{(58+42)(58-42)}$
$\qquad =\sqrt{100\times16}=10\times4=40$ $\qquad$ …… ❷
따라서 $X+Y=700+40=740$ $\qquad$ …… ❸

채점 기준	비율
❶ X의 값 구하기	50 %
❷ Y의 값 구하기	30 %
❸ $X+Y$의 값 구하기	20 %

23 $\dfrac{2020\times2017+2020\times5}{2021^2-1}=\dfrac{2020(2017+5)}{(2021+1)(2021-1)}$
$\qquad\qquad\qquad\qquad\qquad =\dfrac{2020\times2022}{2022\times2020}=1$

24 $\dfrac{x^3-x^2-4x+4}{x^2+x-2}=\dfrac{x^2(x-1)-4(x-1)}{(x-1)(x+2)}$
$\qquad\qquad\qquad\qquad =\dfrac{(x-1)(x^2-4)}{(x-1)(x+2)}$
$\qquad\qquad\qquad\qquad =\dfrac{(x-1)(x+2)(x-2)}{(x-1)(x+2)}$
$\qquad\qquad\qquad\qquad =x-2=(2-\sqrt{3})-2=-\sqrt{3}$

고난도 대표 유형
| 60~63쪽 |

1 ③	2 $\dfrac{1}{2}$	3 $12x+8$	4 ②	5 120
6 ④	7 ②	8 13	9 ③	10 ③
11 80	12 ④			

1 $x^2-12ax+30b-(16ax+2b)=x^2-28ax+28b$
이 식이 완전제곱식이 되려면
$28b=\left(\dfrac{-28a}{2}\right)^2=(14a)^2$이어야 하므로 $b=7a^2$
이때 a, b는 200 이하의 자연수이므로 순서쌍 (a, b)는
$(1, 7)$, $(2, 28)$, $(3, 63)$, $(4, 112)$, $(5, 175)$의 5개이다.

---

2 $0<4x<1$이므로 $0<x<\dfrac{1}{4}$

따라서 $x-\dfrac{1}{4}<0$, $x+\dfrac{1}{4}>0$이므로

$\sqrt{x^2+\dfrac{1}{2}x+\dfrac{1}{16}}+\sqrt{x^2-\dfrac{1}{2}x+\dfrac{1}{16}}$

$=\sqrt{\left(x+\dfrac{1}{4}\right)^2}+\sqrt{\left(x-\dfrac{1}{4}\right)^2}$

$=\left|x+\dfrac{1}{4}\right|+\left|x-\dfrac{1}{4}\right|$

$=\left(x+\dfrac{1}{4}\right)-\left(x-\dfrac{1}{4}\right)=\dfrac{1}{2}$

3 도형 A의 넓이는
$(3x+2)^2-3^2=\{(3x+2)+3\}\{(3x+2)-3\}$
$\qquad\qquad\qquad =(3x+5)(3x-1)$
도형 B의 세로의 길이를 X라 하면 두 도형 A, B의 넓이가 같으므로
$(3x+5)X=(3x+5)(3x-1)$
이때 $3x+5>0$이므로 $X=3x-1$
따라서 도형 B의 둘레의 길이는
$2\{(3x+5)+(3x-1)\}=2(6x+4)=12x+8$

4 $7n^3-7n=7n(n^2-1)=7n(n+1)(n-1)$
이때 $n(n+1)(n-1)=(n-1)\times n\times(n+1)$은 연속된 세 자연수의 곱이고, 연속된 세 자연수의 곱은 2의 배수이면서 3의 배수이므로 $n(n+1)(n-1)$은 6의 배수이다.
즉, $7n^3-7n$은 6의 배수이면서 7의 배수이므로 42의 배수이다.
따라서 A가 될 수 없는 수는 5이다.

5 $a^2-b^2=21$에서 $(a+b)(a-b)=21$
이때 a, b는 자연수이고, $21=1\times21=3\times7$이므로
$a+b=21$, $a-b=1$ 또는 $a+b=7$, $a-b=3$
(i) $a+b=21$, $a-b=1$을 연립하여 풀면 $a=11$, $b=10$
(ii) $a+b=7$, $a-b=3$을 연립하여 풀면 $a=5$, $b=2$
(i), (ii)에 의하여 구하는 모든 ab의 값의 합은
$11\times10+5\times2=110+10=120$

6 $x^2+Ax-24=(x+a)(x+b)=x^2+(a+b)x+ab$이므로
$A=a+b$, $-24=ab$
곱이 -24인 두 정수는
-1, 24 또는 -2, 12 또는 -3, 8 또는 -4, 6 또는 4, -6 또는 3, -8 또는 2, -12 또는 1, -24
따라서 A의 값이 될 수 있는 수는
23, 10, 5, 2, -2, -5, -10, -23
이므로 A의 최댓값은 23이다.

7 $a>b$인 두 정수 a, b에 대하여
$x^2-4x-A=(x+a)(x+b)$라 하면
$x^2-4x-A=x^2+(a+b)x+ab$이므로
$-4=a+b$, $-A=ab$
이때 A는 50보다 작은 양의 정수이므로
$-50<ab<0$ ...... ㉠
또 $a>b$이므로 $a>0$, $b<0$ ...... ㉡
따라서 $a+b=-4$와 ㉠, ㉡을 모두 만족시키는 정수 a, b의
순서쌍 (a, b)는
$(1, -5)$, $(2, -6)$, $(3, -7)$, $(4, -8)$, $(5, -9)$
의 5개이다.

> **참고**
> A는 50보다 작은 양의 정수이므로 $0<A<50$
> $-50<-A<0$이고, $-A=ab$이므로 $-50<ab<0$

8 $x^2+ax+15=(x-3)(x+p)$(p는 상수)라 하면
$x^2+ax+15=x^2+(p-3)x-3p$이므로
$a=p-3$, $15=-3p$
즉, $p=-5$, $a=-8$
$2x^2+x+b=(x-3)(2x+q)$(q는 상수)라 하면
$2x^2+x+b=2x^2+(q-6)x-3q$이므로
$1=q-6$, $b=-3q$
즉, $q=7$, $b=-21$
따라서 $a-b=-8-(-21)=13$

9 수현이는 x의 계수를 바르게 보았으므로
$(3x+5)(x-4)=3x^2-7x-20$
에서 처음 이차식의 x의 계수는 -7이다.
민식이는 상수항을 바르게 보았으므로
$3(x+1)(x-2)=3(x^2-x-2)=3x^2-3x-6$
에서 처음 이차식의 상수항은 -6이다.
따라서 처음 이차식은 $3x^2-7x-6$이므로
바르게 인수분해하면
$3x^2-7x-6=(3x+2)(x-3)$

10 $2n^2-7n-30=(2n+5)(n-6)$이므로
$2n^2-7n-30$의 값이 소수가 되려면
$2n+5=1$ 또는 $n-6=1$이어야 한다.
즉, $n=-2$ 또는 $n=7$
이때 n은 자연수이므로 $n=7$이고 그때의 소수는
$(2\times7+5)(7-6)=19$
따라서 $p=7$, $q=19$이므로
$p+q=26$

11 $13^4-1=(13^2)^2-1^2=(13^2+1)(13^2-1)$
$\qquad\quad =(13^2+1)(13+1)(13-1)$
$\qquad\quad =170\times14\times12$
$\qquad\quad =(2\times5\times17)\times(2\times7)\times(2^2\times3)$
$\qquad\quad =2^4\times3\times5\times7\times17$
따라서 13^4-1의 약수의 개수는
$(4+1)\times(1+1)\times(1+1)\times(1+1)\times(1+1)$
$=5\times2\times2\times2\times2=80$

12 정사각형 ABCD의 넓이가 7이므로 한 변의 길이는 $\sqrt7$이다.
즉, $\overline{AB}=\overline{AP}=\sqrt7$, $\overline{AD}=\overline{AQ}=\sqrt7$이므로
$a=5+\sqrt7$, $b=5-\sqrt7$
따라서
$a^3+a^2b-ab^2-b^3$
$=a^2(a+b)-b^2(a+b)=(a+b)(a^2-b^2)$
$=(a+b)(a+b)(a-b)=(a+b)^2(a-b)$
$=\{(5+\sqrt7)+(5-\sqrt7)\}^2\{(5+\sqrt7)-(5-\sqrt7)\}$
$=10^2\times2\sqrt7=200\sqrt7$

고난도 실전 문제 | 64~68쪽 |

01 ③	02 ④	03 ④	04 47	05 ⑤
06 8	07 8	08 $6x+2$	09 ④	10 ②
11 $a=33$, $b=32$		12 $(2x-3)(x-2)$		13 ②
14 ③	15 $2x+2$	16 ⑤	17 ③	18 12
19 $x^2+12x+36$		20 ④	21 8	22 ③
23 ③	24 4	25 ②	26 2023	27 ②
28 ④	29 ⑤	30 $40\sqrt{17}$		

01 $(3x+2)(4x-5)-x(3x+2)=(3x+2)\{(4x-5)-x\}$
$\qquad\qquad\qquad\qquad\qquad\quad =(3x+2)(3x-5)$
따라서 구하는 두 일차식의 합은
$(3x+2)+(3x-5)=6x-3$

02 $x^2+ax-28=(x+4)(x+b)$이므로
$x^2+ax-28=x^2+(b+4)x+4b$
즉, $a=b+4$, $-28=4b$이므로
$a=-3$, $b=-7$
따라서 $a+b=-3+(-7)=-10$

03 $ax^2+48x+b=(4x+c)^2$이므로
$ax^2+48x+b=16x^2+8cx+c^2$
즉, $a=16$, $48=8c$, $b=c^2$이므로 $a=16$, $b=36$, $c=6$
따라서 $a+b+c=58$

04 $5x^2-14x+A=5\left(x^2-\dfrac{14}{5}x+\dfrac{A}{5}\right)$이므로
$\dfrac{A}{5}=\left(-\dfrac{14}{5}\times\dfrac{1}{2}\right)^2=\dfrac{49}{25}$, 즉 $A=\dfrac{49}{5}$
$\dfrac{1}{3}x^2+Bx+3=\dfrac{1}{3}(x^2+3Bx+9)$에서 $B<0$이므로
$3B=-2\sqrt{9}=-6$, 즉 $B=-2$
따라서 $5A+B=5\times\dfrac{49}{5}+(-2)=47$

05 $x^2-(2a-10)x+8b$가 완전제곱식이 되려면
$8b=\left\{\dfrac{-(2a-10)}{2}\right\}^2=(a-5)^2$
한 자리 자연수 a, b에 대하여 $8b=(a-5)^2$을 만족시키는
a, b를 구하면 $a=1$, $b=2$ 또는 $a=9$, $b=2$
따라서 $a+b=3$ 또는 $a+b=11$이므로
$a+b$의 최댓값은 11이다.

06 넓이가 b^2인 대수 막대를 A개 추가한다고 하면
$a^2+6ab+b^2+Ab^2=a^2+6ab+(1+A)b^2$
이 식이 완전제곱식이 되어야 하므로
$(1+A)b^2=\left(\dfrac{6b}{2}\right)^2=9b^2$
즉, $1+A=9$이므로 $A=8$
따라서 추가해야 하는 대수 막대의 개수는 8이다.

참고
넓이가 b^2인 대수 막대를 8개 추가하면
$a^2+6ab+b^2+8b^2$
$=a^2+6ab+9b^2=(a+3b)^2$
이므로 오른쪽 그림과 같이 한 변의
길이가 $a+3b$인 정사각형이 만들어진
다.

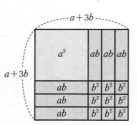

07 $-4<x<4$이므로 $x+4>0$, $x-4<0$ ······ ❶
따라서
$\sqrt{(x-4)^2+16x}+\sqrt{(x+4)^2-16x}$
$=\sqrt{x^2+8x+16}+\sqrt{x^2-8x+16}$
$=\sqrt{(x+4)^2}+\sqrt{(x-4)^2}$ ······ ❷
$=x+4-(x-4)=8$ ······ ❸

채점 기준	비율
❶ $x+4$, $x-4$의 부호 구하기	20 %
❷ 근호 안의 식을 완전제곱식으로 인수분해하기	40 %
❸ 주어진 식을 간단히 하기	40 %

08 도형 A의 넓이는
$(6x)^2-4\times1^2=36x^2-4=4(9x^2-1)$
$\qquad\qquad\qquad=4(3x+1)(3x-1)$ ······ ㉠
도형 B의 가로의 길이를 X라 하면 도형 B의 넓이는
$X(6x-2)=2X(3x-1)$ ······ ㉡
㉠, ㉡이 같으므로 $2X(3x-1)=4(3x+1)(3x-1)$
이때 $2(3x-1)>0$이므로 $X=2(3x+1)=6x+2$
따라서 도형 B의 가로의 길이는 $6x+2$이다.

09 $x^8-256=x^8-2^8=(x^4+2^4)(x^4-2^4)$
$\qquad\qquad=(x^4+16)(x^2+2^2)(x^2-2^2)$
$\qquad\qquad=(x^4+16)(x^2+4)(x+2)(x-2)$
따라서 인수가 아닌 것은 x^3+8이다.

10 $27n^3-3n=3n(9n^2-1)$
$\qquad\qquad=3n(3n+1)(3n-1)$
$\qquad\qquad=(3n-1)\times3n\times(3n+1)$
이때 $3n-1$, $3n$, $3n+1$은 연속한 세 자연수이므로
$27n^3-3n$은 2의 배수이면서 3의 배수이다.
따라서 $27n^3-3n$은 6의 배수이다.

참고
$n=1$일 때, $(3n-1)\times3n\times(3n+1)=2\times3\times4$
$n=2$일 때, $(3n-1)\times3n\times(3n+1)=5\times6\times7$
$n=3$일 때, $(3n-1)\times3n\times(3n+1)=8\times9\times10$
$\qquad\qquad\vdots$
이와 같이 n의 값에 따라 $27n^3-3n$은 4의 배수, 5의 배수, 7의 배수, 8의 배수 등이 되기도 하지만 n의 값에 관계 없이 2의 배수이면서 3의 배수이므로 항상 6의 배수가 된다.

11 $\sqrt{a^2-65}=b$의 양변을 제곱하면
$a^2-65=b^2$, $a^2-b^2=65$, $(a+b)(a-b)=65$ ······ ❶
이때 a, b는 자연수이고, $65=1\times65=5\times13$이므로
$a+b=65$, $a-b=1$ 또는 $a+b=13$, $a-b=5$
(ⅰ) $a+b=65$, $a-b=1$을 연립하여 풀면
$a=33$, $b=32$ ······ ❷
(ⅱ) $a+b=13$, $a-b=5$를 연립하여 풀면
$a=9$, $b=4$ ······ ❸
(ⅰ), (ⅱ)에 의하여
$a=33$, $b=32$ 또는 $a=9$, $b=4$
그런데 a, b는 두 자리 자연수이므로
$a=33$, $b=32$ ······ ❹

채점 기준	비율
❶ 주어진 식을 $(a+b)(a-b)=65$로 변형하기	30 %
❷ $a+b=65$, $a-b=1$일 때, a, b의 값 구하기	30 %
❸ $a+b=13$, $a-b=5$일 때, a, b의 값 구하기	30 %
❹ a, b의 값 구하기	10 %

12 $\ll 3,\ -2x,\ x \gg + \ll 2x,\ -3,\ 1 \gg$
$= (3-2x)(3+x) + (2x-3)(2x+1)$
$= 9-3x-2x^2+4x^2-4x-3$
$= 2x^2-7x+6$
$= (2x-3)(x-2)$

13 $x^2+Ax-18 = (x+a)(x+b) = x^2+(a+b)x+ab$이므로
$A=a+b,\ -18=ab$
곱이 -18인 두 정수는
$-1,\ 18$ 또는 $-2,\ 9$ 또는 $-3,\ 6$
또는 $3,\ -6$ 또는 $2,\ -9$ 또는 $1,\ -18$
따라서 A의 값이 될 수 있는 수는
$17,\ 7,\ 3,\ -3,\ -7,\ -17$
이므로 A의 값이 될 수 없는 수는 -6이다.

14 $x^2+10x+A = (x+a)(x+b) = x^2+(a+b)x+ab$이므로
$10=a+b,\ A=ab$
합이 10인 두 자연수는
$1,\ 9$ 또는 $2,\ 8$ 또는 $3,\ 7$ 또는 $4,\ 6$ 또는 $5,\ 5$
따라서 A의 값이 될 수 있는 수는
$9,\ 16,\ 21,\ 24,\ 25$
이므로 A의 최댓값은 25이다.

15 (i) $A=x+p\,(p$는 상수)라 하면
$2x^2+ax-3 = (2x+1)(x+p) = 2x^2+(2p+1)x+p$
이므로 $a=2p+1,\ -3=p$
따라서 $p=-3,\ a=-5$이므로 $A=x-3$ ······ ❶
(ii) $B=x+q\,(q$는 상수)라 하면
$2x^2+11x+b = (2x+1)(x+q) = 2x^2+(2q+1)x+q$
이므로 $11=2q+1,\ b=q$
따라서 $q=5,\ b=5$이므로 $B=x+5$ ······ ❷
(i), (ii)에서 $A+B = (x-3)+(x+5) = 2x+2$ ······ ❸

채점 기준	비율
❶ 일차식 A 구하기	40 %
❷ 일차식 B 구하기	40 %
❸ $A+B$ 구하기	20 %

16 $3x^2-11x-4 = (3x+1)(x-4)$,
$6x^2-x-1 = (3x+1)(2x-1)$이므로
주어진 세 다항식의 공통인 인수는 $3x+1$이다.
$3x^2+ax+5 = (3x+1)(x+b)\,(b$는 상수)라 하면
$3x^2+ax+5 = 3x^2+(3b+1)x+b$
따라서 $a=3b+1,\ 5=b$이므로
$a=16,\ b=5$

17 영미는 x의 계수를 바르게 보았으므로
$2(x+4)(x-2) = 2(x^2+2x-8) = 2x^2+4x-16$
에서 처음 이차식의 x의 계수는 4이다.
수혁이는 상수항을 바르게 보았으므로
$(2x+3)(x-2) = 2x^2-x-6$
에서 처음 이차식의 상수항은 -6이다.
즉, 처음 이차식은 $2x^2+4x-6$이므로 바르게 인수분해하면
$2x^2+4x-6 = 2(x^2+2x-3) = 2(x+3)(x-1)$
따라서 $a=3,\ b=1$이므로 $a+b=4$

18 $x^2-4x-77 = (x+7)(x-11)$이므로
$x^2-4x-77$의 값이 소수가 되려면
$x+7=1$ 또는 $x-11=1$이어야 한다.
즉, $x=-6$ 또는 $x=12$
이때 x는 자연수이므로 $x=12$

참고
$x=12$일 때
$x^2-4x-77 = (x+7)(x-11) = 19 \times 1 = 19$로 소수이다.

19 도형 A의 넓이가 $x^2+12x+a$이므로 세로의 길이를
$x+b\,(b$는 상수)라 하면
$x^2+12x+a = (x+8)(x+b) = x^2+(b+8)x+8b$
즉, $12=b+8,\ a=8b$이므로 $a=32,\ b=4$
따라서 도형 A의 세로의 길이가 $x+4$이므로 도형 A의 둘레의 길이는
$2\{(x+8)+(x+4)\} = 2(2x+12) = 4x+24$
두 도형 $A,\ B$의 둘레의 길이가 서로 같으므로 도형 B의 둘레의 길이도 $4x+24$이다.
따라서 도형 B의 한 변의 길이는 $\dfrac{4x+24}{4} = x+6$이므로
도형 B의 넓이는 $(x+6)^2 = x^2+12x+36$

20 $x+y=A$라 하면
$(x+y)^2-6(x+y)-55 = A^2-6A-55$
$= (A+5)(A-11)$
$= (x+y+5)(x+y-11)$
이때 $x,\ y$가 자연수이므로 $x+y \geq 2$
따라서 $x+y+5 \geq 7$이므로 주어진 식의 값이 소수가 되려면
$x+y-11=1$이어야 한다.
즉, $x+y=12$이므로 자연수 $x,\ y$의 순서쌍 $(x,\ y)$는
$(1,\ 11),\ (2,\ 10),\ (3,\ 9),\ (4,\ 8),\ (5,\ 7),\ (6,\ 6),\ (7,\ 5)$,
$(8,\ 4),\ (9,\ 3),\ (10,\ 2),\ (11,\ 1)$
의 11개이다.

참고
$x+y=12$일 때
$(x+y)^2-6(x+y)-55 = (x+y+5)(x+y-11) = 17 \times 1 = 17$
로 소수이다.

21 $3(x-2y)^2-2x+4y-8$
$\quad=3(x-2y)^2-2(x-2y)-8$ ······ ❶
$x-2y=A$라 하면
$3(x-2y)^2-2(x-2y)-8$
$=3A^2-2A-8$
$=(3A+4)(A-2)$
$=\{3(x-2y)+4\}\{(x-2y)-2\}$
$=(3x-6y+4)(x-2y-2)$ ······ ❷
따라서 $a=-6$, $b=4$, $c=-2$, $d=-2$이므로
$(a+b)(c+d)=(-6+4)\times(-2-2)$
$\qquad\qquad\quad=(-2)\times(-4)=8$ ······ ❸

채점 기준	비율
❶ 공통인 인수가 보이도록 주어진 식을 정리하기	20 %
❷ 주어진 식을 인수분해하기	50 %
❸ $(a+b)(c+d)$의 값 구하기	30 %

22 $x^2-2x=A$라 하면
$(x^2-2x-11)(x^2-2x-12)-12$
$=(A-11)(A-12)-12$
$=A^2-23A+120$
$=(A-8)(A-15)$
$=(x^2-2x-8)(x^2-2x-15)$
$=(x+2)(x-4)(x+3)(x-5)$
따라서 인수가 아닌 것은 $x+4$이다.

23 $(x+1)(x+3)(x+4)(x+6)+9$
$=\{(x+1)(x+6)\}\{(x+3)(x+4)\}+9$
$=(x^2+7x+6)(x^2+7x+12)+9$
$x^2+7x=A$라 하면
$(x^2+7x+6)(x^2+7x+12)+9=(A+6)(A+12)+9$
$\qquad\qquad\qquad\qquad\qquad\quad=A^2+18A+81$
$\qquad\qquad\qquad\qquad\qquad\quad=(A+9)^2$
$\qquad\qquad\qquad\qquad\qquad\quad=(x^2+7x+9)^2$
따라서 $a=7$, $b=9$이므로 $a+b=16$

24 $xy-x-2y+2=6$에서
$x(y-1)-2(y-1)=6$
즉, $(x-2)(y-1)=6$ ······ ❶
이때 x, y가 자연수이므로
$x-2=1$, $y-1=6$ 또는 $x-2=2$, $y-1=3$
또는 $x-2=3$, $y-1=2$ 또는 $x-2=6$, $y-1=1$ ······ ❷
따라서 자연수 x, y의 순서쌍 (x,y)는
$(3,7)$, $(4,4)$, $(5,3)$, $(8,2)$
의 4개이다. ······ ❸

채점 기준	비율
❶ 주어진 등식의 좌변을 인수분해하기	30 %
❷ $x-2$, $y-1$의 값 구하기	40 %
❸ 순서쌍 (x,y)의 개수 구하기	30 %

25 $abc-ab-ac+a+bc-b-c+1$
$=(bc-b-c+1)a+bc-b-c+1$
$=(bc-b-c+1)(a+1)$
$=\{b(c-1)-(c-1)\}(a+1)$
$=(a+1)(b-1)(c-1)$

26 $2020=A$라 하면 $2026=A+6$이므로
$2020\times2026+9=A(A+6)+9$
$\qquad\qquad\qquad\quad=A^2+6A+9$
$\qquad\qquad\qquad\quad=(A+3)^2$
$\qquad\qquad\qquad\quad=(2020+3)^2=2023^2$
따라서 어떤 자연수는 2023이다.

27 $80\left(1-\dfrac{1}{4^2}\right)\times\left(1-\dfrac{1}{5^2}\right)\times\cdots\times\left(1-\dfrac{1}{19^2}\right)\times\left(1-\dfrac{1}{20^2}\right)$
$=80\left(1-\dfrac{1}{4}\right)\left(1+\dfrac{1}{4}\right)\times\left(1-\dfrac{1}{5}\right)\left(1+\dfrac{1}{5}\right)$
$\quad\times\cdots\times\left(1-\dfrac{1}{19}\right)\left(1+\dfrac{1}{19}\right)\times\left(1-\dfrac{1}{20}\right)\left(1+\dfrac{1}{20}\right)$
$=80\times\dfrac{3}{4}\times\dfrac{5}{4}\times\dfrac{4}{5}\times\dfrac{6}{5}\times\cdots\times\dfrac{18}{19}\times\dfrac{20}{19}\times\dfrac{19}{20}\times\dfrac{21}{20}$
$=80\times\dfrac{3}{4}\times\dfrac{21}{20}=63$

28 $3^8-1=(3^4+1)(3^4-1)$
$\qquad\quad=(3^4+1)(3^2+1)(3^2-1)$
$\qquad\quad=(3^4+1)(3^2+1)(3+1)(3-1)$
$\qquad\quad=82\times10\times4\times2$
$\qquad\quad=(2\times41)\times(2\times5)\times2^2\times2$
$\qquad\quad=2^5\times5\times41$
ㄱ. 3^8-1의 약수의 개수는
$\quad(5+1)\times(1+1)\times(1+1)=24$
ㄴ. $3^8-1=2^5\times5\times41$이므로 41의 배수이다.
ㄷ. $\dfrac{3^8-1}{40}=\dfrac{2^5\times5\times41}{40}$
$\qquad\quad=\dfrac{(2^3\times5)\times2^2\times41}{2^3\times5}$
$\qquad\quad=2^2\times41=164$
따라서 옳은 것은 ㄱ, ㄴ이다.

29 $2\sqrt{3}=\sqrt{12}$에서 $3<\sqrt{12}<4$이므로

$a=2\sqrt{3}-3$

$3\sqrt{2}=\sqrt{18}$에서 $4<\sqrt{18}<5$이므로

$b=4$

따라서

$a^2b+ab^2-ab+12a+12b-12$

$=ab(a+b-1)+12(a+b-1)$

$=(ab+12)(a+b-1)$

$=\{(2\sqrt{3}-3)\times4+12\}\{(2\sqrt{3}-3)+4-1\}$

$=8\sqrt{3}\times2\sqrt{3}=48$

30 $(3a+b)^2-(a+3b)^2$

$=\{(3a+b)+(a+3b)\}\{(3a+b)-(a+3b)\}$

$=(4a+4b)(2a-2b)$

$=8(a+b)(a-b)$ ...... ❶

이때

$(a-b)^2=(a+b)^2-4ab$

$\qquad\quad=5^2-4\times2=17$

에서 $a>b$이므로

$a-b=\sqrt{17}$ ...... ❷

따라서

$(3a+b)^2-(a+3b)^2=8(a+b)(a-b)$

$\qquad\qquad\qquad\qquad\quad=8\times5\times\sqrt{17}$

$\qquad\qquad\qquad\qquad\quad=40\sqrt{17}$ ...... ❸

채점 기준	비율
❶ 주어진 식을 인수분해하기	40 %
❷ $a-b$의 값 구하기	40 %
❸ 주어진 식의 값 구하기	20 %

05 이차방정식

필수 확인 문제 | 72~77쪽 |

01 ④	02 ②	03 $x=2$	04 ⑤	05 ⑤
06 ④	07 ④	08 $x=-4$ 또는 $x=1$		09 ①
10 ④	11 ③	12 $\dfrac{13}{4}$	13 ③	14 ③
15 10	16 ④	17 ③	18 ⑤	19 ④
20 5	21 ⑤	22 ①	23 $x=\dfrac{4\pm\sqrt{19}}{3}$	
24 ⑤	25 −7	26 ③	27 ⑤	28 ②
29 $x^2-7x+10=0$		30 24	31 ③	32 ⑤
33 3초	34 ②	35 3 m	36 ④	

01 ① $3x^2-1=0$은 x에 대한 이차방정식이다.

② $(x+2)(x-1)=\dfrac{1}{2}$에서 $x^2+x-2=\dfrac{1}{2}$

즉, $x^2+x-\dfrac{5}{2}=0$이므로 x에 대한 이차방정식이다.

③ $x(x+3)=4-x^2$에서 $x^2+3x=4-x^2$

즉, $2x^2+3x-4=0$이므로 x에 대한 이차방정식이다.

④ $(1-2x)(x+1)=5-3x-2x^2$에서

$-2x^2-x+1=5-3x-2x^2$

즉, $2x-4=0$이므로 x에 대한 이차방정식이 아니다.

⑤ $\dfrac{x^2}{3}=\dfrac{3x+1}{2}$에서 $\dfrac{1}{3}x^2-\dfrac{3}{2}x-\dfrac{1}{2}=0$이므로

x에 대한 이차방정식이다.

따라서 x에 대한 이차방정식이 아닌 것은 ④이다.

02 $(2x-3)(ax+2)=x^2-5$에서

$2ax^2+(4-3a)x-6=x^2-5$

즉, $(2a-1)x^2+(4-3a)x-1=0$이 x에 대한 이차방정식이

되려면

$2a-1\ne0$이므로 $a\ne\dfrac{1}{2}$

03 x의 값이 $-1\le x\le2$인 정수이므로

$x=-1, 0, 1, 2$ ...... ❶

이차방정식 $2x^2-x-6=0$에서

$x=-1$을 대입하면 $2+1-6\ne0$

$x=0$을 대입하면 $0-0-6\ne0$

$x=1$을 대입하면 $2-1-6\ne0$

$x=2$를 대입하면 $8-2-6=0$

따라서 이차방정식 $2x^2-x-6=0$의 해는

$x=2$ ...... ❷

채점 기준	비율
❶ 부등식을 만족시키는 정수 x의 값 구하기	40 %
❷ 이차방정식 $2x^2-x-6=0$의 해 구하기	60 %

04 $x=-2$를 $x^2+ax+b=0$에 대입하면
$4-2a+b=0$, 즉 $2a-b=4$ ⋯⋯ ㉠
$x=3$을 $x^2+ax+b=0$에 대입하면
$9+3a+b=0$, 즉 $3a+b=-9$ ⋯⋯ ㉡
㉠, ㉡을 연립하여 풀면
$a=-1$, $b=-6$
따라서 $a-b=-1-(-6)=5$

05 각 방정식의 해를 구하면
① $x=0$ 또는 $x=\dfrac{1}{4}$ ➡ 두 근의 합 $\dfrac{1}{4}$
② $x=-3$ 또는 $x=4$ ➡ 두 근의 합 1
③ $x=1$ 또는 $x=-5$ ➡ 두 근의 합 -4
④ $x=-4$ 또는 $x=1$ ➡ 두 근의 합 -3
⑤ $x=-1$ 또는 $x=6$ ➡ 두 근의 합 5
따라서 두 근의 합이 5인 것은 ⑤이다.

06 $(x-3)(3x+4)=x^2$에서
$3x^2-5x-12=x^2$, $2x^2-5x-12=0$
즉, $(2x+3)(x-4)=0$
$x=-\dfrac{3}{2}$ 또는 $x=4$에서 $\alpha>\beta$이므로 $\alpha=4$, $\beta=-\dfrac{3}{2}$
따라서 $\alpha-2\beta=4-2\times\left(-\dfrac{3}{2}\right)=4+3=7$

07 $6x^2-ax+2=0$의 한 근이 $x=\dfrac{2}{3}$이므로
$6\times\left(\dfrac{2}{3}\right)^2-\dfrac{2}{3}a+2=0$, $\dfrac{2}{3}a=\dfrac{14}{3}$, 즉 $a=7$
$6x^2-ax+2=0$, 즉 $6x^2-7x+2=0$에서
$(2x-1)(3x-2)=0$
$x=\dfrac{1}{2}$ 또는 $x=\dfrac{2}{3}$이므로 $b=\dfrac{1}{2}$
따라서 $a+2b=7+2\times\dfrac{1}{2}=8$

08 $3x^2-7x-6=0$에서 $(3x+2)(x-3)=0$
$x=-\dfrac{2}{3}$ 또는 $x=3$이므로 $p=3$ ⋯⋯ ❶
$2x^2+3x-20=0$에서 $(x+4)(2x-5)=0$
$x=-4$ 또는 $x=\dfrac{5}{2}$이므로 $q=-4$ ⋯⋯ ❷
이차방정식 $x^2+px+q=0$, 즉 $x^2+3x-4=0$에서
$(x+4)(x-1)=0$이므로 구하는 해는
$x=-4$ 또는 $x=1$ ⋯⋯ ❸

채점 기준	비율
❶ p의 값 구하기	30 %
❷ q의 값 구하기	30 %
❸ 이차방정식 $x^2+px+q=0$의 해 구하기	40 %

09 $x(x-4)=12$에서 $x^2-4x-12=0$
$(x+2)(x-6)=0$이므로
$x=-2$ 또는 $x=6$
이때 $x=-2$가 $3x^2+(k-2)x+4k=0$의 근이므로
$12-2(k-2)+4k=0$, $2k=-16$
따라서 $k=-8$

10 ㄱ. $x^2-4=0$에서 $(x+2)(x-2)=0$이므로
$x=-2$ 또는 $x=2$
ㄴ. $3x^2=12x-12$에서 $3x^2-12x+12=0$
$3(x-2)^2=0$이므로 $x=2$ (중근)
ㄷ. $x^2+\dfrac{1}{9}=\dfrac{2}{3}x$에서 $x^2-\dfrac{2}{3}x+\dfrac{1}{9}=0$
$\left(x-\dfrac{1}{3}\right)^2=0$이므로 $x=\dfrac{1}{3}$ (중근)
ㄹ. $4(x-3)^2=16$에서 $(x-3)^2=4$
$x^2-6x+9=4$, $x^2-6x+5=0$
$(x-1)(x-5)=0$이므로 $x=1$ 또는 $x=5$
따라서 중근을 갖는 이차방정식은 ㄴ, ㄷ이다.

11 $x^2-16x+64=0$에서
$(x-8)^2=0$
즉, $x=8$이므로 $p=8$
$4x^2-12x+9=0$에서
$(2x-3)^2=0$
즉, $x=\dfrac{3}{2}$이므로 $q=\dfrac{3}{2}$
따라서 $pq=8\times\dfrac{3}{2}=12$

12 $x^2-4x+3=x-k$에서
$x^2-5x+k+3=0$
이 이차방정식이 중근을 가지므로
$k+3=\left(\dfrac{-5}{2}\right)^2$
따라서 $k=\dfrac{25}{4}-3=\dfrac{13}{4}$

13 $x^2-2x=4x+a$에서 $x^2-6x-a=0$
이 이차방정식이 중근을 가지므로
$-a=\left(\dfrac{-6}{2}\right)^2$, 즉 $a=-9$
이차방정식 $(a+5)x^2+13x+12=0$에서
$-4x^2+13x+12=0$을 풀면
$4x^2-13x-12=0$, $(4x+3)(x-4)=0$
따라서 $x=-\dfrac{3}{4}$ 또는 $x=4$이므로 두 근의 곱은
$-\dfrac{3}{4}\times4=-3$

14 $9(x+a)^2=b$에서 $(x+a)^2=\dfrac{b}{9}$

$x+a=\pm\sqrt{\dfrac{b}{9}}$, 즉 $x=-a\pm\sqrt{\dfrac{b}{9}}$

이때 $-a=3$, $\dfrac{b}{9}=5$이므로 $a=-3$, $b=45$

따라서 $a+b=-3+45=42$

다른 풀이

$x=3\pm\sqrt{5}$에서 $x-3=\pm\sqrt{5}$

양변을 제곱하면 $(x-3)^2=5$

양변에 9를 곱하면 $9(x-3)^2=45$

따라서 $a=-3$, $b=45$이므로 $a+b=-3+45=42$

15 $2(x-3)^2=5-k$에서 $(x-3)^2=\dfrac{5-k}{2}$

이 이차방정식이 서로 다른 두 근을 가지므로

$\dfrac{5-k}{2}>0$, 즉 $k<5$ ······ ❶

따라서 모든 자연수 k의 값의 합은

$1+2+3+4=10$ ······ ❷

채점 기준	비율
❶ k의 값의 범위 구하기	50 %
❷ 자연수 k의 값의 합 구하기	50 %

16 $3(x-1)^2=2x^2+3x-2$에서

$3(x^2-2x+1)=2x^2+3x-2$, $x^2-9x=-5$

$x^2-9x+\dfrac{81}{4}=\dfrac{81}{4}-5$, $\left(x-\dfrac{9}{2}\right)^2=\dfrac{61}{4}$

따라서 $p=\dfrac{9}{2}$, $q=\dfrac{61}{4}$이므로

$2p+4q=2\times\dfrac{9}{2}+4\times\dfrac{61}{4}=70$

17 $x^2+4x+2k=0$에서 $x^2+4x=-2k$

$x^2+4x+4=4-2k$, $(x+2)^2=4-2k$

$x+2=\pm\sqrt{4-2k}$, 즉 $x=-2\pm\sqrt{4-2k}$

따라서 $4-2k=3$이므로 $k=\dfrac{1}{2}$

18 $3x^2-3x=5x+4$에서 $3x^2-8x-4=0$의 근은

$x=\dfrac{4\pm\sqrt{(-4)^2-3\times(-4)}}{3}=\dfrac{4\pm\sqrt{28}}{3}=\dfrac{4\pm2\sqrt{7}}{3}$

따라서 $a=4$, $b=7$이므로 $a+b=4+7=11$

19 $x^2-5x+2=0$의 근은

$x=\dfrac{5\pm\sqrt{(-5)^2-4\times1\times2}}{2}=\dfrac{5\pm\sqrt{17}}{2}$

따라서 $\alpha=\dfrac{5+\sqrt{17}}{2}$, $\beta=\dfrac{5-\sqrt{17}}{2}$이므로

$\alpha-\beta=\dfrac{5+\sqrt{17}}{2}-\dfrac{5-\sqrt{17}}{2}=\sqrt{17}$

20 $x^2+ax+3=0$의 근은

$x=\dfrac{-a\pm\sqrt{a^2-4\times1\times3}}{2}$

$=-\dfrac{a}{2}\pm\dfrac{\sqrt{a^2-12}}{2}$ ······ ❶

$-\dfrac{a}{2}=-2$, $\dfrac{\sqrt{a^2-12}}{2}=\sqrt{b}$이므로

$a=4$, $b=\dfrac{a^2-12}{4}=\dfrac{4^2-12}{4}=1$ ······ ❷

따라서 $a+b=4+1=5$ ······ ❸

채점 기준	비율
❶ 근의 공식을 이용하여 이차방정식의 근 구하기	40 %
❷ a, b의 값 구하기	40 %
❸ $a+b$의 값 구하기	20 %

21 $3x^2-10x+1=0$의 근은

$x=\dfrac{5\pm\sqrt{(-5)^2-3\times1}}{3}=\dfrac{5\pm\sqrt{22}}{3}$

따라서 $a=\dfrac{5+\sqrt{22}}{3}$이므로

$3a-\sqrt{22}=3\times\dfrac{5+\sqrt{22}}{3}-\sqrt{22}=5$

22 $\dfrac{1}{2+\sqrt{5}}=\dfrac{2-\sqrt{5}}{(2+\sqrt{5})(2-\sqrt{5})}=-2+\sqrt{5}$

이차방정식 $x^2+ax+b=0$의 계수가 모두 유리수이고, 한 근이 $-2+\sqrt{5}$이므로 다른 한 근은 $-2-\sqrt{5}$이다.

23 $\dfrac{(3x-1)(x+1)}{2}=3x(x-1)-1$의 양변에 2를 곱하면

$(3x-1)(x+1)=6x(x-1)-2$

$3x^2+2x-1=6x^2-6x-2$

즉, $3x^2-8x-1=0$이므로 구하는 근은

$x=\dfrac{4\pm\sqrt{(-4)^2-3\times(-1)}}{3}=\dfrac{4\pm\sqrt{19}}{3}$

24 $3x^2+0.5x-\dfrac{15}{2}=0$의 양변에 2를 곱하면

$6x^2+x-15=0$, $(3x+5)(2x-3)=0$

따라서 $x=-\dfrac{5}{3}$ 또는 $x=\dfrac{3}{2}$이므로 두 근의 차는

$\dfrac{3}{2}-\left(-\dfrac{5}{3}\right)=\dfrac{19}{6}$

25 $x+5=A$로 놓으면

$A^2-3A-18=0$, $(A+3)(A-6)=0$

$A=-3$ 또는 $A=6$이므로

$x+5=-3$ 또는 $x+5=6$

따라서 $x=-8$ 또는 $x=1$이므로 두 근의 합은

$-8+1=-7$

26 ㄱ. $x^2=5(x-1)$에서 $x^2-5x+5=0$이므로

$(-5)^2-4\times1\times5=5>0$

즉, 서로 다른 두 근을 갖는다.

ㄴ. $2x^2+3=x(1-x)$에서 $3x^2-x+3=0$이므로

$(-1)^2-4\times3\times3=-35<0$

즉, 근을 갖지 않는다.

ㄷ. $8x^2+1=5x$에서 $8x^2-5x+1=0$이므로

$(-5)^2-4\times8\times1=-7<0$

즉, 근을 갖지 않는다.

ㄹ. $\dfrac{1}{3}(x^2-1)=x$에서 $x^2-3x-1=0$이므로

$(-3)^2-4\times1\times(-1)=13>0$

즉, 서로 다른 두 근을 갖는다.

따라서 서로 다른 두 근을 갖는 이차방정식은 ㄱ, ㄹ이다.

27 $3ax^2+(a+3)x+1=0$이 중근을 가지므로

$(a+3)^2-4\times3a\times1=0$에서 $a^2-6a+9=0$

따라서 $(a-3)^2=0$이므로 $a=3$

28 두 근이 $-\dfrac{2}{3}$, $\dfrac{1}{2}$이고 x^2의 계수가 6인 이차방정식은

$6\left(x+\dfrac{2}{3}\right)\left(x-\dfrac{1}{2}\right)=0$, $6\left(x^2+\dfrac{1}{6}x-\dfrac{1}{3}\right)=0$

따라서 $6x^2+x-2=0$

29 $2x^2-4x+k=0$이 중근을 가지므로

$(-4)^2-4\times2\times k=0$, $8k=16$, 즉 $k=2$ ……… ❶

두 근이 k, $k+3$이므로 두 근이 2, 5이고 x^2의 계수가 1인 이차방정식은 $(x-2)(x-5)=0$

따라서 구하는 이차방정식은 $x^2-7x+10=0$ ……… ❷

채점 기준	비율
❶ k의 값 구하기	40 %
❷ 이차방정식 구하기	60 %

30 어떤 수를 x라 하면

$(x+6)^2=2(x+6)$, $(x+6)^2-2(x+6)=0$

$(x+6)\{(x+6)-2\}=0$, $(x+6)(x+4)=0$

즉, $x=-6$ 또는 $x=-4$

따라서 어떤 수는 -6 또는 -4이므로 구하는 곱은

$-6\times(-4)=24$

31 $x>2$일 때, 연속하는 세 홀수를 $x-2$, x, $x+2$라 하면

$(x+2)^2=12\{(x-2)+x\}+9$

$x^2+4x+4=24x-15$

$x^2-20x+19=0$, $(x-1)(x-19)=0$

즉, $x=1$ 또는 $x=19$

이때 $x>2$이므로 $x=19$

따라서 가장 큰 홀수는 $19+2=21$

32 영진이의 나이를 x살이라 하면 동생의 나이는 $(x-4)$살이므로

$x^2=2(x-4)^2-4$, $x^2=2x^2-16x+28$

$x^2-16x+28=0$, $(x-2)(x-14)=0$

즉, $x=2$ 또는 $x=14$

이때 $x>4$이므로 $x=14$

따라서 영진이의 나이는 14살이다.

33 $50+40t-5t^2=125$에서

$5t^2-40t+75=0$, $t^2-8t+15=0$

$(t-3)(t-5)=0$, 즉 $t=3$ 또는 $t=5$

따라서 3초 후에 터지도록 해야 한다.

34 직사각형의 가로의 길이를 x cm라 하면

둘레의 길이가 18 cm이므로 세로의 길이는 $(9-x)$ cm

직사각형의 넓이가 18 cm^{2}이므로

$x(9-x)=18$, $x^2-9x+18=0$

$(x-3)(x-6)=0$, 즉 $x=3$ 또는 $x=6$

이때 가로의 길이가 세로의 길이보다 더 길어야 하므로

$x>9-x$에서 $x>\dfrac{9}{2}$

따라서 직사각형의 가로의 길이는 6 cm이다.

35 도로의 폭을 x m라 하면 도로를 제외한 땅의 넓이는 가로의 길이가 $(20-x)$ m, 세로의 길이가 $(12-x)$ m인 직사각형의 넓이와 같으므로

$(20-x)(12-x)=153$ ……… ❶

$x^2-32x+87=0$, $(x-3)(x-29)=0$

즉, $x=3$ 또는 $x=29$ ……… ❷

이때 $0<x<12$이므로 $x=3$

따라서 도로의 폭은 3 m이다. ……… ❸

채점 기준	비율
❶ 도로의 폭을 x m로 놓고 식 세우기	40 %
❷ 이차방정식의 해 구하기	40 %
❸ 도로의 폭 구하기	20 %

36 처음 정사각형 모양의 종이의 한 변의 길이를 x cm라 하면 직육면체 모양의 상자에서 밑면은 한 변의 길이가 $(x-6)$ cm인 정사각형이고, 높이는 3 cm이므로

$(x-6)^2\times3=108$, $(x-6)^2=36$

$x-6=\pm6$, 즉 $x=0$ 또는 $x=12$

이때 $x>6$이므로 $x=12$

따라서 처음 정사각형 모양의 종이의 한 변의 길이는 12 cm이다.

1 ③	2 ①	3 $x=1$ 또는 $x=8$	4 $x=-2$
5 7	6 ③	7 ①	8 ④	9 4
10 ②	11 6	12 ⑤	13 $x=-2$ 또는 $x=1$
14 ⑤	15 ③	16 ③	17 ③	18 10 cm

1 $x^2-5x-2=0$의 한 근이 $x=\alpha$이므로

$\alpha^2-5\alpha-2=0$ ······ ㉠

즉, $\alpha^2-5\alpha=2$

이때 $\alpha\neq0$이므로 ㉠의 양변을 α로 나누면

$\alpha-5-\dfrac{2}{\alpha}=0$, 즉 $\alpha-\dfrac{2}{\alpha}=5$

따라서

$\alpha^2-4\alpha-\dfrac{2}{\alpha}=(\alpha^2-5\alpha)+\left(\alpha-\dfrac{2}{\alpha}\right)$

$=2+5=7$

참고

㉠에 $\alpha=0$을 대입하면 $-2\neq0$이므로 $\alpha\neq0$

2 $(3a-2)x^2+a(a-9)x+a+16=0$이 x에 대한 이차방정식이므로

$3a-2\neq0$, 즉 $a\neq\dfrac{2}{3}$

$x=3$을 $(3a-2)x^2+a(a-9)x+a+16=0$에 대입하면

$9(3a-2)+3a(a-9)+a+16=0$

$3a^2+a-2=0$, $(3a-2)(a+1)=0$

이때 $a\neq\dfrac{2}{3}$이므로 $a=-1$

$a=-1$을 $(3a-2)x^2+a(a-9)x+a+16=0$에 대입하면

$-5x^2+10x+15=0$, $x^2-2x-3=0$

$(x+1)(x-3)=0$, 즉 $x=-1$ 또는 $x=3$

따라서 나머지 한 근은 $x=-1$이다.

3 이차방정식 $x^2-(4k+1)x+3k+2=0$의 x의 계수와 상수항을 바꾸면

$x^2+(3k+2)x-(4k+1)=0$

이 방정식의 해가 $x=-9$이므로

$81-9(3k+2)-(4k+1)=0$

$31k=62$, 즉 $k=2$

따라서 처음 이차방정식은 $x^2-9x+8=0$

즉, $(x-1)(x-8)=0$이므로 구하는 해는

$x=1$ 또는 $x=8$

4 $x^2-6x+2k+1=0$이 중근을 가지므로

$2k+1=\left(\dfrac{-6}{2}\right)^2$, $2k=8$, 즉 $k=4$

$k=4$를 주어진 두 이차방정식에 대입하면

$x^2-3x-10=0$, $3x^2+5x-2=0$

$x^2-3x-10=0$에서 $(x+2)(x-5)=0$이므로

$x=-2$ 또는 $x=5$

$3x^2+5x-2=0$에서 $(x+2)(3x-1)=0$이므로

$x=-2$ 또는 $x=\dfrac{1}{3}$

따라서 두 이차방정식의 공통인 근은 $x=-2$이다.

5 $x^2+4=(3k+1)x$에서 $x^2-(3k+1)x+4=0$

이 이차방정식이 중근을 가지므로

$-(3k+1)=\pm2\sqrt{4}=\pm4$

즉, $3k+1=-4$ 또는 $3k+1=4$이므로

$k=-\dfrac{5}{3}$ 또는 $k=1$

따라서 이차방정식 $3x^2+mx+n=0$의 두 근은 $x=-\dfrac{5}{3}$ 또는 $x=1$이다.

$x=-\dfrac{5}{3}$를 $3x^2+mx+n=0$에 대입하면

$\dfrac{25}{3}-\dfrac{5}{3}m+n=0$, 즉 $5m-3n=25$ ······ ㉠

$x=1$을 $3x^2+mx+n=0$에 대입하면

$3+m+n=0$, 즉 $m+n=-3$ ······ ㉡

㉠, ㉡을 연립하여 풀면 $m=2$, $n=-5$

따라서 $m-n=2-(-5)=7$

6 $(x+2)^2=2k$에서 $x+2=\pm\sqrt{2k}$이므로

$x=-2\pm\sqrt{2k}$

x는 정수, k는 자연수이므로

$k=2\times$(자연수)^2 꼴이어야 한다.

즉, $k=2\times1^2$, 2×2^2, 2×3^2, 2×4^2, $\cdots$이므로

$k=2$, 8, 18, 32, $\cdots$

따라서 가장 작은 두 자리 자연수 k의 값은 18이다.

7 $x^2-4x-21=0$에서 $(x+3)(x-7)=0$

$x=-3$ 또는 $x=7$이므로 $k=-3$

$k=-3$을 $x^2+(k+2)x+5-k^2=0$에 대입하면

$x^2-x-4=0$의 근은

$x=\dfrac{1\pm\sqrt{(-1)^2-4\times1\times(-4)}}{2}=\dfrac{1\pm\sqrt{17}}{2}$

따라서 구하는 두 근의 합은 $\dfrac{1+\sqrt{17}}{2}+\dfrac{1-\sqrt{17}}{2}=1$

8 $3x^2-8x+a+2=0$의 근은

$x=\dfrac{4\pm\sqrt{(-4)^2-3(a+2)}}{3}=\dfrac{4\pm\sqrt{10-3a}}{3}$

두 근이 유리수가 되어야 하므로

$10-3a=0$, 1, 4, 9, 16, $\cdots$

즉, $a=\dfrac{10}{3}$, 3, 2, $\dfrac{1}{3}$, -2, $\cdots$

이때 a는 자연수이므로 $a=2$ 또는 $a=3$

따라서 모든 자연수 a의 값의 합은 $2+3=5$

9 $\dfrac{(x+1)^2}{3}-\dfrac{(2x+1)(x-3)}{2}=3x+\dfrac{4}{3}$ 의 양변에 6을 곱하면

$2(x+1)^2-3(2x+1)(x-3)=18x+8$

$4x^2-x-3=0,\ (4x+3)(x-1)=0$

즉, $x=-\dfrac{3}{4}$ 또는 $x=1$

따라서 $\alpha=1,\ \beta=-\dfrac{3}{4}$ 이므로

$\alpha-4\beta=1-4\times\left(-\dfrac{3}{4}\right)=4$

10 $\dfrac{(a+b)^2}{2}-12=2ab+a-b$ 의 양변에 2를 곱하면

$(a+b)^2-24=4ab+2a-2b$

$a^2+2ab+b^2-4ab-2a+2b-24=0$

$a^2-2ab+b^2-2a+2b-24=0$

$(a-b)^2-2(a-b)-24=0$

$a-b=X$ 라 하면

$X^2-2X-24=0,\ (X+4)(X-6)=0$

즉, $X=-4$ 또는 $X=6$

이때 $X<0$ 이므로 $X=-4$

따라서 $a-b=-4$

11 $3x^2-4x+a-2=0$ 이 근을 갖지 않으므로

$(-2)^2-3(a-2)<0$

$10-3a<0$, 즉 $a>\dfrac{10}{3}$ ……㉠

$x^2-2(a-3)x+a+3=0$ 이 중근을 가지므로

$(a-3)^2-(a+3)=0,\ a^2-7a+6=0$

$(a-1)(a-6)=0$, 즉 $a=1$ 또는 $a=6$ ……㉡

㉠, ㉡에 의하여 $a=6$

12 주어진 일차함수의 그래프가 두 점 $(-6,\ 0),\ (0,\ 5)$ 를 지나

므로 $m=\dfrac{5-0}{0-(-6)}=\dfrac{5}{6}$, $n=5$

따라서 두 근이 $\dfrac{5}{6}$, 5이고 x^2의 계수가 6인 이차방정식은

$6\left(x-\dfrac{5}{6}\right)(x-5)=0,\ (6x-5)(x-5)=0$

즉, $6x^2-35x+25=0$

13 두 근이 -3, 2이고 x^2의 계수가 2인 이차방정식은

$2(x+3)(x-2)=0$, 즉 $2x^2+2x-12=0$

민정이는 x의 계수를 제대로 보았으므로 처음 이차방정식의

x의 계수는 2이다.

두 근이 $-\dfrac{1}{2}$, 4이고 x^2의 계수가 2인 이차방정식은

$2\left(x+\dfrac{1}{2}\right)(x-4)=0$, 즉 $2x^2-7x-4=0$

정수는 상수항을 제대로 보았으므로 처음 이차방정식의 상수

항은 -4 이다.

즉, 처음 이차방정식은 $2x^2+2x-4=0$이므로

$2(x+2)(x-1)=0$

따라서 처음 이차방정식의 해는 $x=-2$ 또는 $x=1$

14 주어진 이차방정식의 모든 계수가 유리수이므로 한 근이

$-3+2\sqrt{2}$ 이면 다른 한 근은 $-3-2\sqrt{2}$ 이다.

두 근이 $-3+2\sqrt{2}$, $-3-2\sqrt{2}$ 이고 x^2의 계수가 2인 이차방정

식은

$2\{x-(-3+2\sqrt{2})\}\{x-(-3-2\sqrt{2})\}=0$

$2(x^2+6x+1)=0,\ 2x^2+12x+2=0$

따라서 $a=12,\ b=2$ 이므로 $a+b=12+2=14$

15 $\langle x\rangle-2=X$ 라 하면

$X^2-9=0,\ (X+3)(X-3)=0$

즉, $X=-3$ 또는 $X=3$ 이므로

$\langle x\rangle-2=-3$ 또는 $\langle x\rangle-2=3$ 에서

$\langle x\rangle=-1$ 또는 $\langle x\rangle=5$

이때 $\langle x\rangle\geq0$ 이므로 $\langle x\rangle=5$

소수를 작은 수부터 차례로 쓰면

$2,\ 3,\ 5,\ 7,\ 11,\ 13,\ \cdots$

이므로 $\langle x\rangle=5$ 이려면 $11\leq x<13$ 이어야 한다.

따라서 모든 자연수 x의 값의 합은 $11+12=23$

16 인상하기 전의 입장권의 가격을 A원, 이때의 관람객의 수를

B라 하면 가격을 인상하기 전의 입장권의 총 판매액은 AB

원이다.

입장권의 가격을 $x\%$만큼 인상했을 때의 가격은

$A\left(1+\dfrac{x}{100}\right)$원

이때 관람객의 수는 $0.5x\%$만큼 감소하므로

$B\left(1-\dfrac{0.5x}{100}\right)=B\left(1-\dfrac{x}{200}\right)$

따라서 입장권의 가격을 $x\%$만큼 인상했을 때의 입장권의 총

판매액은

$A\left(1+\dfrac{x}{100}\right)\times B\left(1-\dfrac{x}{200}\right)=AB\left(1+\dfrac{x}{100}\right)\left(1-\dfrac{x}{200}\right)$

이것은 인상하기 전의 총 판매액에서 8%만큼 증가한 것과

같으므로

$AB\left(1+\dfrac{x}{100}\right)\left(1-\dfrac{x}{200}\right)=AB\left(1+\dfrac{8}{100}\right)$

$\left(1+\dfrac{x}{100}\right)\left(1-\dfrac{x}{200}\right)=1+\dfrac{2}{25}$

양변에 20000을 곱하면

$(100+x)(200-x)=20000+1600$

$x^2-100x+1600=0,\ (x-20)(x-80)=0$

즉, $x=20$ 또는 $x=80$

이때 $x<50$ 이므로 $x=20$

따라서 입장권의 가격을 20% 인상해야 한다.

17 연못의 반지름의 길이를 x m라 하면 공원의 넓이가 연못의 넓이의 3배이므로

$\pi \times (x+4)^2 - \pi \times x^2 = 3\pi \times x^2$

$3x^2 - 8x - 16 = 0$, $(3x+4)(x-4) = 0$

즉, $x = -\dfrac{4}{3}$ 또는 $x = 4$

이때 $x > 0$이므로 $x = 4$

따라서 연못의 반지름의 길이는 4 m이므로 연못의 둘레의 길이는

$2\pi \times 4 = 8\pi(\text{m})$

18 큰 정사각형의 한 변의 길이를 x cm라 하면 작은 정사각형의 한 변의 길이는 $(16-x)$ cm이므로

$x^2 = 2(16-x)^2 + 28$, $x^2 - 64x + 540 = 0$

$(x-10)(x-54) = 0$

즉, $x = 10$ 또는 $x = 54$

이때 $8 < x < 16$이므로 $x = 10$

따라서 큰 정사각형의 한 변의 길이는 10 cm이다.

고난도 실전 문제 | 84~90쪽 |

01 $x=3$	02 ③	03 ①	04 16	05 ④
06 ④	07 -5	08 ④	09 $\dfrac{1}{4}$	10 $-2,6$
11 ⑤	12 ⑤	13 24	14 ②	15 ③
16 ③	17 ④	18 $-\dfrac{1}{2}$	19 ②	20 -1
21 8	22 ④	23 4, 10	24 10	25 ④
26 5	27 ③	28 ③	29 5	30 ①
31 ②	32 ②	33 -6	34 $3x^2-8x-16=0$	
35 42	36 ③	37 8	38 ③	39 ③
40 2초	41 18π cm	42 212 cm^2		

01 $2x-5 \geq 3(x-3)$에서

$2x-5 \geq 3x-9$, 즉 $x \leq 4$

이때 x는 자연수이므로 $x = 1, 2, 3, 4$

이차방정식 $3x^2 - 8x - 3 = 0$에서

$x=1$을 대입하면 $3-8-3 \neq 0$

$x=2$를 대입하면 $12-16-3 \neq 0$

$x=3$을 대입하면 $27-24-3 = 0$

$x=4$를 대입하면 $48-32-3 \neq 0$

따라서 주어진 이차방정식의 해는 $x=3$이다.

02 $x^2 + a(b-3)x - b - 1 = 0$의 한 근이 $x=1$이므로

$1 + a(b-3) - b - 1 = 0$에서 $a(b-3) - (b-3) = 3$

즉, $(a-1)(b-3) = 3$

이때 a, b는 자연수이므로

$a-1=1, b-3=3$ 또는 $a-1=3, b-3=1$

즉, $a=2, b=6$ 또는 $a=4, b=4$

따라서 $a+b=8$

참고
$a-1=-1, b-3=-3$ 또는 $a-1=-3, b-3=-1$이면
$a=0, b=0$ 또는 $a=-2, b=2$이므로
a, b가 자연수라는 조건에 맞지 않는다.

03 $x^2 - 2x - 1 = 0$의 두 근이 $x=a$ 또는 $x=b$이므로

$a^2 - 2a - 1 = 0$, $b^2 - 2b - 1 = 0$

즉, $a^2 - 2a = 1$, $b^2 - 2b = 1$이므로

$(a^2 - 2a - 3)(b^2 - 2b + 4) = (1-3) \times (1+4) = -10$

04 $x^2 - 3x - 2 = 0$의 한 근이 $x=k$이므로 $k^2 - 3k - 2 = 0$

이때 $k \neq 0$이므로 양변을 k로 나누면

$k - 3 - \dfrac{2}{k} = 0$, 즉 $k - \dfrac{2}{k} = 3$ ......❶

따라서

$k^2 + k - \dfrac{2}{k} + \dfrac{4}{k^2} = \left(k^2 + \dfrac{4}{k^2}\right) + \left(k - \dfrac{2}{k}\right)$

$\qquad = \left(k - \dfrac{2}{k}\right)^2 + 4 + \left(k - \dfrac{2}{k}\right)$

$\qquad = 3^2 + 4 + 3 = 16$ ......❷

채점 기준	비율
❶ $k - \dfrac{2}{k}$의 값 구하기	40 %
❷ 주어진 식의 값 구하기	60 %

05 $(a^2 - 10)x^2 + 2ax - 3 = 3ax^2 - 2x$에서

$(a^2 - 3a - 10)x^2 + 2(a+1)x - 3 = 0$

이것이 x에 대한 이차방정식이 되어야 하므로

$a^2 - 3a - 10 \neq 0$, $(a+2)(a-5) \neq 0$

따라서 $a \neq -2$이고 $a \neq 5$

06 $(a+2)x^2 + (a^2-5)x - 1 = 0$의 한 해가 $x=-1$이므로

$a+2 - a^2 + 5 - 1 = 0$, $a^2 - a - 6 = 0$

$(a+2)(a-3) = 0$, 즉 $a = -2$ 또는 $a = 3$

이때 $a = -2$이면 주어진 방정식은 이차방정식이 되지 않으므로 $a = 3$

$a = 3$을 주어진 방정식에 대입하면

$5x^2 + 4x - 1 = 0$, $(x+1)(5x-1) = 0$

즉, $x = -1$ 또는 $x = \dfrac{1}{5}$

따라서 $p = \dfrac{1}{5}$이므로 $a + 5p = 3 + 5 \times \dfrac{1}{5} = 4$

07 $x^2+5ax+a+5=0$의 한 근이 $x=-2$이므로
$4-10a+a+5=0$, $9a=9$, 즉 $a=1$
$a=1$을 $x^2+(a+5)x+5a=0$에 대입하면
$x^2+6x+5=0$, $(x+1)(x+5)=0$
$x=-1$ 또는 $x=-5$이므로
$\alpha=-1$, $\beta=-5$ 또는 $\alpha=-5$, $\beta=-1$
따라서 $a+\alpha+\beta=1+(-1)+(-5)=-5$

08 $x^2-5x+k=0$의 한 근이 $x=2$이므로
$4-10+k=0$, 즉 $k=6$
$k=6$을 $x^2+\dfrac{4k}{3}x-2k-8=0$에 대입하면
$x^2+8x-20=0$, $(x+10)(x-2)=0$
즉, $x=-10$ 또는 $x=2$
$k=6$을 $(k-4)x^2+(5-k)x-k=0$에 대입하면
$2x^2-x-6=0$, $(2x+3)(x-2)=0$
즉, $x=-\dfrac{3}{2}$ 또는 $x=2$
따라서 두 이차방정식의 공통인 근은 $x=2$이다.

09 $x^2-11x+30=0$에서 $(x-5)(x-6)=0$
즉, $x=5$ 또는 $x=6$ ······ **❶**
(i) $x=5$일 때, 주사위의 눈의 수의 순서쌍은
    $(1, 4)$, $(2, 3)$, $(3, 2)$, $(4, 1)$의 4개
(ii) $x=6$일 때, 주사위의 눈의 수의 순서쌍은
    $(1, 5)$, $(2, 4)$, $(3, 3)$, $(4, 2)$, $(5, 1)$의 5개 ······ **❷**
(i), (ii)에서 구하는 확률은
$\dfrac{4+5}{6\times6}=\dfrac{9}{36}=\dfrac{1}{4}$ ······ **❸**

채점 기준	비율
❶ 주어진 이차방정식의 해 구하기	30 %
❷ 주사위의 눈의 수의 합이 해가 되는 경우의 수 구하기	50 %
❸ 확률 구하기	20 %

10 $16x^2+2(a-2)x+1=0$에서 $16\left\{x^2+\dfrac{a-2}{8}x+\dfrac{1}{16}\right\}=0$
이 이차방정식이 중근을 가지므로
$\dfrac{1}{16}=\left\{\dfrac{1}{2}\times\dfrac{a-2}{8}\right\}^2$, $(a-2)^2=16$
$a^2-4a-12=0$, $(a+2)(a-6)=0$
따라서 $a=-2$ 또는 $a=6$

다른 풀이
$16x^2+2(a-2)x+1=0$이 중근을 가지므로 좌변이 완전제곱식이 되어야 한다.
주어진 이차방정식은 $(4x\pm1)^2=0$, 즉 $16x^2\pm8x+1=0$이어야 한다.
따라서 $2(a-2)=-8$ 또는 $2(a-2)=8$이므로
$a=-2$ 또는 $a=6$

11 $x^2-8x+3k+1=0$이 중근을 가지므로
$3k+1=\left(\dfrac{-8}{2}\right)^2$, $3k=15$, 즉 $k=5$
$k=5$를 $x^2-6x+k=0$에 대입하면 $x^2-6x+5=0$
$(x-1)(x-5)=0$이므로 $x=1$ 또는 $x=5$
$k=5$를 $x^2+(k-5)x-5k=0$에 대입하면 $x^2-25=0$
$(x+5)(x-5)=0$이므로 $x=-5$ 또는 $x=5$
따라서 두 이차방정식의 공통인 근은 $x=5$이다.

12 $x^2+mx+4=0$이 중근을 가지고, $m>0$이므로
$m=2\sqrt{4}=4$
$9x^2-2nx+1=0$에서 $9\left(x^2-\dfrac{2n}{9}x+\dfrac{1}{9}\right)=0$이 중근을 가지고, $n>0$이므로
$\dfrac{2n}{9}=2\sqrt{\dfrac{1}{9}}$, $\dfrac{2n}{9}=\dfrac{2}{3}$, 즉 $n=3$
이차방정식 $x^2+ax+b=0$의 근이 $x=3$ 또는 $x=4$이므로
$9+3a+b=0$, $16+4a+b=0$에서
$3a+b=-9$, $4a+b=-16$
두 식을 연립하여 풀면 $a=-7$, $b=12$
따라서 $a+b=-7+12=5$

13 $x^2+ax+3b=0$이 중근을 가지므로
$3b=\left(\dfrac{a}{2}\right)^2$, $3b=\dfrac{a^2}{4}$
즉, $a^2=2^2\times3b$ ······ ㉠ ······ **❶**
따라서 $b=3\times(\text{자연수})^2$ 꼴이어야 하므로
$b=3\times1^2$, 3×2^2, 3×3^2, 3×4^2, 3×5^2, $\cdots$
즉, $b=3$, 12, 27, 48, 75, $\cdots$
b가 50보다 작은 자연수 중 가장 큰 수이므로
$b=48$ ······ **❷**
㉠에서 $a^2=2^2\times3\times48=2^6\times3^2$이므로
$a=\sqrt{2^6\times3^2}=2^3\times3=24$ ······ **❸**

채점 기준	비율
❶ 주어진 이차방정식이 중근을 가질 조건 구하기	30 %
❷ 50보다 작은 자연수 중 가장 큰 b의 값 구하기	40 %
❸ a의 값 구하기	30 %

14 ① $k=-2$이면 $(x-3)^2=8$, $x-3=\pm2\sqrt{2}$
    즉, $x=3\pm2\sqrt{2}$이므로 서로 다른 두 근을 갖는다.
② $k=-\dfrac{1}{2}$이면 $(x-3)^2=5$, $x-3=\pm\sqrt{5}$
    즉, $x=3\pm\sqrt{5}$이므로 서로 다른 두 무리수인 근을 갖는다.
③ $k=0$이면 $(x-3)^2=4$, $x-3=\pm2$
    즉, $x=1$ 또는 $x=5$이므로 두 근의 곱은 5이다.

④ $k=2$이면 $(x-3)^2=0$, $x-3=0$

　　즉, $x=3$이므로 중근을 갖는다.

⑤ $k=4$이면 $(x-3)^2=-4$이므로 근이 존재하지 않는다.

따라서 옳지 않은 것은 ②이다.

15 $x^2+4ax+a^2=b^2-2b$에서 $x^2+4ax=-a^2+b^2-2b$

$x^2+4ax+\left(\dfrac{4a}{2}\right)^2=\left(\dfrac{4a}{2}\right)^2-a^2+b^2-2b$

$(x+2a)^2=3a^2+b^2-2b$

이것이 $(x-b)^2=3b+8$과 같으므로

$b=-2a$, $3b+8=3a^2+b^2-2b$

$b=-2a$를 $3b+8=3a^2+b^2-2b$에 대입하면

$-6a+8=3a^2+4a^2+4a$, $7a^2+10a-8=0$

$(a+2)(7a-4)=0$, 즉 $a=-2$ 또는 $a=\dfrac{4}{7}$

이때 a는 정수이므로 $a=-2$

따라서 $b=-2a=-2\times(-2)=4$이므로

$a-b=-2-4=-6$

16 $(x-2)^2=5a$에서 $x-2=\pm\sqrt{5a}$이므로 $x=2\pm\sqrt{5a}$

x는 정수, a는 자연수이므로 $a=5\times($자연수$)^2$ 꼴이어야 한다.

즉, $a=5\times1^2$, 5×2^2, 5×3^2, 5×4^2, 5×5^2, $\cdots$이므로

$a=5,\ 20,\ 45,\ 80,\ 125,\ \cdots$

따라서 두 자리 자연수 a의 최댓값은 80이다.

17 $25(x-3)^2=a^2$에서 $(x-3)^2=\dfrac{a^2}{25}$이므로

$x-3=\pm\dfrac{a}{5}$, 즉 $x=3-\dfrac{a}{5}$ 또는 $x=3+\dfrac{a}{5}$

$3-\dfrac{a}{5}=\dfrac{3}{5}$ 또는 $3+\dfrac{a}{5}=\dfrac{3}{5}$이므로

$a=12$ 또는 $a=-12$

이때 a는 양수이므로 $a=12$

한편 $b=3+\dfrac{a}{5}$이므로 $b=\dfrac{27}{5}$

따라서 $a+5b=12+5\times\dfrac{27}{5}=39$

18 $3x^2-5x-2=0$에서 $(3x+1)(x-2)=0$

즉, $x=-\dfrac{1}{3}$ 또는 $x=2$이므로 $k=2$

$k=2$를 $2kx^2-(k+1)x-k=0$에 대입하면

$4x^2-3x-2=0$에서

$x=\dfrac{3\pm\sqrt{(-3)^2-4\times4\times(-2)}}{2\times4}=\dfrac{3\pm\sqrt{41}}{8}$

따라서 구하는 두 근의 곱은

$\dfrac{3-\sqrt{41}}{8}\times\dfrac{3+\sqrt{41}}{8}=\dfrac{9-41}{64}=-\dfrac{1}{2}$

19 $x^2+x-3=0$의 근은

$x=\dfrac{-1\pm\sqrt{1^2-4\times1\times(-3)}}{2}=\dfrac{-1\pm\sqrt{13}}{2}$이므로

$\alpha=\dfrac{-1-\sqrt{13}}{2}$

$3x^2+2x-4=0$의 근은

$x=\dfrac{-1\pm\sqrt{1^2-3\times(-4)}}{3}=\dfrac{-1\pm\sqrt{13}}{3}$이므로

$\beta=\dfrac{-1+\sqrt{13}}{3}$

따라서

$\alpha\beta=\dfrac{-1-\sqrt{13}}{2}\times\dfrac{-1+\sqrt{13}}{3}$

$\quad=\dfrac{(-1)^2-13}{6}=-2$

20 근의 공식을 $x=\dfrac{-b\pm\sqrt{b^2-4ac}}{a}$로 착각하여 얻은 두 근이

-4, 1이므로

$\dfrac{-b-\sqrt{b^2-4ac}}{a}=-4$, $\dfrac{-b+\sqrt{b^2-4ac}}{a}=1$

즉, $\dfrac{-b-\sqrt{b^2-4ac}}{2a}=-2$, $\dfrac{-b+\sqrt{b^2-4ac}}{2a}=\dfrac{1}{2}$이므로

이차방정식의 옳은 두 근은 -2, $\dfrac{1}{2}$이다.

따라서 옳은 두 근의 곱은

$-2\times\dfrac{1}{2}=-1$

참고

$a>0$일 때, $\dfrac{-b-\sqrt{b^2-4ac}}{a}<\dfrac{-b+\sqrt{b^2-4ac}}{a}$이므로

$\dfrac{-b-\sqrt{b^2-4ac}}{a}=-4$, $\dfrac{-b+\sqrt{b^2-4ac}}{a}=1$이 된다.

21 $2x^2-4x+k-3=0$의 근은

$x=\dfrac{2\pm\sqrt{(-2)^2-2(k-3)}}{2}=\dfrac{2\pm\sqrt{10-2k}}{2}$　　　　…… ❶

두 근이 유리수가 되어야 하므로

$10-2k=0,\ 1,\ 4,\ 9,\ 16,\ \cdots$

즉, $k=5,\ \dfrac{9}{2},\ 3,\ \dfrac{1}{2},\ -3,\ \cdots$　　　　…… ❷

따라서 모든 자연수 k의 값의 합은

$5+3=8$　　　　…… ❸

채점 기준	비율
❶ 근의 공식을 이용하여 두 근 구하기	30 %
❷ 두 근이 유리수가 되기 위한 k의 값 구하기	50 %
❸ 모든 자연수 k의 값의 합 구하기	20 %

22 $x^2+2x-20=0$의 근은

$x=-1\pm\sqrt{1^2-1\times(-20)}=-1\pm\sqrt{21}$

따라서 양수인 근은 $-1+\sqrt{21}$

이때 $4<\sqrt{21}<5$이므로 $3<-1+\sqrt{21}<4$

즉, $n=3$, $a=(-1+\sqrt{21})-3=-4+\sqrt{21}$이므로

$n+(a+4)^2=3+21=24$

23 □$=3$이면 $x^2-3x-3=0$의 근은

$x=\dfrac{3\pm\sqrt{(-3)^2-4\times1\times(-3)}}{2}=\dfrac{3\pm\sqrt{21}}{2}$

□$=4$이면 $x^2-3x-4=0$의 근은

$(x+1)(x-4)=0$에서 $x=-1$ 또는 $x=4$

□$=5$이면 $x^2-3x-5=0$의 근은

$x=\dfrac{3\pm\sqrt{(-3)^2-4\times1\times(-5)}}{2}=\dfrac{3\pm\sqrt{29}}{2}$

□$=6$이면 $x^2-3x-6=0$의 근은

$x=\dfrac{3\pm\sqrt{(-3)^2-4\times1\times(-6)}}{2}=\dfrac{3\pm\sqrt{33}}{2}$

□$=7$이면 $x^2-3x-7=0$의 근은

$x=\dfrac{3\pm\sqrt{(-3)^2-4\times1\times(-7)}}{2}=\dfrac{3\pm\sqrt{37}}{2}$

□$=8$이면 $x^2-3x-8=0$의 근은

$x=\dfrac{3\pm\sqrt{(-3)^2-4\times1\times(-8)}}{2}=\dfrac{3\pm\sqrt{41}}{2}$

□$=9$이면 $x^2-3x-9=0$의 근은

$x=\dfrac{3\pm\sqrt{(-3)^2-4\times1\times(-9)}}{2}=\dfrac{3\pm\sqrt{45}}{2}=\dfrac{3\pm3\sqrt{5}}{2}$

□$=10$이면 $x^2-3x-10=0$의 근은

$(x+2)(x-5)=0$에서 $x=-2$ 또는 $x=5$

따라서 자연수인 해가 나오는 경우는 □$=4$ 또는 □$=10$일 때이므로 상품권을 받으려면 4 또는 10의 수에 화살을 쏘아야 한다.

24 $\dfrac{(x+3)(2x-1)}{8}=0.5x(x-3)+\dfrac{2x+9}{4}$의 양변에 8을 곱하면

$(x+3)(2x-1)=4x(x-3)+2(2x+9)$

$2x^2+5x-3=4x^2-12x+4x+18$

$2x^2-13x+21=0$, $(x-3)(2x-7)=0$

즉, $x=3$ 또는 $x=\dfrac{7}{2}$이므로 $a=\dfrac{7}{2}$, $\beta=3$

따라서 $2a+\beta=2\times\dfrac{7}{2}+3=10$

25 $x^2-2|x|-15=0$에서

$|x|^2-2|x|-15=0$, $(|x|+3)(|x|-5)=0$

이때 $|x|\geq0$이므로 $|x|=5$

즉, $x=\pm5$이므로 $a=5$, $\beta=-5$

따라서 $a-\beta=5-(-5)=10$

26 $3(x+y)^2+13y=12xy+13x+10$에서

$3(x^2+2xy+y^2)-12xy-13x+13y-10=0$

$3(x^2-2xy+y^2)-13(x-y)-10=0$

$3(x-y)^2-13(x-y)-10=0$

$x-y=X$라 하면

$3X^2-13X-10=0$, $(3X+2)(X-5)=0$

즉, $X=-\dfrac{2}{3}$ 또는 $X=5$

이때 $X>0$이므로 $X=5$

따라서 $x-y=5$

27 $x^2-2x=X$라 하면

$X^2-7X-8=0$, $(X+1)(X-8)=0$

즉, $X=-1$ 또는 $X=8$이므로

$x^2-2x=-1$ 또는 $x^2-2x=8$

(i) $x^2-2x=-1$일 때, $x^2-2x+1=0$

  $(x-1)^2=0$, 즉 $x=1$

(ii) $x^2-2x=8$일 때, $x^2-2x-8=0$

  $(x+2)(x-4)=0$, 즉 $x=-2$ 또는 $x=4$

(i), (ii)에 의하여 $x=1$ 또는 $x=-2$ 또는 $x=4$

따라서 모든 해의 합은 $1+(-2)+4=3$

28 $a-b=A$라 하면 $A^2+6A-16=0$, $(A+8)(A-2)=0$

즉, $A=-8$ 또는 $A=2$이므로 $a-b=-8$ 또는 $a-b=2$

(i) $a-b=-8$일 때

  $a^2+b^2=(a-b)^2+2ab=(-8)^2+2\times(-3)=58$

(ii) $a-b=2$일 때

  $a^2+b^2=(a-b)^2+2ab=2^2+2\times(-3)=-2$

  그런데 실수 a, b에 대하여 $a^2+b^2\geq0$이므로 이를 만족시키는 실수 a, b는 존재하지 않는다.

(i), (ii)에 의하여 $a^2+b^2=58$

29 $3(2x+y)^2-68x-34y-24=0$에서

$3(2x+y)^2-34(2x+y)-24=0$

$2x+y=X$라 하면

$3X^2-34X-24=0$, $(3X+2)(X-12)=0$

즉, $X=-\dfrac{2}{3}$ 또는 $X=12$이므로 ......❶

$2x+y=-\dfrac{2}{3}$ 또는 $2x+y=12$

이때 x, y가 자연수이므로 $2x+y=12$ ......❷

따라서 순서쌍 (x, y)는

$(1, 10)$, $(2, 8)$, $(3, 6)$, $(4, 4)$, $(5, 2)$

의 5개이다. ......❸

채점 기준	비율
❶ $2x+y=X$로 놓고 X의 값 구하기	40 %
❷ $2x+y$의 값 구하기	20 %
❸ 순서쌍 (x, y)의 개수 구하기	40 %

30 $(x+2)(x+4)(x+6)(x+8)+16=0$에서
$\{(x+2)(x+8)\}\{(x+4)(x+6)\}+16=0$
$(x^2+10x+16)(x^2+10x+24)+16=0$
$x^2+10x=X$라 하면
$(X+16)(X+24)+16=0$, $X^2+40X+400=0$
$(X+20)^2=0$에서 $X=-20$이므로
$x^2+10x=-20$
이 방정식의 한 근이 a이므로
$a^2+10a=-20$

31 $x^2-5x+k-3=0$이 근을 갖지 않으므로
$(-5)^2-4\times1\times(k-3)<0$, $25-4k+12<0$
$4k>37$, 즉 $k>\dfrac{37}{4}$
따라서 가장 작은 정수 k의 값은 10이다.

32 $x^2+2(3a-2)x+7a+28=0$이 중근을 가지므로
$(3a-2)^2-7a-28=0$, $9a^2-19a-24=0$
$(9a+8)(a-3)=0$, 즉 $a=-\dfrac{8}{9}$ 또는 $a=3$

(i) $a=-\dfrac{8}{9}$일 때

$x^2-\dfrac{28}{3}x+\dfrac{196}{9}=0$, $\left(x-\dfrac{14}{3}\right)^2=0$, 즉 $x=\dfrac{14}{3}$

그런데 이것은 음수인 중근이 아니다.

(ii) $a=3$일 때

$x^2+14x+49=0$, $(x+7)^2=0$, 즉 $x=-7$

(i), (ii)에 의하여 $a=3$, 음수인 중근은 $x=-7$이므로 구하는 합은
$3+(-7)=-4$

> **참고**
> 이차방정식 $ax^2+2b'x+c=0$에서
> ① $b'^2-ac>0$ ➡ 서로 다른 두 근을 갖는다.
>   ➡ 근의 개수는 2
> ② $b'^2-ac=0$ ➡ 중근을 갖는다.
>   ➡ 근의 개수는 1
> ③ $b'^2-ac<0$ ➡ 근이 없다.
>   ➡ 근의 개수는 0

33 $x^2-(k+2)x+4=0$이 중근을 가지므로
$(k+2)^2-4\times1\times4=0$, $k^2+4k-12=0$
$(k+6)(k-2)=0$
즉, $k=-6$ 또는 $k=2$ …… ㉠
$2x^2-4x+3k+5=0$이 서로 다른 두 근을 가지므로
$(-2)^2-2(3k+5)>0$, $6k<-6$
즉, $k<-1$ …… ㉡
㉠, ㉡에 의하여 $k=-6$

34 주어진 일차함수의 그래프가 두 점 $(3, 0)$, $(0, 4)$를 지나므로
$a=\dfrac{4-0}{0-3}=-\dfrac{4}{3}$, $b=4$

$-\dfrac{4}{3}$, 4를 두 근으로 하고 x^2의 계수가 3인 이차방정식은

$3\left(x+\dfrac{4}{3}\right)(x-4)=0$, $(3x+4)(x-4)=0$

즉, $3x^2-8x-16=0$

35 두 근이 -1, 2이고 x^2의 계수가 3인 이차방정식은
$3(x+1)(x-2)=0$
즉, $3x^2-3x-6=0$
수현이는 상수항을 제대로 보았으므로
$b=-6$ …… ❶
두 근이 $-\dfrac{8}{3}$, 5이고 x^2의 계수가 3인 이차방정식은

$3\left(x+\dfrac{8}{3}\right)(x-5)=0$, $(3x+8)(x-5)=0$

즉, $3x^2-7x-40=0$
상민이는 x의 계수를 제대로 보았으므로
$a=-7$ …… ❷
따라서 $ab=(-7)\times(-6)=42$ …… ❸

채점 기준	비율
❶ b의 값 구하기	40 %
❷ a의 값 구하기	40 %
❸ ab의 값 구하기	20 %

36 $\dfrac{1}{\sqrt{5}+1}=\dfrac{\sqrt{5}-1}{(\sqrt{5}+1)(\sqrt{5}-1)}$
           $=\dfrac{-1+\sqrt{5}}{4}$

주어진 이차방정식의 모든 계수가 유리수이므로

$\dfrac{1}{\sqrt{5}+1}$, 즉 $\dfrac{-1+\sqrt{5}}{4}$가 한 근이면

$\dfrac{-1-\sqrt{5}}{4}$도 근이다.

$\dfrac{-1+\sqrt{5}}{4}$, $\dfrac{-1-\sqrt{5}}{4}$를 두 근으로 하고 x^2의 계수가 4인 이차방정식은

$4\left(x-\dfrac{-1+\sqrt{5}}{4}\right)\left(x-\dfrac{-1-\sqrt{5}}{4}\right)=0$

$4\left(x^2+\dfrac{1}{2}x-\dfrac{1}{4}\right)=0$, 즉 $4x^2+2x-1=0$

따라서 $a=2$, $b=-1$이므로
$a-b=2-(-1)=3$

37 $\langle x \rangle^2 + \langle x \rangle - 6 = 0$에서 $(\langle x \rangle + 3)(\langle x \rangle - 2) = 0$

즉, $\langle x \rangle = -3$ 또는 $\langle x \rangle = 2$

이때 $\langle x \rangle > 0$이므로 $\langle x \rangle = 2$

약수의 개수가 2인 자연수는 소수이고, 20 이하의 자연수 중 소수는 2, 3, 5, 7, 11, 13, 17, 19이다.

따라서 $\langle x \rangle = 2$를 만족시키는 20 이하의 자연수 x의 개수는 8이다.

38 연속한 세 날짜를 $x-1$, x, $x+1$이라 하면

$(x-1)^2 + x^2 + (x+1)^2 = 302$

$3x^2 + 2 = 302$, $3x^2 = 300$

즉, $x^2 = 100$이므로 $x = \pm 10$

이때 $x > 1$이므로 $x = 10$

따라서 연속한 세 날짜는 9, 10, 11이고, 11일이 금요일이므로 그 다음 주 금요일은 18일이다.

39 인상하기 전의 물건의 가격을 A원, 이때의 판매량을 B개라 하면 가격을 인상하기 전의 매출액은 AB원이다.

물건의 가격을 $4x\%$만큼 인상한 가격은 $A\left(1 + \dfrac{4x}{100}\right)$원

이때 판매량은 $3x\%$만큼 감소하므로 $B\left(1 - \dfrac{3x}{100}\right)$개

가격을 인상하면 매출액은 2% 증가하므로

$A\left(1 + \dfrac{4x}{100}\right) \times B\left(1 - \dfrac{3x}{100}\right) = AB\left(1 + \dfrac{2}{100}\right)$

$\left(1 + \dfrac{x}{25}\right)\left(1 - \dfrac{3x}{100}\right) = 1 + \dfrac{1}{50}$

양변에 5000을 곱하면

$(50 + 2x)(100 - 3x) = 5000 + 100$

$6x^2 - 50x + 100 = 0$, $3x^2 - 25x + 50 = 0$

$(3x - 10)(x - 5) = 0$, 즉 $x = \dfrac{10}{3}$ 또는 $x = 5$

이때 x는 정수이므로 $x = 5$

40 $60t - 5t^2 = 175$에서

$5t^2 - 60t + 175 = 0$, $t^2 - 12t + 35 = 0$

$(t-5)(t-7) = 0$, 즉 $t = 5$ 또는 $t = 7$ ...... ❶

따라서 공이 지면으로부터 높이가 175 m 이상인 지점을 지나는 것은 5초에서 7초까지이므로 2초 동안이다. ...... ❷

채점 기준	비율
❶ 공의 높이가 지면으로부터 175 m가 될 때, t의 값 구하기	60 %
❷ 공의 높이가 지면으로부터 175 m 이상인 지점을 지나는 시간 구하기	40 %

41 가장 작은 반원의 반지름의 길이를 x cm라 하면 두 번째로 큰 반원의 반지름의 길이는 $(9-x)$ cm이므로

$\dfrac{1}{2}\pi \times x^2 + \dfrac{1}{2}\pi \times (9-x)^2 = \dfrac{1}{2}\pi \times 9^2 \times \dfrac{5}{9}$

$x^2 + (9-x)^2 = 45$, $2x^2 - 18x + 36 = 0$

$x^2 - 9x + 18 = 0$, $(x-3)(x-6) = 0$

즉, $x = 3$ 또는 $x = 6$

이때 $x < 9 - x$에서 $x < \dfrac{9}{2}$이므로 $x = 3$

따라서 가장 작은 반원의 반지름의 길이는 3 cm, 두 번째로 큰 반원의 반지름의 길이는 6 cm이므로 색칠한 부분의 둘레의 길이는

$\dfrac{1}{2} \times (2\pi \times 9) + \dfrac{1}{2} \times (2\pi \times 3) + \dfrac{1}{2} \times (2\pi \times 6)$

$= 9\pi + 3\pi + 6\pi = 18\pi$ (cm)

42 $\overline{BC} = x$ cm라 하면 $\overline{CE} = (19 - x)$ cm

□ABCD∽□CEFG이므로

$\overline{AB} : \overline{CE} = \overline{BC} : \overline{EF}$에서 $5 : (19 - x) = x : 18$

$x(19 - x) = 90$, $x^2 - 19x + 90 = 0$

$(x-9)(x-10) = 0$, 즉 $x = 9$ 또는 $x = 10$

이때 $x > 19 - x$에서 $x > \dfrac{19}{2}$이므로 $x = 10$

따라서 $\overline{BC} = 10$ cm, $\overline{CE} = 9$ cm이므로 두 직사각형의 넓이의 합은

$5 \times 10 + 9 \times 18 = 212$ (cm^2)

06 이차함수와 그 그래프

필수 확인 문제

01 ④	02 ③	03 ③	04 ③	05 ②
06 1	07 1	08 ⑤	09 ②	10 -30
11 ④	12 ④	13 24	14 ③	15 ④
16 ⑤	17 1	18 ④	19 ④	20 ③
21 11	22 ②	23 $-\dfrac{4}{3}$	24 ②	25 $(0, 3)$
26 ④	27 ④	28 ②	29 ④	30 $\dfrac{15}{2}$
31 ④	32 7	33 ②	34 $(1, -1)$	
35 ②	36 ④			

01 ③ $y=2(x+1)^2-2x^2=4x+2$

④ $y=\dfrac{1}{3}(3x+1)(x-2)=x^2-\dfrac{5}{3}x-\dfrac{2}{3}$

⑤ $y=x^2-(3-x)^2=6x-9$

따라서 이차함수인 것은 ④이다.

02 $y=(2k-1)x^2-x+3x^2=(2k+2)x^2-x$

이것이 x에 대한 이차함수이므로

$2k+2\neq0$, 즉 $k\neq-1$

03 $f(-2)=-1$이므로 $4a+6+1=-1$에서

$4a=-8$, 즉 $a=-2$

따라서 $f(x)=-2x^2-3x+1$이므로

$f(3)=-18-9+1=-26$

04 $y=ax^2$의 그래프가 아래로 볼록하면 $a>0$이다.

폭이 가장 넓으려면 a의 절댓값이 가장 작아야 한다.

따라서 $y=\dfrac{1}{3}x^2$, $y=x^2$, $y=\dfrac{3}{2}x^2$의 그래프 중에서

폭이 가장 넓은 것은 $y=\dfrac{1}{3}x^2$이다.

참고

$y=ax^2$의 그래프에서 a의 절댓값이 클수록 그래프의 폭이 좁아지므로 a의 절댓값이 작을수록 그래프의 폭은 넓어진다.

05 ㄴ. y축에 대하여 대칭이다.

ㄹ. $|-1|>\left|\dfrac{1}{2}\right|$이므로 $y=-x^2$의 그래프는 $y=\dfrac{1}{2}x^2$의 그래프보다 폭이 좁다.

따라서 옳은 것은 ㄱ, ㄷ이다.

06 이차함수 $y=-4x^2$의 그래프가 점 $(a, -4a)$를 지나므로

$-4a=-4a^2$에서 $a^2-a=0$

$a(a-1)=0$이므로 $a=0$ 또는 $a=1$

이때 $a\neq0$이므로 $a=1$

07 $y=ax^2$의 그래프를 y축의 방향으로 -3만큼 평행이동하면

$y=ax^2-3$ ······ ❶

이 함수의 그래프가 점 $(-2, 5)$를 지나므로

$5=4a-3$, $4a=8$, 즉 $a=2$ ······ ❷

$y=2x^2-3$의 그래프가 점 $(1, b)$를 지나므로

$b=2-3=-1$ ······ ❸

따라서 $a+b=2+(-1)=1$ ······ ❹

채점 기준	비율
❶ 평행이동한 함수의 식 구하기	30 %
❷ a의 값 구하기	30 %
❸ b의 값 구하기	30 %
❹ $a+b$의 값 구하기	10 %

08 $y=-3x^2$의 그래프를 y축의 방향으로 2만큼 평행이동하면

$y=-3x^2+2$

이 함수의 그래프의 꼭짓점의 좌표는 $(0, 2)$, 축의 방정식은

$x=0$이므로

$a=0$, $b=2$, $c=0$

따라서 $a+b+c=0+2+0=2$

09 ② 꼭짓점의 좌표는 $(0, -3)$이다.

따라서 옳지 않은 것은 ②이다.

10 주어진 그래프는 이차함수 $y=2x^2$의 그래프를 x축의 방향으로 3만큼 평행이동한 것이므로

$f(x)=2(x-3)^2$ ······ ❶

따라서

$f(2)=2\times(-1)^2=2$, $f(-1)=2\times(-4)^2=32$ ······ ❷

이므로

$f(2)-f(-1)=2-32=-30$ ······ ❸

채점 기준	비율
❶ $f(x)$ 구하기	40 %
❷ $f(2)$, $f(-1)$의 값 구하기	40 %
❸ $f(2)-f(-1)$의 값 구하기	20 %

11 ㄴ. $y=x^2$의 그래프를 y축의 방향으로 -5만큼 평행이동한 것이다.

ㄹ. $y=x^2$의 그래프를 x축의 방향으로 -3만큼 평행이동한 것이다.

따라서 $y=x^2$의 그래프를 평행이동하여 완전히 포갤 수 있는 것은 ㄴ, ㄹ이다.

12 $y=-5x^2$의 그래프를 x축의 방향으로 -1만큼 평행이동하면

$y=-5(x+1)^2$

따라서 $x<-1$일 때, x의 값이 증가하면 y의 값도 증가한다.

13 $y=3x^2$의 그래프를 x축의 방향으로 2만큼, y축의 방향으로 -3만큼 평행이동하면
$y=3(x-2)^2-3$
이 함수의 그래프가 점 $(-1, k)$를 지나므로
$k=3\times(-3)^2-3=24$

14 각 이차함수의 그래프의 꼭짓점의 좌표를 구하면
① $(-1, 3)$ ➡ 제2사분면
② $(2, 1)$ ➡ 제1사분면
③ $(-3, -1)$ ➡ 제3사분면
④ $\left(\dfrac{1}{2}, -3\right)$ ➡ 제4사분면
⑤ $\left(-\dfrac{1}{4}, 2\right)$ ➡ 제2사분면
따라서 제3사분면 위에 있는 것은 ③이다.

15 이차함수 $y=2\left(x+\dfrac{1}{2}\right)^2-\dfrac{1}{2}$의 그래프가 오른쪽 그림과 같으므로 제4사분면을 지나지 않는다.

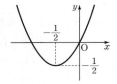

16 ㄱ. 꼭짓점의 좌표는 $(-4, 1)$이다.
ㄴ. $|-1|=|1|$이므로 $y=-(x+4)^2+1$의 그래프와 $y=x^2$의 그래프의 폭은 같다.
ㄷ. $y=-(x+4)^2+1$의 그래프가 오른쪽 그림과 같으므로 제1사분면을 지나지 않는다.
ㄹ. $y=-(x+4)^2+1$의 그래프를 x축의 방향으로 4만큼, y축의 방향으로 -1만큼 평행이동하면
$y+1=-(x-4+4)^2+1$
즉, $y=-x^2$이므로 평행이동하면 $y=-x^2$의 그래프와 포개어진다.
따라서 옳은 것은 ㄷ, ㄹ이다.

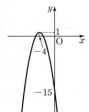

17 $y=-2(x-3)^2-4$의 그래프를 x축의 방향으로 m만큼, y축의 방향으로 n만큼 평행이동하면
$y-n=-2(x-m-3)^2-4$이므로
$y=-2(x-m-3)^2+n-4$ ······ ❶
이것이 $y=-2x^2$과 일치하므로
$-m-3=0$, $n-4=0$
따라서 $m=-3$, $n=4$이므로 ······ ❷
$m+n=-3+4=1$ ······ ❸

채점 기준	비율
❶ 평행이동한 함수의 식 구하기	40 %
❷ m, n의 값 구하기	40 %
❸ $m+n$의 값 구하기	20 %

18 $y=a(x+b)^2+c$의 그래프와 $y=-\dfrac{2}{3}x^2+1$의 그래프의 모양이 같으므로 $a=-\dfrac{2}{3}$
또 꼭짓점의 좌표가 $\left(-2, \dfrac{1}{3}\right)$이므로
$-b=-2$, $c=\dfrac{1}{3}$, 즉 $b=2$, $c=\dfrac{1}{3}$
따라서 $a+b-c=-\dfrac{2}{3}+2-\dfrac{1}{3}=1$

19 그래프가 위로 볼록하므로 $a<0$
꼭짓점 (p, q)가 제1사분면 위에 있으므로
$p>0$, $q>0$

20 $y=2x^2-10x+5$
$=2(x^2-5x)+5$
$=2\left(x-\dfrac{5}{2}\right)^2-\dfrac{15}{2}$
따라서 $a=2$, $p=\dfrac{5}{2}$, $q=-\dfrac{15}{2}$이므로
$a+p+q=2+\dfrac{5}{2}-\dfrac{15}{2}=-3$

21 $y=-3x^2-12x+1$
$=-3(x^2+4x)+1$
$=-3(x+2)^2+13$
이므로 $y=-3x^2-12x+1$의 그래프는 $y=-3x^2$의 그래프를 x축의 방향으로 -2만큼, y축의 방향으로 13만큼 평행이동한 것이다.
따라서 $m=-2$, $n=13$이므로
$m+n=-2+13=11$

22 ㄱ. $y=-x^2-2x-1=-(x^2+2x+1)$
$=-(x+1)^2$
즉, 꼭짓점의 좌표는 $(-1, 0)$이므로 x축 위에 있다.
ㄴ. $y=3x^2+6x=3(x^2+2x)$
$=3(x+1)^2-3$
즉, 꼭짓점의 좌표는 $(-1, -3)$이므로 제3사분면 위에 있다.
ㄷ. $y=\dfrac{1}{2}x^2-x+1=\dfrac{1}{2}(x^2-2x)+1$
$=\dfrac{1}{2}(x-1)^2+\dfrac{1}{2}$
즉, 꼭짓점의 좌표는 $\left(1, \dfrac{1}{2}\right)$이므로 제1사분면 위에 있다.
ㄹ. $y=x^2-8x-2=(x-4)^2-18$
즉, 꼭짓점의 좌표는 $(4, -18)$이므로 제4사분면 위에 있다.
따라서 꼭짓점이 제4사분면 위에 있는 것은 ㄹ뿐이다.

23
$$y=-\dfrac{1}{3}x^2+kx=-\dfrac{1}{3}(x^2-3kx)$$
$$=-\dfrac{1}{3}\left(x-\dfrac{3k}{2}\right)^2+\dfrac{3k^2}{4}$$
이므로 축의 방정식은 $x=\dfrac{3k}{2}$

따라서 $\dfrac{3k}{2}=-2$이므로 $k=-\dfrac{4}{3}$

24 $y=-2x^2-2x+24$에 $y=0$을 대입하면
$-2x^2-2x+24=0$에서 $x^2+x-12=0$, $(x+4)(x-3)=0$
즉, $x=-4$ 또는 $x=3$이므로
$a=-4$, $b=3$ 또는 $a=3$, $b=-4$
$y=-2x^2-2x+24$에 $x=0$을 대입하면
$y=24$이므로 $c=24$
따라서 $ab+c=(-4)\times 3+24=12$

25 $y=-2x^2+5x+k$의 그래프가
점 $\left(-\dfrac{1}{2},\ 0\right)$을 지나므로
$0=-2\times\dfrac{1}{4}-\dfrac{5}{2}+k$, 즉 $k=3$ ······ ❶
$y=-2x^2+5x+3$에 $x=0$을 대입하면
$y=3$
따라서 y축과 만나는 점의 좌표는 $(0,\ 3)$이다. ······ ❷

채점 기준	비율
❶ k의 값 구하기	50 %
❷ y축과 만나는 점의 좌표 구하기	50 %

26 $y=-3x^2+12x-9$에
$y=0$을 대입하면 $0=-3x^2+12x-9$
$x^2-4x+3=0$, $(x-1)(x-3)=0$
즉, $x=1$ 또는 $x=3$
따라서 A$(1,\ 0)$, B$(3,\ 0)$ 또는 A$(3,\ 0)$, B$(1,\ 0)$이므로
$\overline{\text{AB}}=3-1=2$

27 ① $y=x^2-x-6=\left(x-\dfrac{1}{2}\right)^2-\dfrac{25}{4}$에서
그래프가 아래로 볼록하고, 꼭짓점 $\left(\dfrac{1}{2},\ -\dfrac{25}{4}\right)$가 제4사분
면 위에 있으므로 x축과 서로 다른 두 점에서 만난다.
② $y=-x^2+4x-1=-(x-2)^2+3$에서
그래프가 위로 볼록하고, 꼭짓점 $(2,\ 3)$이 제1사분면 위
에 있으므로 x축과 서로 다른 두 점에서 만난다.

③ $y=2x^2-x=2\left(x-\dfrac{1}{4}\right)^2-\dfrac{1}{8}$에서
그래프가 아래로 볼록하고, 꼭짓점 $\left(\dfrac{1}{4},\ -\dfrac{1}{8}\right)$이 제4사분
면 위에 있으므로 x축과 서로 다른 두 점에서 만난다.
④ $y=-2x^2-2x-2=-2\left(x+\dfrac{1}{2}\right)^2-\dfrac{3}{2}$에서
그래프가 위로 볼록하고, 꼭짓점 $\left(-\dfrac{1}{2},\ -\dfrac{3}{2}\right)$이 제3사분
면 위에 있으므로 x축과 만나지 않는다.
⑤ $y=3x^2-6x+3=3(x-1)^2$에서
그래프가 아래로 볼록하고, 꼭짓점 $(1,\ 0)$이 x축 위에 있
으므로 x축과 한 점에서 만난다.
따라서 그래프가 x축과 만나지 않는 것은 ④이다.

[다른 풀이]
다음과 같이 이차방정식의 근의 개수를 이용할 수도 있다.
① $x^2-x-6=0$에서 $(-1)^2-4\times 1\times(-6)=25>0$
➡ x축과 서로 다른 두 점에서 만난다.
② $-x^2+4x-1=0$, 즉 $x^2-4x+1=0$에서
$(-2)^2-1\times 1=3>0$
➡ x축과 서로 다른 두 점에서 만난다.
③ $2x^2-x=0$에서 $(-1)^2-4\times 2\times 0=1>0$
➡ x축과 서로 다른 두 점에서 만난다.
④ $-2x^2-2x-2=0$, 즉 $x^2+x+1=0$에서
$1^2-4\times 1\times 1=-3<0$
➡ x축과 만나지 않는다.
⑤ $3x^2-6x+3=0$, 즉 $x^2-2x+1=0$에서
$(-1)^2-1\times 1=0$
➡ x축과 한 점에서 만난다.
따라서 그래프가 x축과 만나지 않는 것은 ④이다.

28 $y=4x^2-8x+2=4(x-1)^2-2$의 그래프를 x축의 방향으로
1만큼, y축의 방향으로 -2만큼 평행이동하면
$y+2=4(x-1-1)^2-2$, 즉 $y=4(x-2)^2-4$
이 함수의 그래프가 점 $(2,\ k)$를 지나므로
$k=4\times 0^2-4=-4$

29 ① 그래프가 위로 볼록하므로 $a<0$
축이 y축의 왼쪽에 있으므로 $ab>0$에서 $b<0$
② y축과의 교점이 x축보다 위쪽에 있으므로 $c>0$
$a<0$, $c>0$이므로 $ac<0$
③ $a<0$, $b<0$, $c>0$이므로 $abc>0$
④ $x=1$에서의 함숫값이 x축보다 아래에 있으므로
$a+b+c<0$
⑤ $x=-2$에서의 함숫값이 x축보다 위에 있으므로
$4a-2b+c>0$
따라서 옳지 않은 것은 ④이다.

30 $y=-x^2-3x+10=-\left(x+\dfrac{3}{2}\right)^2+\dfrac{49}{4}$에서

$A\left(-\dfrac{3}{2}, \dfrac{49}{4}\right)$, $B(0, 10)$

따라서 삼각형 OAB의 넓이는

$\dfrac{1}{2}\times 10\times\dfrac{3}{2}=\dfrac{15}{2}$

31 꼭짓점의 좌표가 $(-1, 3)$인 이차함수의 식을

$y=a(x+1)^2+3$ (a는 상수)

이라 하면 이 함수의 그래프가 점 $(2, 0)$을 지나므로

$0=a\times 3^2+3$, $9a=-3$, 즉 $a=-\dfrac{1}{3}$

$y=-\dfrac{1}{3}(x+1)^2+3$에 $x=0$을 대입하면

$y=-\dfrac{1}{3}+3=\dfrac{8}{3}$

따라서 y축과 만나는 점의 좌표는 $\left(0, \dfrac{8}{3}\right)$이다.

32 주어진 이차함수의 그래프의 꼭짓점의 좌표가 $(2, -6)$이므로 이차함수의 식을

$y=a(x-2)^2-6$ (a는 상수) ······ ❶

이라 하면 이 함수의 그래프가 점 $(0, -2)$를 지나므로

$-2=4a-6$, $4a=4$, 즉 $a=1$ ······ ❷

$y=(x-2)^2-6=x^2-4x-2$이므로

$b=-4$, $c=-2$ ······ ❸

따라서 $a-b-c=1-(-4)-(-2)=7$ ······ ❹

채점 기준	비율
❶ 이차함수의 식을 $y=a(x-2)^2-6$으로 놓기	30 %
❷ a의 값 구하기	30 %
❸ b, c의 값 구하기	20 %
❹ $a-b-c$의 값 구하기	20 %

33 $x=-2$를 축으로 하는 이차함수의 식을

$y=a(x+2)^2+q$ (a, q는 상수)

라 하면 이 함수의 그래프가 두 점 $(-3, 2)$, $(1, -2)$를 지나므로

$2=a+q$, $-2=9a+q$

두 식을 연립하여 풀면

$a=-\dfrac{1}{2}$, $q=\dfrac{5}{2}$

따라서 구하는 이차함수의 식은

$y=-\dfrac{1}{2}(x+2)^2+\dfrac{5}{2}=-\dfrac{1}{2}x^2-2x+\dfrac{1}{2}$

34 점 $(0, 1)$을 지나므로 구하는 이차함수의 식을

$y=ax^2+bx+1$ (a, b는 상수) ······ ㉠

이라 하자.

㉠의 그래프가 점 $(2, 1)$을 지나므로

$1=4a+2b+1$, 즉 $2a+b=0$ ······ ㉡

㉠의 그래프가 점 $(3, 7)$을 지나므로

$7=9a+3b+1$, 즉 $3a+b=2$ ······ ㉢

㉡, ㉢을 연립하여 풀면 $a=2$, $b=-4$

따라서 $y=2x^2-4x+1=2(x-1)^2-1$이므로

꼭짓점의 좌표는 $(1, -1)$이다.

35 $y=ax^2-bx+c$의 그래프가 점 $(0, 2)$를 지나므로

$c=2$

$y=ax^2-bx+2$의 그래프가 점 $(-2, 0)$을 지나므로

$0=4a+2b+2$, 즉 $2a+b=-1$ ······ ㉠

$y=ax^2-bx+2$의 그래프가 점 $(3, 0)$을 지나므로

$0=9a-3b+2$, 즉 $9a-3b=-2$ ······ ㉡

㉠, ㉡을 연립하여 풀면 $a=-\dfrac{1}{3}$, $b=-\dfrac{1}{3}$

따라서 $9ab-c=9\times\left(-\dfrac{1}{3}\right)\times\left(-\dfrac{1}{3}\right)-2=-1$

다른 풀이

주어진 이차함수의 그래프가 두 점 $(-2, 0)$, $(3, 0)$을 지나므로 이차함수의 식은

$y=a(x+2)(x-3)$ (a는 상수)

으로 놓을 수 있다.

이 함수의 그래프가 점 $(0, 2)$를 지나므로

$2=-6a$, 즉 $a=-\dfrac{1}{3}$

주어진 이차함수의 식은

$y=-\dfrac{1}{3}(x+2)(x-3)=-\dfrac{1}{3}x^2+\dfrac{1}{3}x+2$

이므로 $b=-\dfrac{1}{3}$, $c=2$

따라서 $9ab-c=9\times\left(-\dfrac{1}{3}\right)\times\left(-\dfrac{1}{3}\right)-2=-1$

36 $y=2x^2+ax+b$의 그래프가 y축을 축으로 하고 점 $(2, 0)$을 지나므로 점 $(-2, 0)$도 지난다.

주어진 이차함수의 식은

$y=2(x+2)(x-2)=2x^2-8$

이므로 $a=0$, $b=-8$

따라서 $a-b=0-(-8)=8$

다른 풀이

$y=2x^2+ax+b$의 그래프가

점 $(2, 0)$을 지나므로 $0=8+2a+b$, $2a+b=-8$

점 $(-2, 0)$을 지나므로 $0=8-2a+b$, $2a-b=8$

두 식을 연립하여 풀면 $a=0$, $b=-8$

따라서 $a-b=0-(-8)=8$

1 ②, ⑤	2 ①	3 ③	4 $\frac{1}{2}$	5 ②
6 $\frac{10}{3}$	7 ②	8 제1, 2사분면		9 2
10 ③	11 ④	12 ⑤	13 ④	14 ③
15 22	16 ②	17 25		

1 $y=(3k-k^2)x^2-4x+18x^2=(18+3k-k^2)x^2-4x$가 x에 대한 이차함수이므로

$18+3k-k^2\neq0$, $k^2-3k-18\neq0$

$(k+3)(k-6)\neq0$, 즉 $k\neq-3$이고 $k\neq6$

2 $y=ax^2$의 그래프가 위로 볼록하므로 $a<0$

또 그래프의 폭이 $y=-\frac{1}{3}x^2$의 그래프보다 좁고, $y=4x^2$의

그래프보다 넓으므로

$\left|-\frac{1}{3}\right|<|a|<|4|$, 즉 $-4<a<-\frac{1}{3}$

따라서 모든 정수 a의 값의 곱은

$(-3)\times(-2)\times(-1)=-6$

3 원점을 지나는 포물선의 식을 $y=ax^2$ (a는 상수)이라 하면

이 포물선이 점 $(-2, 12)$를 지나므로

$12=4a$, 즉 $a=3$

따라서 포물선 $y=3x^2$과 x축에 대하여 대칭인 포물선의 식은

$y=-3x^2$이므로 이 포물선이 지나지 않는 점은 ③이다.

4

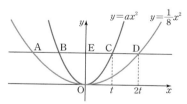

위의 그림과 같이 x축에 평행한 직선이 y축과 만나는 점을 E

라 하면 $y=ax^2$, $y=\frac{1}{8}x^2$의 그래프는 각각 y축에 대하여 대

칭이므로

$\overline{BE}=\overline{CE}$, $\overline{AE}=\overline{DE}$

이때 $2\overline{AB}=\overline{BC}=2\overline{CD}$이므로

$\overline{AB}=\overline{BE}=\overline{CE}=\overline{CD}$

따라서 점 C의 x좌표를 t라 하면 점 D의 x좌표는 $2t$이고,

두 점 C, D의 y좌표는 서로 같으므로

$at^2=\frac{1}{8}\times(2t)^2$, 즉 $a=\frac{1}{2}$

5 $y=(2a+1)x^2$의 그래프를 y축의 방향으로 $a+3$만큼 평행이

동하면

$y=(2a+1)x^2+a+3$

모든 x의 값에 대하여 y의 값이 음수이려면 그래프가 위로

볼록해야 하므로

$2a+1<0$, 즉 $a<-\frac{1}{2}$ ...... ㉠

또 꼭짓점의 y좌표가 음수이어야 하므로

$a+3<0$, 즉 $a<-3$ ...... ㉡

㉠, ㉡을 모두 만족시키는 정수 a의 값은

$-4, -5, -6, \cdots$

따라서 정수 a의 최댓값은 -4이다.

6 $y=\frac{1}{3}\left(x-\frac{4}{3}\right)^2=\frac{1}{3}\left\{\left(x-\frac{10}{3}\right)+2\right\}^2$이므로

$y=\frac{1}{3}\left(x-\frac{4}{3}\right)^2$의 그래프는 $y=\frac{1}{3}(x+2)^2$의 그래프를 x축

의 방향으로 $\frac{10}{3}$만큼 평행이동한 것이다.

따라서 $y=\frac{1}{3}(x+2)^2$의 그래프를 x축의 방향으로 $\frac{10}{3}$만큼

평행이동하면 점 A는 점 B로 이동하므로

$\overline{AB}=\frac{10}{3}$

다른 풀이

두 이차함수 $y=\frac{1}{3}(x+2)^2$, $y=\frac{1}{3}\left(x-\frac{4}{3}\right)^2$의 그래프의 꼭

짓점의 좌표를 각각 P, Q라 하면

$P(-2, 0)$, $Q\left(\frac{4}{3}, 0\right)$

이때 $y=\frac{1}{3}\left(x-\frac{4}{3}\right)^2$의 그래프는 $y=\frac{1}{3}(x+2)^2$의 그래프를

x축의 방향으로 평행이동한 것이므로

$\overline{AB}=\overline{PQ}=\frac{4}{3}-(-2)=\frac{10}{3}$

7 이차함수 $y=x^2-9$의 그래프에서

꼭짓점의 좌표는 $(0, -9)$이다.

이차함수 $y=a(x-p)^2$의 그래프에서

꼭짓점의 좌표는 $(p, 0)$이다.

$y=x^2-9$의 그래프가 점 $(p, 0)$을 지나므로

$0=p^2-9$, $p^2=9$, 즉 $p=\pm3$

이때 $p>0$이므로 $p=3$

$y=a(x-3)^2$의 그래프가 점 $(0, -9)$를 지나므로

$-9=9a$, 즉 $a=-1$

따라서 $a+p=-1+3=2$

8 일차함수 $y=ax+b$의 그래프는 오른쪽 위를 향하는 직선이므로 $a>0$

y축과 x축 위쪽에서 만나므로 $b>0$

$a>0$이므로 이차함수 $y=a(x-b)^2$의 그래프는 아래로 볼록하다.

또 꼭짓점 $(b,\ 0)$은 x축의 양의 부분 위에 있으므로 $y=a(x-b)^2$의 그래프의 개형은 오른쪽 그림과 같다.

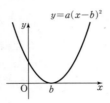

따라서 $y=a(x-b)^2$의 그래프는 제1, 2사분면을 지난다.

9 $y=-2(x+1)^2+2$의 그래프는 $y=-2x^2$의 그래프를 x축의 방향으로 -1만큼, y축의 방향으로 2만큼 평행이동한 것이다.

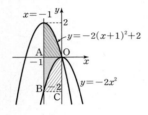

오른쪽 그림에서 빗금친 두 부분의 넓이는 서로 같으므로 구하는 넓이는 직사각형 OABC의 넓이와 같다.

따라서 $A(-1,\ 0)$, $B(-1,\ -2)$, $C(0,\ -2)$이므로 구하는 넓이는 $\overline{OA} \times \overline{AB} = 1 \times 2 = 2$

10 $y=a(x-2)^2-3$의 그래프의 꼭짓점의 좌표는 $(2,\ -3)$

꼭짓점이 제4사분면에 있으므로 그래프가 모든 사분면을 지나려면 그래프가 아래로 볼록해야 한다.

즉, $a>0$ ...... ㉠

또 오른쪽 그림과 같이 y축과 x축 아래쪽에서 만나야 하므로

$4a-3<0$, 즉 $a<\dfrac{3}{4}$ ...... ㉡

㉠, ㉡에서 상수 a의 값이 될 수 있는 것은 $\dfrac{2}{3}$이다.

11 이차함수 $y=a(x-p)^2+q$의 그래프가 제2사분면만 지나지 않으려면 오른쪽 그림과 같아야 한다.

즉, 그래프가 위로 볼록해야 하므로 $a<0$

또 꼭짓점의 좌표 $(p,\ q)$가 제1사분면 위에 있어야 하므로 $p>0$, $q>0$

12 $y=x^2+2kx+k^2-k+6=(x+k)^2-k+6$이므로 주어진 이차함수의 그래프의 꼭짓점의 좌표는 $(-k,\ -k+6)$

이 점이 제2사분면 위에 있으므로

$-k<0$에서 $k>0$ ...... ㉠

$-k+6>0$에서 $k<6$ ...... ㉡

㉠, ㉡에서 상수 k의 값이 될 수 없는 것은 6이다.

13 $y=\dfrac{1}{3}x^2-2x-2=\dfrac{1}{3}(x-3)^2-5$의 그래프를 x축의 방향으로 -2만큼, y축의 방향으로 3만큼 평행이동하면

$y-3=\dfrac{1}{3}(x+2-3)^2-5$, 즉 $y=\dfrac{1}{3}(x-1)^2-2$

이 함수의 그래프가 점 $(-2,\ k)$를 지나므로

$k=\dfrac{1}{3}\times(-3)^2-2=1$

14 일차함수의 그래프가 오른쪽 아래를 향하므로 $a<0$

y축과 x축 위쪽에서 만나므로 $b>0$

이차함수 $y=abx^2-bx+a$의 그래프에서

(ⅰ) $ab<0$이므로 위로 볼록하다.

(ⅱ) $ab\times(-b)>0$이므로 축은 y축의 왼쪽에 있다.

(ⅲ) $a<0$이므로 y축과 x축 아래쪽에서 만난다.

(ⅰ)~(ⅲ)에 의하여 $y=abx^2-bx+a$의 그래프의 개형으로 알맞은 것은 ③이다.

15 $y=-x^2-2x+8$에 $x=0$을 대입하면

$y=8$이므로 $A(0,\ 8)$

$y=-x^2-2x+8=-(x+1)^2+9$이므로 $B(-1,\ 9)$

$y=-x^2-2x+8$에 $y=0$을 대입하면

$0=-x^2-2x+8$, $x^2+2x-8=0$, $(x+4)(x-2)=0$

즉, $x=-4$ 또는 $x=2$이므로 $C(-4,\ 0)$

따라서 사각형 OABC의 넓이는

$\triangle OAB + \triangle OBC = \dfrac{1}{2}\times8\times1+\dfrac{1}{2}\times4\times9$

$=4+18=22$

16 꼭짓점의 좌표가 $\left(1,\ -\dfrac{9}{2}\right)$이므로 이차함수의 식을

$y=a(x-1)^2-\dfrac{9}{2}$ (a는 상수)

라 하면 이 함수의 그래프가 점 $(0,\ -4)$를 지나므로

$-4=a-\dfrac{9}{2}$, 즉 $a=\dfrac{1}{2}$

주어진 이차함수의 그래프의 식은

$y=\dfrac{1}{2}(x-1)^2-\dfrac{9}{2}=\dfrac{1}{2}x^2-x-4$이므로

이 식에 $y=0$을 대입하면

$0=\dfrac{1}{2}x^2-x-4$, $x^2-2x-8=0$

$(x+2)(x-4)=0$, 즉 $x=-2$ 또는 $x=4$

따라서 $A\left(1,\ -\dfrac{9}{2}\right)$, $B(-2,\ 0)$, $C(4,\ 0)$이므로 삼각형 ABC의 넓이는

$\dfrac{1}{2}\times\{4-(-2)\}\times\dfrac{9}{2}=\dfrac{27}{2}$

17 $y=x^2+ax+b$의 그래프의 축이 y축이므로 그래프는 y축에
대하여 대칭이다.
$y=x^2+ax+b$의 그래프가 x축과 만나는 두 점 사이의 거리
가 10이므로 x축과의 교점은 $(-5,\ 0)$, $(5,\ 0)$이다.
주어진 이차함수의 식은
$y=(x+5)(x-5)=x^2-25$
따라서 $a=0$, $b=-25$이므로
$a-b=0-(-25)=25$

| 106~112쪽 |

고난도 실전 문제

01 ②, ④	02 3	03 ⑤	04 ④	05 ①
06 4	07 ②	08 $\dfrac{1}{8}$	09 15	10 5
11 12	12 ⑤	13 6	14 ③	15 32
16 27 m	17 ①	18 12	19 ⑤	20 ①
21 -6	22 ②	23 제4사분면		24 ③
25 ④	26 ③	27 ①	28 -5	29 ②
30 ③	31 ④	32 8 : 9	33 4	34 3초
35 3	36 9	37 $\dfrac{7}{2}$	38 ③	39 ④

01 ① $y=50x$

② $y=\dfrac{x(x-3)}{2}=\dfrac{1}{2}x^2-\dfrac{3}{2}x$

③ $y=2\pi x$

④ $y=6x^2$

⑤ $y=\pi x^2(x+1)=\pi x^3+\pi x^2$

따라서 y가 x에 대한 이차함수인 것은 ②, ④이다.

02 y가 x에 대한 이차함수이므로
$y=(x$에 대한 이차식) 꼴이어야 한다.
즉, $k^2-4\neq 0$이고 $k^2-k-6=0$이어야 한다. $\cdots\cdots$ ❶
(i) $k^2-4\neq 0$에서 $(k+2)(k-2)\neq 0$이므로
$k\neq -2$이고 $k\neq 2$ $\cdots\cdots$ ❷
(ii) $k^2-k-6=0$에서 $(k+2)(k-3)=0$이므로
$k=-2$ 또는 $k=3$ $\cdots\cdots$ ❸
(i), (ii)에 의하여 $k=3$ $\cdots\cdots$ ❹

채점 기준	비율
❶ y가 x에 대한 이차함수가 될 조건 구하기	30 %
❷ $k^2-4\neq 0$을 만족시키는 k의 조건 구하기	30 %
❸ $k^2-k-6=0$을 만족시키는 k의 값 구하기	30 %
❹ k의 값 구하기	10 %

03 $f(-3)=4$에서 $-9-3a+b=4$
즉, $3a-b=-13$ $\cdots\cdots$ ㉠
$f(1)=0$에서 $-1+a+b=0$
즉, $a+b=1$ $\cdots\cdots$ ㉡
㉠, ㉡을 연립하여 풀면 $a=-3$, $b=4$
따라서 $f(x)=-x^2-3x+4$이므로
$f(4)=-16-12+4=-24$

04 $\left|\dfrac{3}{2}\right|<|3|$이므로 ㉠의 식은 $y=\dfrac{3}{2}x^2$이다.
포물선 ㉠이 점 $(2,\ m)$을 지나므로
$m=\dfrac{3}{2}\times 2^2=6$
$\left|-\dfrac{2}{5}\right|<|-2|$이므로 ㉡의 식은 $y=-2x^2$이다.
포물선 ㉡이 점 $(-1,\ n)$을 지나므로
$n=-2\times(-1)^2=-2$
따라서 $m+n=6+(-2)=4$

05 $y=f(x)$의 그래프가 원점을 꼭짓점으로 하는 포물선이므로
$y=ax^2$ (a는 상수)라 하자.
이 함수의 그래프가 점 $(-3,\ 6)$을 지나므로
$6=9a$, 즉 $a=\dfrac{2}{3}$
$f(x)=\dfrac{2}{3}x^2$이므로 $g(x)=-\dfrac{2}{3}x^2$
따라서 $y=-\dfrac{2}{3}x^2$의 그래프가 점 $(6,\ k)$를 지나므로
$k=-\dfrac{2}{3}\times 36=-24$

06 $y=\dfrac{3}{4}x^2$에 $y=12$를 대입하면
$12=\dfrac{3}{4}x^2$, $x^2=16$, 즉 $x=\pm 4$
따라서 $B(-4,\ 12)$이므로 $\overline{AB}=0-(-4)=4$
사각형 ABCD가 평행사변형이므로
$\overline{CD}=\overline{AB}=4$

07 오른쪽 그림과 같이 x축에 평행한 직
선과 y축과의 교점을 E라 하면
$y=ax^2$, $y=3x^2$의 그래프는 각각
y축에 대하여 대칭이므로
$\overline{AE}=\overline{DE}$, $\overline{BE}=\overline{CE}$
이때 $\overline{AB}=\overline{BC}=\overline{CD}$이므로
$\overline{AB}=2\overline{BE}=2\overline{CE}=\overline{CD}$
따라서 점 C의 x좌표를 t라 하면 점 D의 x좌표는 $3t$이고, 두
점 C, D의 y좌표는 서로 같으므로
$3t^2=a\times(3t)^2$, 즉 $a=\dfrac{1}{3}$

08 $y=ax^2$에 $x=-4$를 대입하면
$y=16a$이므로 A$(-4,\ 16a)$
$y=ax^2$에 $x=4$를 대입하면
$y=16a$이므로 B$(4,\ 16a)$
$y=ax^2$에 $x=8$을 대입하면
$y=64a$이므로 C$(8,\ 64a)$
$y=ax^2$의 그래프는 y축에 대하여 대칭이므로
D$(-8,\ 64a)$ ...... ❶
사다리꼴 ABCD의 넓이가 72이므로
$\dfrac{1}{2}\times(8+16)\times(64a-16a)=72$ ...... ❷
$\dfrac{1}{2}\times24\times48a=72$, 즉 $a=\dfrac{1}{8}$ ...... ❸

채점 기준	비율
❶ 점 A, B, C, D의 좌표를 a로 나타내기	40 %
❷ 사다리꼴의 넓이를 이용하여 a에 대한 방정식 세우기	30 %
❸ a의 값 구하기	30 %

09 $y=(3a-1)x^2$의 그래프를 y축의 방향으로 $-a+6$만큼 평행이동하면
$y-(-a+6)=(3a-1)x^2$, 즉 $y=(3a-1)x^2-a+6$
모든 x의 값에 대하여 y의 값이 양수이려면 그래프가 아래로 볼록해야 하므로
$3a-1>0$, 즉 $a>\dfrac{1}{3}$ ...... ㉠
또 꼭짓점의 y좌표가 양수이어야 하므로
$-a+6>0$, 즉 $a<6$ ...... ㉡
㉠, ㉡을 모두 만족시키는 정수 a의 값은 1, 2, 3, 4, 5
따라서 모든 정수 a의 값의 합은
$1+2+3+4+5=15$

10 $y=-x^2+3=(-x^2-2)+5$이므로
$y=-x^2+3$의 그래프는 $y=-x^2-2$의 그래프를 y축의 방향으로 5만큼 평행이동한 것이다.
따라서 $y=-x^2-2$의 그래프를 y축의 방향으로 5만큼 평행이동하면 점 B는 점 A로 이동하므로
$\overline{AB}=5$

11 $y=-\dfrac{2}{3}x^2$의 그래프를 y축의 방향으로 6만큼 평행이동하면
$y=-\dfrac{2}{3}x^2+6$이므로 A$(0,\ 6)$
$y=-\dfrac{2}{3}x^2+6$에 $y=0$을 대입하면
$0=-\dfrac{2}{3}x^2+6$, $x^2=9$
즉, $x=\pm3$이므로 C$(-3,\ 0)$, D$(3,\ 0)$

$y=-\dfrac{2}{9}x^2$의 그래프를 y축의 방향으로 2만큼 평행이동하면
$y=-\dfrac{2}{9}x^2+2$이므로 B$(0,\ 2)$
따라서 색칠한 부분의 넓이는
$\triangle ACD-\triangle BCD$
$=\dfrac{1}{2}\times\{3-(-3)\}\times6-\dfrac{1}{2}\times\{3-(-3)\}\times2$
$=18-6=12$

다른 풀이
색칠한 부분의 넓이는 다음과 같이 구할 수도 있다.
$\triangle ABC+\triangle ABD=\dfrac{1}{2}\times(6-2)\times3+\dfrac{1}{2}\times(6-2)\times3$
$=6+6=12$

12 이차함수 $y=-x^2+4$의 그래프에서
꼭짓점의 좌표는 $(0,\ 4)$이다.
이차함수 $y=a(x+p)^2$의 그래프에서
꼭짓점의 좌표는 $(-p,\ 0)$이다.
$y=-x^2+4$의 그래프가 점 $(-p,\ 0)$을 지나므로
$0=-p^2+4$, $p^2=4$, 즉 $p=\pm2$
이때 $p<0$이므로 $p=-2$
$y=a(x-2)^2$의 그래프가 점 $(0,\ 4)$를 지나므로
$4=4a$, 즉 $a=1$
따라서 $a-p=1-(-2)=3$

13 $y=-2x^2$의 그래프를 x축의 방향으로 k만큼 평행이동하면
$y=-2(x-k)^2$이므로 $f(x)=-2(x-k)^2$
$f(-1)=-18$에서
$-2(-1-k)^2=-18$, $(1+k)^2=9$
$1+k=-3$ 또는 $1+k=3$
즉, $k=-4$ 또는 $k=2$
$f(x)=-2(x+4)^2$ 또는 $f(x)=-2(x-2)^2$이므로
A$(-4,\ 0)$, B$(2,\ 0)$ 또는 A$(2,\ 0)$, B$(-4,\ 0)$
따라서 $\overline{AB}=2-(-4)=6$

14 일차함수 $y=ax-b$의 그래프는 오른쪽 위를 향하는 직선이므로 $a>0$
y축과 x축 아래쪽에서 만나므로
$-b<0$, 즉 $b>0$
$y=ab(x-b)^2$의 그래프는 $ab>0$에서 아래로 볼록한 포물선이고, 꼭짓점 $(b,\ 0)$은 x축의 양의 방향 위에 있다.
따라서 이차함수 $y=ab(x-b)^2$의 그래프의 개형으로 알맞은 것은 ③이다.

15

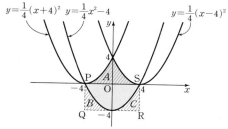

세 이차함수의 그래프로 둘러싸인 도형은 위의 그림의 색칠한 부분과 같다.

$y=\frac{1}{4}(x+4)^2$의 그래프는 $y=\frac{1}{4}x^2$의 그래프를 x축의 방향으로 -4만큼 평행이동한 것이고, $y=\frac{1}{4}(x-4)^2$의 그래프는 $y=\frac{1}{4}x^2$의 그래프를 x축의 방향으로 4만큼 평행이동한 것이다.

또 $y=\frac{1}{4}x^2-4$의 그래프는 $y=\frac{1}{4}x^2$의 그래프를 y축의 방향으로 -4만큼 평행이동한 것이다.

빗금친 세 부분의 넓이 A, B, C에 대하여 $A=B+C$이다.

따라서 색칠한 부분의 넓이는 직사각형 PQRS의 넓이와 같으므로

$\square PQRS=\{4-(-4)\}\times4=32$

---

16 오른쪽 그림과 같이 주어진 놀이기구 레일을 지면을 x축, 직선 PO를 y축으로 하는 좌표평면 위에 놓으면 O 지점은 원점이 된다.

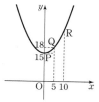

따라서 포물선의 식을
$y=ax^2+15$ (a는 상수)로 놓으면
이차함수의 그래프가 점 (5, 18)을 지나므로

$18=25a+15$, 즉 $a=\frac{3}{25}$

포물선의 식은 $y=\frac{3}{25}x^2+15$이므로 $x=10$을 대입하면

$y=\frac{3}{25}\times100+15=27$

따라서 O 지점에서 10 m 떨어진 지점에서 레일 위의 R 지점까지의 거리는 27 m이다.

---

17 $y=-\frac{1}{2}(x-2)^2-1$의 그래프를 x축의 방향으로 -3만큼, y축의 방향으로 2만큼 평행이동하면

$y-2=-\frac{1}{2}(x+3-2)^2-1$

즉, $y=-\frac{1}{2}(x+1)^2+1$

따라서 x의 값이 증가하면 y의 값도 증가하는 x의 값의 범위는 $x<-1$이다.

참고

이차함수 $y=a(x-p)^2+q$의 그래프는 축, 즉 직선 $x=p$를 기준으로 증가, 감소하는 범위가 나뉜다.

① $a>0$이면 그래프가 아래로 볼록한 포물선이므로
　(i) $x<p$일 때, x의 값이 증가하면 y의 값은 감소한다.
　(ii) $x>p$일 때, x의 값이 증가하면 y의 값은 증가한다.

② $a<0$이면 그래프가 위로 볼록한 포물선이므로
　(i) $x<p$일 때, x의 값이 증가하면 y의 값도 증가한다.
　(ii) $x>p$일 때, x의 값이 증가하면 y의 값은 감소한다.

---

18 $y=-2(x+p)^2+q$의 그래프를 x축의 방향으로 -3만큼, y축의 방향으로 4만큼 평행이동하면

$y-4=-2(x+3+p)^2+q$

즉, $y=-2(x+3+p)^2+q+4$ ⋯⋯ ❶

이것이 $y=a(x-2)^2-5$와 일치해야 하므로

$a=-2$, $3+p=-2$, $q+4=-5$

따라서 $a=-2$, $p=-5$, $q=-9$이므로 ⋯⋯ ❷

$a-p-q=-2-(-5)-(-9)=12$ ⋯⋯ ❸

채점 기준	비율
❶ $y=-2(x+p)^2+q$의 그래프를 평행이동한 식 구하기	40 %
❷ a, p, q의 값 구하기	40 %
❸ $a-p-q$의 값 구하기	20 %

---

19 $y=a(x+1)^2-1$의 그래프를 x축의 방향으로 p만큼, y축의 방향으로 q만큼 평행이동하면 $y-q=a(x-p+1)^2-1$

즉, $y=a(x-p+1)^2-1+q$에서

꼭짓점의 좌표는 $(p-1, -1+q)$이므로

$p-1=-2$, $-1+q=5$, 즉 $p=-1$, $q=6$

이차함수 $y=a(x+2)^2+5$의 그래프가 점 $(-4, -3)$을 지나므로

$-3=4a+5$, 즉 $a=-2$

따라서 $a+p+q=-2+(-1)+6=3$

---

20 $y=-(x-5)^2+5=-\{(x-4)-1\}^2+5$이므로

$y=-(x-5)^2+5$의 그래프는 $y=-(x-1)^2+5$의 그래프를 x축의 방향으로 4만큼 평행이동한 것이다.

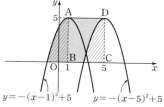

위의 그림에서 빗금친 두 부분의 넓이가 서로 같으므로 색칠한 부분의 넓이는 직사각형 ABCD의 넓이와 같다.

따라서 A(1, 5), B(1, 0), C(5, 0), D(5, 5)이므로 색칠한 부분의 넓이는

$\overline{AB}\times\overline{BC}=5\times(5-1)=20$

21 $y=a(x+3)^2+30$의 그래프의 꼭짓점의 좌표는 $(-3, 30)$
꼭짓점이 제2사분면 위에 있으므로 그래프가 모든 사분면을 지나려면 그래프가 위로 볼록해야 한다.
즉, $a<0$ ...... ㉠

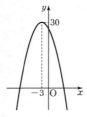

또 오른쪽 그림과 같이 y축과 x축 위쪽에서 만나야 하므로
$9a+30>0$, 즉 $a>-\dfrac{10}{3}$ ...... ㉡
㉠, ㉡에서 정수 a의 값은
$-3, -2, -1$
따라서 모든 정수 a의 값의 합은
$-3+(-2)+(-1)=-6$

22 이차함수 $y=a(x-p)^2+q$의 그래프가 위로 볼록하므로
$a<0$
꼭짓점 (p, q)가 x축의 음의 방향 위에 있으므로
$p<0, q=0$
따라서 $y=-p(x+q)^2+a$, 즉 $y=-px^2+a$의 그래프에서 $-p>0$이므로 아래로 볼록하다.
또 꼭짓점 $(0, a)$는 y축의 음의 방향 위에 있으므로
$y=-p(x+q)^2+a$의 그래프의 개형으로 알맞은 것은 ②이다.

23 주어진 이차함수의 그래프의 축의 방정식은
$x=-3-k$
이것이 y축의 오른쪽에 있으므로
$-3-k>0$, 즉 $k<-3$ ...... ❶
$y=3(x+3+k)^2+2k+6$의 그래프의 꼭짓점의 좌표는
$(-3-k, 2k+6)$
이때 $k<-3$이므로
$2k<-6$, 즉 $2k+6<0$ ...... ❷
따라서 꼭짓점은 제4사분면 위에 있다. ...... ❸

채점 기준	비율
❶ 축의 방정식을 이용하여 k의 값의 범위 구하기	40 %
❷ 꼭짓점의 y좌표의 부호 구하기	40 %
❸ 꼭짓점이 있는 사분면 구하기	20 %

24 $y=-x^2-4ax+b$의 그래프가 점 $(-2, 3)$을 지나므로
$3=-4+8a+b$, 즉 $b=7-8a$ ...... ㉠
$y=-x^2-4ax+b=-(x+2a)^2+4a^2+b$이므로 꼭짓점의 좌표는 $(-2a, 4a^2+b)$
이 점이 직선 $y=x+11$ 위에 있으므로
$4a^2+b=-2a+11$ ...... ㉡

㉡에 ㉠을 대입하면
$4a^2+7-8a=-2a+11$, $4a^2-6a-4=0$
$2a^2-3a-2=0$, $(2a+1)(a-2)=0$
즉, $a=-\dfrac{1}{2}$ 또는 $a=2$
이때 $a<0$이므로 $a=-\dfrac{1}{2}$을 ㉠에 대입하면
$b=7-8\times\left(-\dfrac{1}{2}\right)=11$
따라서 $2a+b=2\times\left(-\dfrac{1}{2}\right)+11=10$

25 일차함수의 그래프가 두 점 $(2, 0)$, $(0, 7)$을 지나므로
$a=\dfrac{0-7}{2-0}=-\dfrac{7}{2}$, $b=7$
$y=(b-5)x^2+2ax+1=2x^2-7x+1$
$=2\left(x-\dfrac{7}{4}\right)^2-\dfrac{41}{8}$
따라서 구하는 축의 방정식은 $x=\dfrac{7}{4}$

26 ㄱ. $y=\dfrac{1}{4}x^2-x-3$에 $x=0$을 대입하면
$y=-3$이므로 $C(0, -3)$
$y=\dfrac{1}{4}x^2-x-3$에 $y=-3$을 대입하면
$-3=\dfrac{1}{4}x^2-x-3$, $x^2-4x=0$, $x(x-4)=0$
즉, $x=0$ 또는 $x=4$이므로 $D(4, -3)$
ㄴ. $y=\dfrac{1}{4}x^2-x-3=\dfrac{1}{4}(x-2)^2-4$이므로 $E(2, -4)$
ㄷ. $y=\dfrac{1}{4}x^2-x-3$에 $y=0$을 대입하면
$0=\dfrac{1}{4}x^2-x-3$, $x^2-4x-12=0$
$(x+2)(x-6)=0$, 즉 $x=-2$ 또는 $x=6$
따라서 $A(-2, 0)$, $B(6, 0)$이므로
$\overline{AB}=6-(-2)=8$
ㄹ. $C(0, -3)$, $D(4, -3)$이므로 $\overline{CD}=4$
따라서 옳은 것은 ㄴ, ㄷ이다.

27 $y=2x^2-8x+a=2(x-2)^2+a-8$의 그래프를 x축의 방향으로 $a+1$만큼, y축의 방향으로 3만큼 평행이동하면
$y-3=2\{x-(a+1)-2\}^2+a-8$
즉, $y=2(x-a-3)^2+a-5$
이 함수의 그래프가 점 $(-1, -3)$을 지나므로
$-3=2(-a-4)^2+a-5$
$2a^2+17a+30=0$, $(2a+5)(a+6)=0$
즉, $a=-\dfrac{5}{2}$ 또는 $a=-6$
따라서 모든 상수 a의 값의 곱은 $-\dfrac{5}{2}\times(-6)=15$

28 $y=-\dfrac{1}{2}x^2+ax+b$의 그래프가 점 $(0,\,1)$을 지나므로
$b=1$

꼭짓점의 좌표가 $\left(k,\,\dfrac{11}{2}\right)$이므로 이차함수의 식은

$$y=-\dfrac{1}{2}(x-k)^2+\dfrac{11}{2}=-\dfrac{1}{2}x^2+kx-\dfrac{k^2}{2}+\dfrac{11}{2}$$

이것이 $y=-\dfrac{1}{2}x^2+ax+1$과 일치하므로

$$k=a,\ -\dfrac{k^2}{2}+\dfrac{11}{2}=1$$

$-\dfrac{k^2}{2}+\dfrac{11}{2}=1$에서 $\dfrac{k^2}{2}=\dfrac{9}{2}$, $k^2=9$

즉, $k=\pm3$

이때 $k<0$이므로 $k=-3$

따라서 $a=-3$이므로

$a+b+k=-3+1-3=-5$

29 ② $y=ax^2+bx+c=a\left(x+\dfrac{b}{2a}\right)^2-\dfrac{b^2-4ac}{4a}$

이므로 축의 방정식은 $x=-\dfrac{b}{2a}$이다.

따라서 옳지 않은 것은 ②이다.

30 일차함수의 그래프가 오른쪽 아래를 향하는 직선이므로
$-a<0$, 즉 $a>0$

y축과 x축 위쪽에서 만나므로 $b>0$

$x=-1$에서의 함숫값이 0보다 크므로

$a+b>0$

이차함수 $y=-x^2+(a+b)x+ab$의 그래프에서

(ⅰ) $-1<0$이므로 위로 볼록하다.

(ⅱ) $-1\times(a+b)<0$이므로 축은 y축의 오른쪽에 있다.

(ⅲ) $ab>0$이므로 y축과 x축 위쪽에서 만난다.

(ⅰ)~(ⅲ)에 의하여 $y=-x^2+(a+b)x+ab$의 그래프의 개형으로 알맞은 것은 ③이다.

31 $y=x^2+6x+5$에 $y=0$을 대입하면
$0=x^2+6x+5$, $(x+1)(x+5)=0$

즉, $x=-1$ 또는 $x=-5$이므로

$A(-5,\,0)$, $B(-1,\,0)$

$y=x^2+6x+5$에 $x=0$을 대입하면

$y=5$이므로 $C(0,\,5)$

직선 l이 삼각형 ABC의 넓이를 이등분하려면 선분 AB의 중점 $(-3,\,0)$을 지나야 한다.

따라서 직선 l이 두 점 $(-3,\,0)$, $(0,\,5)$를 지나므로 직선 l의 기울기는

$$\dfrac{5-0}{0-(-3)}=\dfrac{5}{3}$$

32 $y=\dfrac{1}{2}x^2-x-4$에 $y=0$을 대입하면
$0=\dfrac{1}{2}x^2-x-4$, $x^2-2x-8=0$, $(x+2)(x-4)=0$

즉, $x=-2$ 또는 $x=4$이므로 $A(-2,\,0)$, $B(4,\,0)$

$y=\dfrac{1}{2}x^2-x-4$에 $x=0$을 대입하면

$y=-4$이므로 $C(0,\,-4)$

$y=\dfrac{1}{2}x^2-x-4=\dfrac{1}{2}(x-1)^2-\dfrac{9}{2}$이므로

$D\left(1,\,-\dfrac{9}{2}\right)$

$\triangle ABC=\dfrac{1}{2}\times\{4-(-2)\}\times4=12$

$\triangle ABD=\dfrac{1}{2}\times\{4-(-2)\}\times\dfrac{9}{2}=\dfrac{27}{2}$

따라서

$\triangle ABC : \triangle ABD=12:\dfrac{27}{2}=4:\dfrac{9}{2}=8:9$

다른 풀이

두 삼각형 ABC, ABD에서 밑변이 $\overline{AB}$로 같으므로 두 삼각형의 넓이의 비는 높이의 비와 같다.

이때 $C(0,\,-4)$, $D\left(1,\,-\dfrac{9}{2}\right)$이므로

$\triangle ABC : \triangle ABD=4:\dfrac{9}{2}=8:9$

33 꼭짓점의 좌표가 $(6,\,2)$이므로 이차함수의 식을
$y=a(x-6)^2+2$ $(a$는 상수$)$

라 하면 이 함수의 그래프가 점 $(2,\,-6)$을 지나므로

$-6=16a+2$, 즉 $a=-\dfrac{1}{2}$

따라서 주어진 이차함수의 식은

$$y=-\dfrac{1}{2}(x-6)^2+2=-\dfrac{1}{2}x^2+6x-16$$

이 식에 $y=0$을 대입하면

$0=-\dfrac{1}{2}x^2+6x-16$, $x^2-12x+32=0$, $(x-4)(x-8)=0$

즉, $x=4$ 또는 $x=8$이므로 x축과의 두 교점은
$(4,\,0)$, $(8,\,0)$

따라서 x축과 만나는 두 점 사이의 거리는 $8-4=4$

34 꼭짓점의 좌표가 $(1,\,20)$이므로 이차함수의 식을
$h=a(t-1)^2+20$ $(a$는 상수$)$

이라 하면 이 함수의 그래프가 점 $(0,\,15)$를 지나므로

$15=a+20$, 즉 $a=-5$

따라서 $h=-5(t-1)^2+20=-5t^2+10t+15$이므로 이 식에

$h=0$을 대입하면

$0=-5t^2+10t+15$, $t^2-2t-3=0$

$(t+1)(t-3)=0$, 즉 $t=-1$ 또는 $t=3$

이때 $t>0$이므로 $t=3$

따라서 물체를 던진 후 물체가 지면에 떨어질 때까지 걸린 시간은 3초이다.

35 꼭짓점의 좌표가 $(4, -5)$이므로 이차함수의 식을
$y=a(x-4)^2-5\,(a$는 상수)라 하자.
$\overline{AB}=t$라 하면 평행사변형 ABCD의 높이가 3이고, 넓이가
12이므로
$3t=12$, $t=4$, 즉 $\overline{AB}=4$
직선 $x=4$가 $\overline{AB}$의 중점을 지나므로
$A(2, -3)$, $B(6, -3)$
$y=a(x-4)^2-5$의 그래프가 $A(2, -3)$을 지나므로
$-3=4a-5$, 즉 $a=\dfrac{1}{2}$
따라서 주어진 이차함수의 식은 $y=\dfrac{1}{2}(x-4)^2-5$이므로
$x=0$을 대입하면 y절편은
$y=\dfrac{1}{2}\times16-5=3$

36 축의 방정식이 $x=-3$이므로 이차함수의 식을
$y=a(x+3)^2+b\,(a, b$는 상수)
라 하면 이 함수의 그래프가 점 $\left(-4, \dfrac{8}{3}\right)$을 지나므로
$\dfrac{8}{3}=a+b$ ······ ㉠
또 점 $(3, -9)$를 지나므로
$-9=36a+b$ ······ ㉡
㉠, ㉡을 연립하여 풀면
$a=-\dfrac{1}{3}$, $b=3$
따라서 주어진 이차함수의 식은
$y=-\dfrac{1}{3}(x+3)^2+3=-\dfrac{1}{3}x^2-2x$ ······ ❶
이므로 $A(-3, 3)$
$y=-\dfrac{1}{3}x^2-2x$에 $y=0$을 대입하면
$0=-\dfrac{1}{3}x^2-2x$, $x^2+6x=0$, $x(x+6)=0$
즉, $x=-6$ 또는 $x=0$이므로
$B(-6, 0)$, $C(0, 0)$ 또는 $B(0, 0)$, $C(-6, 0)$ ······ ❷
따라서 삼각형 ABC의 넓이는
$\dfrac{1}{2}\times6\times3=9$ ······ ❸

채점 기준	비율
❶ 이차함수의 식 구하기	40 %
❷ 점 A, B, C의 좌표 구하기	30 %
❸ △ABC의 넓이 구하기	30 %

37 그래프가 점 $(0, -3)$을 지나므로 이차함수의 식을
$y=ax^2+bx-3\,(a, b$는 상수)
이라 하면 그래프가 점 $(-1, 4)$를 지나므로
$4=a-b-3$, 즉 $a-b=7$ ······ ㉠
또 점 $(1, -6)$을 지나므로
$-6=a+b-3$, 즉 $a+b=-3$ ······ ㉡
㉠, ㉡을 연립하여 풀면
$a=2$, $b=-5$
따라서 주어진 이차함수의 식은
$y=2x^2-5x-3$
이므로 $y=0$을 대입하면
$0=2x^2-5x-3$, $(2x+1)(x-3)=0$
즉, $x=-\dfrac{1}{2}$ 또는 $x=3$이므로
$A\left(-\dfrac{1}{2}, 0\right)$, $B(3, 0)$ 또는 $A(3, 0)$, $B\left(-\dfrac{1}{2}, 0\right)$
따라서 $\overline{AB}=3-\left(-\dfrac{1}{2}\right)=\dfrac{7}{2}$

38 y축을 축으로 하고, x축과 만나는 두 점 사이의 거리가 4이므
로 이차함수 $y=3x^2+ax+b$의 그래프는 두 점 $(-2, 0)$,
$(2, 0)$을 지난다.
주어진 이차함수의 식은
$y=3(x+2)(x-2)=3x^2-12$
따라서 $a=0$, $b=-12$이므로
$a+b=-12$

39 주어진 그래프가 두 점 $B(-7, 0)$, $C(2, 0)$을 지나므로
$y=a(x+7)(x-2)$
삼각형 ABC의 넓이가 9이므로
$\dfrac{1}{2}\times\{2-(-7)\}\times\overline{OA}=9$에서 $\overline{OA}=2$
따라서 $A(0, 2)$는 $y=a(x+7)(x-2)$의 그래프 위의 점이
므로
$2=-14a$, 즉 $a=-\dfrac{1}{7}$
주어진 이차함수의 식은
$y=-\dfrac{1}{7}(x+7)(x-2)=-\dfrac{1}{7}x^2-\dfrac{5}{7}x+2$
따라서 $a=-\dfrac{1}{7}$, $b=-\dfrac{5}{7}$, $c=2$이므로
$c-7(a+b)=2-7\left\{-\dfrac{1}{7}+\left(-\dfrac{5}{7}\right)\right\}=8$

수학
마스터

중학 수학 만점 실력서

고난도 Σ
시그마

교육부와 함께 더 완벽해진 EBS중학

수준별 맞춤 학습

'수준별 맞춤 학습'이란?

수준별 콘텐츠 제공을 통한 **개인 맞춤형 교육 환경 실현**을 위해
교육부와 EBS가 함께 제작하는 **학습 콘텐츠 및 서비스**를 뜻합니다.

1 수준별 강의

#기초, 기본, 발전, 단계별

개인 학습 수준에 따른 수준별,
단계별 학습 콘텐츠 제작
EBS 중학을 활용한
개별 맞춤 학습 가능

2 대규모 신규 제작

#기존 4배

2021년 약 3,000편의
'수준별 맞춤 학습' 콘텐츠
제작 예정

3 교재 활용 지원

#PDF 뷰어 서비스

'수준별 맞춤 학습'의 모든 교재+
콘텐츠를 대상으로
교재 뷰어 서비스 제공

4 자막 제공

#청각장애 학생 학습권 보장

'수준별 맞춤 학습'의
모든 강좌에 자막을 제공

5 화면해설

#시각장애 학생 학습권 보장

기본 개념 강좌에
화면 해설 제공

6 학습 관리 멘토

#학습 관리 서비스 지원

가정 내 학습 지원을 받기
어려운 학생을 대상으로
학습 관리 멘토를 지원

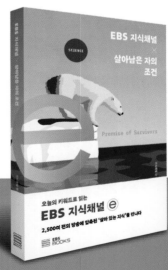